差异化表决权
法律规制研究

Research on the Legal
Regulation of Differentiated Voting Rights

周春光 ◎ 著

中国法治出版社
CHINA LEGAL PUBLISHING HOUSE

前　言

　　差异化表决权作为突破股权平等原则的一种表决权安排,是公司创始人强化控制权主导地位的重要方式。差异化表决权并非一种具象的表决权类型,它意指一切区别于同股同权、一股一权设定的表决形式。差异化表决权的正当性基础源自于股东异质化理论。股东同质化的假定被视为传统公司理论的圭臬,然满足于投资者多元化需求的现代公司理论研究表明,股东同质化的假设日益式微,股东异质化的现实渐获认同,投资偏好的区别与认知的差异化便是股东异质化的典型表现。股权结构的分散化语境与创始人人力资本价值的体现进一步促进差异化表决权的产生。差异化表决权可以满足创始人享有公司特质愿景追求的话语控制权,并消解公司发展过程中尤其是初创期公众股东过度短视及信息不对称的风险。差异化表决权滥觞于美国,随后传播于其他国家和地区。立足于满足科技创新型公司的发展与提升资本市场竞争力的需要,我国于2019年3月1日在《上海证券交易所科创板股票上市规则》中对差异化表决权首次作出明确规定,新三板精选层与创业板紧接落地差异化表决权安排,2021年9月3日新设立的北京证券交易所平移新三板精选层后采用差异化表决权安排,2023年12月29日公布的《公司法》也对差异化表决权进行了明确回应。公司的多样化融资需求入口将进一步打通,未来采用差异化表决权安排的公司数量将呈现出不断增长之势。

理论研究表明，伴随差异化表决权结构在公司适用时间的推移，公司管理性代理成本与控制性代理成本渐增，内部监督机制与外部监督机制的功能愈显空洞化，加之特别表决权股东保持控制权固化的动机增强与压制非特别表决权股东的动机加剧，使得特别表决权股东与非特别表决权股东的利益冲突成为公司治理关注的焦点，如何形塑差异化表决权安排的控制权约束机制实为关键。特别表决权股东通常会具有控制性利益所有者与公司管理者的双重身份，如何进行公司内部成员、各个组织机构之间权利义务的配置，优化不同表决权股东之间的关系将成为差异化表决权法律规制的重点。对待差异化表决权在我国的本土化进程，并非简单的拿来主义，不仅要关注差异化表决权对公司治理带来的挑战，还要考虑差异化表决权的理论基础、语境根植与价值调和，明确借鉴差异化表决权的空间范围与适用边界。无论差异化表决权设计的主导力量是国家、交易所还是公司章程，都离不开对公司治理规则优化的落脚点。立法模式选择、基本理念明晰与具体规则展开将成为新一轮公司法改革中对差异化表决权法律规制的回应力体现。

本书即是针对在实践中被广泛运用而在法律规制方面存有理论延展空间的差异化表决权进行研究，立足于已有的研究成果，结合我国当前的法律环境与实践需要，试图在廓清差异化表决权理论机理的前提下，探究差异化表决权法律规则的应有进路。与此同时，也期望本书围绕国有公司适用差异化表决权的回应对国企改革三年行动方案有所裨益。本书除却导论与结语外共六章，主要包括以下内容：

第一章主要是对差异化表决权进行理论阐释。差异化表决权有广义与狭义之分，广义的差异化表决权涵摄一切与同股同权、一股一权不一致的表决权类型，狭义的差异化表决权仅涉及对股份中表决权与收益权进行非等比例性配置，形成不同表决权的股份类型。广义的差异化表决权包括约定型差异化表决权与法定型差异化表决权，狭义的差异化表决权仅围绕法定型差异化表决权展开。厘清约定型差异化表决权与法定型差异化表决权的各自特点便于从广义维度深入对差异化表决权的理解。本书将法定型差异化表决权作为法律规制的出发点具有一定的合理性，一方面在于约定型差异化表决权的信息公开成本高昂，对代理成本问题的观测难度较大，制度的可规范效果较差；另一方面，法定型差异化表决权会引发对公司治理体系更强的冲击，具有法律规制的必要性。故而，本书以法定型差异化表决权为主要研究对象进行限定。差异化表决权的形成是股东异质化的理论推动、股权结构分散化的语境根植与创始人人力资本价值的突出体现共同作用的结果。将差异化表决权的正当性回归与合理性固守予以理论联结，可以进一步彰显差异化表决权私人属性与国家属性之功能体现。

第二章主要是对差异化表决权的适用质疑与问题解构予以分析并对差异化表决权的适用释疑与利益平衡展开分析。适用差异化表决权将动摇股东民主原则、背离股份平等原则、加剧公司所有权与控制权的二元分离、冲击"分权—制约"的治理架构。适用差异化表决权的过程中会引发公司代理成本的增加、内外部监督机制功能的空洞化、特别表决权股东固化控制权的动机增强以及对非特别表决权股东压制加剧的问题。利益衡量理论不仅能从表面反映适用差异化表决权呈现的问题外观，更能从本源检视问题的主要症结之所在。鉴于特别表决权股东身份的双重性，差异化表决权引发的公司治理结构失衡主要反映在特别表决权股东与非特别表决权股东之间，以及管理性人员与非管理性人员之间，又因为差异化表决权是以表决权的重新配置为核心，故而，不同表决权股东之间的矛盾便是公司治理结构失衡的本源性问题。以利益衡量理论为分析工具对差异化表决权中涉及的利益关联方予以识别、权衡与调和是立法过程的应有之义。公司治理的过程是动态的而非静止的，最优的股份表决权结构是利益平衡的结果，差异化表决权作为控制权强化机制的方式，在利益衡量理论下会受到控制权约束机制的制衡，围绕特别表决权股东与非特别表决权股东的利益目标平衡，进行控制权约束机制的构建将是差异化表决权法律规制的要义坚守。

第三章立足于差异化表决权在域外的演进历程与经验借鉴。自由竞争与管制主义一直萦绕在差异化表决权演进历程的上空，两种理念的反复博弈是差异化表决权波动性演进外观形成的主要原因。美国作为全球证券市场最为发达的国家，差异化表决权源起于此，对差异化表决权在美国的变迁脉络进行梳理有助于认知差异化表决权演进历程的曲折性。新加坡对待差异化表决权由禁止转向允许的态度变化表现出需求对制度诱致性变迁的影响。德国对待差异化表决权逐渐严苛的态度是特别表决权股东与非特别表决权股东之间利益艰难平衡的真实反映。全球各国（地区）对差异化表决权的法律规制呈现出国家立法主导、交易所主导与公司章程主导三种模式。"法之理在法外",多样的差异化表决权法律规制模式的生成与不同国家(地区)的文化传统、监管理念与辖区表征密切相关。但无论何种差异化表决权法律规制的模式都会落脚于公司治理体系的优化。对差异化表决权准入规则、运行规则、配套规则等方面的内容安排构成差异化表决权法律规制的核心。一个外生的制度在借鉴过程中必然要考虑接受国的本土性特点,在对我国证券市场与域外成熟证券市场差异性方面厘清的基础上,以渐进式的思路去展开控制权约束机制的构建是较为适当的。

第四章主要是对差异化表决权在我国的立法变迁与本土化过程予以审视。我国立法对差异化表决权的立场经历了从相对模糊到逐渐认可的转变,立场转变的直接原因在于满足科技创新型公司发展与提升本国证券市场核心竞争力的需要。我国最早采用差异化表决权安排的公司都是在境外上市的,在借鉴域外关于差异化表决权法律规制的成熟经验下,《上海证券交易所科创板股票上市规则》对差异化表决权正式予以接纳,由此促进法律规制的体系化形塑与证券市场的竞争力提升。差异化表决权在我国的实践集中在科创板领域,截至2022年3月27日,有15家公司在申请上市的《招股说明书》中明确采用差异化表决权安排,通过对采用差异化表决权安排公司的实践考察,可以梳理出这些公司在具体规则设置上有何相似与不同之处,进而归纳出实践中差异化表决权规则安排的基本特点,并借此将实践现况与法律文本进行统合审视。我国现行差异化表决权的法律规制是以中国证监会的部门规章与各交易所出台的行业规定为主,立足于现行差异化表决权法律规制规范文本中的不足,进行顶层法律制度调整是符合我国差异化表决权法律规制设计的适恰选择。

第五章为我国差异化表决权法律规制的设计。差异化表决权法律规制的设计是以立法模式的选择、基本理念的明晰与具体规则的展开为视角。在立法模式选择上应采用国家立法主导的模式。在基本理念明晰上,首先,应厘定章程自治与公权规制的边界,从而决定差异化表决权法律规制中具体规则的配置与分布;其次,应实践股东民主原则的自由意志内核,对股东自由意志的认知是重塑股东民主原则的逻辑起点;再次,应构建以控股股东为核心的公司治理模式,将我国公司治理的实然问题呈现与应然规范设置联结起来;最后,应固守公司法利益均衡的理念,差异化表决权的适用冲击了现行的公司治理架构,较难形成针对特别表决权股东的制衡力量,需关注公司控制权约束机制的功效表达,以体现公司法利益均衡的理念。差异化表决权法律规制的具体规则展开应从差异化表决权的准入规则、运行规则、配套规则视角切入,从而构建起完整、严密、严谨的公司控制权约束机制。

第六章主要围绕国有公司适用差异化表决权的实践考察与制度安排展开。国有公司治理效能的提升是新一轮《公司法》修订重点关注的内容。差异化表决权形塑股东获取公司控制权的特殊联结,法定与约定的类型分野构成国有公司适用差异化表决权的基本路径。公司治理模式是在股权结构浸润之下形成的,追溯法定型差异化表决权的制度语境可知根植资本市场的差异会引发规则运行的张力,脱离国有公司控制权取得方式的实践考察将使法定型差异化表决权的引入更易发生隐退与断裂的现象。由于资本流动性的缓慢与资本多数决的异化，约定型差异化表决权在国有公司中适用日益广泛，而法定型差异化表决权的适用空间受到严格限缩。新一轮《公司法》修订应明确约定型差异化表决权在国有公司适用的合法地位，将设计自主权交由公司章程享有，对法定型差异化表决权的适用范围限定国有相对控股公司之内，并以董事会决议提出为前提条件，将法定型差异化表决权的设置纳入"三重一大"事项之中，厘定国有公司党组织审查与国资委核准的双重程序，实现不同国有公司类型与不同差异化表决权类型的适配。

综上，本书是基于法学的视角与机理，分析差异化表决权的本质与属性，并结合利益衡量理论的分析框架阐述差异化表决权引发的公司治理结构失衡现象，以此印证差异化表决权与公司制度之间的张力存在。基于我国差异化表决权的立法与实践现状，聚焦现存法律规制的不足，以立法模式的选择、基本理念的明晰与具体规则的展开为差异化表决权法律规制设计的着眼点。

目 录 contents

导 论 ·· 001
  第一节　研究背景与问题提出 ·· 001
    一、研究背景 ·· 001
    二、问题提出 ·· 006
  第二节　文献综述 ·· 009
    一、国内研究现状 ··· 010
    二、国外研究现状 ··· 015
    三、研究现状评述 ··· 020
  第三节　研究方法 ·· 022
    一、历史分析方法 ··· 022
    二、比较分析方法 ··· 023
    三、规范与实证相结合的方法 ······································ 023
  第四节　可能的创新之处与存在的不足 ······························ 024
    一、本书可能的创新之处 ·· 024
    二、本书存在的不足 ··· 025

第一章　差异化表决权的理论阐释 ··············· 026
第一节　差异化表决权的概念厘定 ··············· 026
一、广义的差异化表决权 ····················· 026
二、狭义的差异化表决权 ····················· 029
三、本书研究对象的界定与说明 ················· 030
第二节　差异化表决权的形成条件 ··············· 032
一、股东异质化理论 ······················· 033
二、股权结构的分散化语境 ··················· 034
三、承认人力资本资合性与人合性的统合 ············ 036
第三节　差异化表决权的理论证成 ··············· 038
一、差异化表决权的正当性 ··················· 038
二、差异化表决权的合理性 ··················· 041
第四节　差异化表决权的功能体现 ··············· 044
一、差异化表决权的私人属性表现 ················ 044
二、差异化表决权的国家属性表现 ················ 054

第二章　差异化表决权的适用质疑与问题解构 ········· 057
第一节　差异化表决权的适用质疑 ··············· 057
一、动摇股东民主原则 ····················· 057
二、背离股份平等原则 ····················· 059
三、加剧所有权与控制权的分离程度 ·············· 060
四、冲击"分权—制约"的治理架构 ·············· 062
第二节　差异化表决权的问题解构 ··············· 063
一、特别表决权股东对非特别表决权股东的压制 ········ 063
二、特别表决权股东固化控制权的动机增强 ··········· 068

三、公司代理成本的增加 …………………………… 071
　　四、内外部监督机制功能的泛空洞化 ………………… 075
第三节　利益衡量理论框架中的差异化表决权分析 ……… 080
　　一、利益衡量理论的分析范式 ……………………… 080
　　二、差异化表决权中的利益失衡表现 ……………… 083
　　三、利益衡量理论下差异化表决权的利益平衡配置 …… 086

第三章　差异化表决权的域外探索与规制经验 ………… 088
第一节　差异化表决权域外探索的概述 ……………… 088
　　一、差异化表决权域外探索的总体介绍 …………… 089
　　二、差异化表决权域外探索的典型呈现 …………… 090
　　三、差异化表决权域外探索的规律性透视 ………… 102
第二节　差异化表决权域外法律规制的模式比较 ……… 108
　　一、国家立法主导之下的差异化表决权 …………… 109
　　二、交易所主导之下的差异化表决权 ……………… 112
　　三、公司章程主导之下的差异化表决权 …………… 114
　　四、不同模式的成因梳理与特点明晰 ……………… 115
第三节　差异化表决权域外法律规制的框架厘定 ……… 117
　　一、差异化表决权的准入规则 ……………………… 117
　　二、差异化表决权的运行规则 ……………………… 121
　　三、差异化表决权的配套规则 ……………………… 130
第四节　差异化表决权法律规制的借鉴空间 …………… 134
　　一、差异化表决权法律规制的可借鉴性探讨 ……… 134
　　二、差异化表决权法律规制借鉴的关注事项 ……… 138
　　三、差异化表决权法律规制借鉴的思路与理念 …… 143

第四章　差异化表决权在我国的立法演变与实践考察 ………… 149
第一节　差异化表决权在我国的立法生成 ………………… 149
一、从相对模糊到逐渐认可的立法态度变迁 ………………… 150
二、从境外上市到境内上市的实践趋势 ……………………… 160
三、从域外借鉴到本土化生成的制度回应 …………………… 167

第二节　差异化表决权引入的价值明晰 …………………… 177
一、规则的体系化推进 ………………………………………… 177
二、实践的竞争力提升 ………………………………………… 179

第三节　差异化表决权在我国的实践考察 ………………… 182
一、采用差异化表决权安排公司的整体情况 ………………… 182
二、采用差异化表决权安排公司的规则安排 ………………… 184
三、采用差异化表决权安排公司防范法律风险的
具体措施 …………………………………………………… 191
四、采用差异化表决权安排公司规则安排的特点
表现 ………………………………………………………… 198

第四节　科创板差异化表决权法律规制的不足 …………… 202
一、特别表决权股东信义义务规范设计的不足 ……………… 202
二、特别表决权股东人力资本价值减损风险的规
范不足 ……………………………………………………… 204
三、双重监督模式的规范不足 ………………………………… 206
四、特别表决权股东责任承担的规范不足 …………………… 208

第五章　我国差异化表决权法律规制的设计 ………………… 210
第一节　我国差异化表决权法律规制的立法模式选择 …… 210
第二节　我国差异化表决权法律规制的基本理念 ………… 214

一、厘定章程自治与公权规制的边界 …………………… 214
　　二、实践股东民主原则的自由意志内核 ………………… 218
　　三、构建以控股股东为核心的公司治理模式 …………… 221
　　四、固守公司法利益均衡的价值理念 …………………… 225
　第三节　我国差异化表决权法律规制的具体规则 ………… 227
　　一、差异化表决权准入规则的法律规制 ………………… 227
　　二、差异化表决权运行规则的法律规制 ………………… 236
　　三、差异化表决权配套规则的法律规制 ………………… 245

第六章　国有公司适用差异化表决权的实践考察与制度安排 …………………………………………………… 255
　第一节　问题的提出 ………………………………………… 256
　第二节　差异化表决权的语境根植与假设厘定 …………… 258
　　一、分散化股权结构的语境根植 ………………………… 258
　　二、股东"异质化"的理论假定 ………………………… 260
　第三节　国有公司的类型明晰与控制方式呈现 …………… 261
　　一、国有公司内涵层面界定的模糊 ……………………… 261
　　二、《公司法》框架下国有公司的外延现状 …………… 263
　　三、国有相对控股公司的地位与控制方式 ……………… 265
　第四节　国有公司适用差异化表决权的制度空间 ………… 276
　　一、国有公司相对集中的股权结构外观 ………………… 277
　　二、国有公司适用法定型差异化表决权后代理成
　　　　本的升高 ……………………………………………… 278
　　三、国有公司适用约定型差异化表决权主导状态
　　　　的成因分析 …………………………………………… 282

第五节　国有公司适用差异化表决权的制度安排 ………… 284
　　一、国有公司适用约定型差异化表决权的规则设计 …… 284
　　二、国有公司适用法定型差异化表决权的规则设计 …… 285
结　语 ……………………………………………………… 289
参考文献 …………………………………………………… 292

导 论

第一节 研究背景与问题提出

一、研究背景

从实践维度而言，差异化表决权嵌入我国多层次资本市场体系符合经济深化变革的要求。进入 21 世纪以来，以互联网为代表的新经济公司[1]在全球快速发展。当前，以人工智能、云计算、大数据分析为特点的新经济公司成了社会经济发展的助推器。科技创新型公司是新经济公司的典型代表，创新性与科技性的兼具使得科技创新型公司在初创时期面临着风险控制低效、资本积累

---

[1] 国内相关政府部门并没有对新经济公司的定义及其范围达成一致意见。根据中国香港地区联合证券交易所有关新经济公司的定义，新经济公司应具备以下多于一项的特点：（1）能证明公司成功营运有赖其核心业务应用了新的科技、创新理念和/或业务模式，亦令该公司有别于现有上市公司，与众不同；（2）研发将为公司贡献一大部分的预期价值，并以研发为主要业务及占去大部分开支；（3）能证明公司成功营运有赖其专利业务特点或知识产权；（4）相对于有形资产总值，公司的市值/无形资产总值较高。高菲：《双层股权结构的国际经验及其对中国的启示》，载《中州大学学报》2018 年第 3 期，第 51 页。

薄弱、研发成本高昂等现实考验。①科技创新型公司的创始人多采用差异化表决权安排来化解股权稀释与控制权保持之间的矛盾。公司采用差异化表决权安排实现融资效率提升的同时更引发了全球证券市场的激烈竞争。科技创新型公司的成长潜力较大，预期盈利时间更长，一些国家（地区）的证券市场纷纷通过修改交易所上市规则来吸引科技创新型公司在本辖区上市，以此增强本辖区的股票市值总量与核心竞争力，中国香港地区与新加坡便是典型代表。②

我国上海证券交易所于2019年3月1日发布《上海证券交易所科创板股票上市规则》（以下简称《科创板上市规则》），允许采用差异化表决权安排的公司上市。2020年4月9日，全国中小企业股份转让系统有限责任公司发布实施《全国中小企业股份转让系统挂牌公司治理指引第3号——表决权差异安排》，紧跟着科创板接纳差异化表决权的步伐。2020年6月12日中国证监会正式发布《创业板首次公开发行股票注册管理办法（试行）》，也将差异化表决权正式引入。部门规章与行业规定的渐次出台为公司采用差异化表决权安排提供夯实的制度保障。2021年9月3日，北京证券交易所的注册成立意味着新三板改革的深化，继续支持中小企业创新发展的愿景进一步得以彰显。北京证券交易所平移精选层规则的设计以及扶持中小企业创新发展的愿景，使得

---

① 王怀勇、邓若翰：《算法趋同风险：理论证成与治理逻辑——基于金融市场的分析》，载《现代经济探讨》2021年第1期，第114页。

② 中国香港地区证券交易所于2018年4月30日起接受同股不同权架构的公司首次公开募股；新加坡证券交易所随后于2018年6月26日起允许搭载同股不同权架构的公司首次公开募股。

表决权差异化安排迅速扩大适用于新三板的精选层公司,①助推差异化表决权在北京证券交易所广泛应用。至此,上交所、深交所、北交所均铺陈差异化表决权的推广。随着 2019 年 12 月 24 日优刻得科技股份有限公司获得中国证监会的注册批准,第一家在科创板采用差异化表决权安排的公司正式亮相。②截至 2022 年 3 月 27 日,陆续有 15 家公司在申请上市的《招股说明书》中明确采用差异化表决权安排。2023 年 12 月 29 日修订公布的《中华人民共和国公司法》(以下简称新《公司法》)也将差异化表决权涵摄其中,多层次资本市场与差异化表决权的对接更为紧密,多样化的公司融资需求樊篱将被进一步打破,可以预见,未来同股不同权的公司数量将呈现出大幅增长之态势。

全球化作为一个客观存在的历史过程,是人类社会发展到一定阶段的产物,如何妥善调和本土资源与普遍性规律之间的矛盾是全球化背景下各国法律演进中所需应对的问题。③所以,我国对差异化表决权的引入需结合国内证券市场的基本表征进行分析与回应。法律条文在成文法国家中不是被孤立制定的,而是立法者依据现实中存在的利益与未来可能衍生的利益共同综合平衡后的结果,④因此,法律条文承载的价值是多元的,具体某一条文的价值取向只是偏重于某一种价值选择而已,并不会完全忽视其他价

---

① 郭富青:《论公司法与邻近法律部门的立法协同》,载《法律科学(西北政法大学学报)》2021 年第 6 期,第 167 页。
② 《优刻得获注册彰显资本市场更加开放包容》,载中国新闻网,https://www.chinanews.com/fortune/2019/12-27/9044757.shtml,2019 年 12 月 27 日。
③ 何勤华:《法律移植论》,北京大学出版社 2008 年版,第 240—243 页。
④ 梁上上:《利益衡量论》,北京大学出版社 2021 年版,第 134 页。

值的存在。我国证券市场接纳差异化表决权便是对其积极价值的肯定,在差异化表决权法律规制的设计中也会带有中国本土化的印记。法律借鉴不仅要考虑横向空间关系中可能产生的异化,还应关注纵向时间关系中面临的文化张力问题。英美法系公司治理制度的产生根源于基督教伦理与法律精神之上,经过启蒙运动的思想沉淀之后逐渐形成发达的市场经济文化与公民文化以及个人主义精神,这些文化基因便成为公司治理丰富性与延展性的制度根植。① 我国的社会制度、集体主义精神、以"礼"理念形塑的公司制度文化的"硬性约束"② 等方面,成为差异化表决权在纵向时间关系维度中需要关注的问题。时值新一轮公司法修改的展开,文化拘束的因素应予斟酌,对横向空间关系与纵向时间关系的统合分析将更有助于差异化表决权内蕴于我国公司法制度之中。

  从理论维度而言,差异化表决权的演进历程丰富公司治理制度的内涵。什么样的体制可以支持与促进创新的产生是公司治理关注的核心问题。③ 传统公司法奉股权平等原则为圭臬,差异化表决权对股权平等原则的挑战引发了公司治理的创新需求,静态一股一权的表决权安排下不同主体利益均衡的状态逐渐被打破,表决权机制乃至资本多数决原则都受到了一定程度的动摇,公司治理体系必然要进行优化,不同股东之间的权利义务关系也需重

---

① 黄秋娜:《国有公司内部治理问题:文化与制度的差异性》,载《河南社会科学》2016年第9期,第66页。
② 李非、邹婷婷:《传承吸纳、兼收并蓄与企业文化创新——略论近代东亚公司对儒家与基督教精神的融摄》,载《中国社会经济史研究》2020年第2期,第95页。
③ [美]玛丽·奥沙利文:《公司治理百年 美国和德国公司治理演变》,黄一义、谭晓青、冀书鹏译,人民邮电出版社2007年版,第1—2页。

新进行配置。特别表决权股东①的信义义务、类别股东会、日落条款、信息披露规则、特别表决权股份的转换机制等内容都成为公司治理内涵扩张的具体表现。公司治理内涵的丰富着眼于法人治理结构②的完善，完善法人治理结构不仅包括调和不同股东之间权利义务配置的紧张关系，还包括对公司内部各组织机构职能的安排，股东与债权人的利益协调也在此列。公司治理是一个动态变化发展的进程，不可能固守一个一成不变的模式。公司组织机构运行中反映出的博弈态势在一定程度上对公司治理结构的完善有着重要影响。③故而，在差异化表决权安排的浸润之下，公司治理体系时移世易，公司法的立法理念与规则设计的丰富性与延展性也将进一步体现。

有史以来，公司制度的生成和发展都与经济活动密切相关。在殖民公司时代，经济活动的规模与风险之间的防火墙角色由有限责任扮演，公司经济活动的繁盛对商人构成正向激励。④有限责任的产生意味着公司制度的核心命题被发掘，经济组织的主导型地位更凸显了有限责任的地位。"同时，公司在市场中的扩展，必然产生内部层级的增多，公司和公司之间的关系多元化，控股公司、关联

---

① 特别表决权股东是指在采用差异化表决权安排的公司中，通过持有特别表决权股份获得超额表决权的股东，本书将非特别表决权股东视为除特别表决权股东之外的所有股东的统称，以此涵盖可能包括的普通股股东、无表决权股股东等类型，避免遗漏。当然，在仅存两种不同类型表决权股份时，也可以用高表决权股份与低表决权股份进行阐述与理解。

② 法人治理结构是指依照公司法并建立在股份多元化基础上的公司内部组织机构各负其责、协调运转、有效制衡的规范管理结构。周友苏：《新公司法论》，法律出版社2006年版，第14页。

③ 周友苏：《新公司法论》，法律出版社2006年版，第15页。

④ ［意］F. 卡尔卡诺：《商法史》，贾婉婷译，商务印书馆2017年版，第70页。

公司、公司内部层次之间的关系日益模糊，日趋复杂，在这种情形下，现代公司法所涉及的内容已非近代公司之平面化、简单化可比"。[1] 而纵向要素一体化的追求则预示着公司运行从关注组织成本转向交易成本。公司倾向于在扩张控制范围与保证经营效果的情况下对经营成本予以适当稳固。[2] 差异化表决权的适用便是公司管理层主导交易效率与控制交易成本的结果。公司控制权秉持公司关联利益主体关系调整与安排的目标，包容了较为丰富的公司制度规范内容，对公司决策的效力与过程予以呈现，对整个公司法规则的统帅功能显著。所以，依循公司法诱致性变迁的内生路径逐渐完善差异化表决权的法律规制具有一定的理论推进意义。

二、问题提出

从制度自身的视角观察，差异化表决权偏离股东民主原则与股份平等原则的权利配置存在一定的法律风险。差异化表决权具有控制性股东在公司初创期与非控制性股东之间建立精准、稳定的信息联系，消减信息不对称的风险，保证特别表决权股东对公司特质愿景[3]追求的话语权，同时取得抵御敌意收购的功效。但权力集中程度的增强自然会与监督力度与效果的衰减存在此消彼长的关系，差异化表决权固守动态的博弈关系，在公司治理层面

---

[1] 邓峰：《普通公司法》，中国人民大学出版社2009年版，第42页。
[2] [美]奥利弗·E.威廉姆森、西德尼·G.温特：《企业的性质》，姚海鑫、邢源源译，商务印书馆2020年版，第105页。
[3] 特质愿景是一种需要时间来实现的经营理念，通常以商业战略体现。[美]佐哈·戈申、阿瑟夫·哈姆达尼：《公司控制权与特质愿景》，朴少伟、许淑胜译，载黄红元、卢文道主编：《证券法苑》，法律出版社2017年版，第96页。

展现出一些新的变化。首先,差异化表决权的设置形塑了特别表决权股东的控制权,使其自利性行为的动机日趋强化。特别表决权股东的经济利益低于"加权表决制"① 赋予的实际影响力时,特别表决权股东的表决动机将被扭曲,进行冒险行为的机会主义倾向加剧,管理性代理成本与控制性代理成本将不断升高。其次,非控制性股东②的弱势地位被定格,缺乏有效的制度保障其权利救济的声量。非特别表决权股东承受的收益权风险显著高于其参与性权利的比重,虽然是基于同股不同权形成的契约合意关系下对表决权进行合法让渡的结果,但非特别表决权股东并不应放弃维护乃至救济自身权利的手段。非特别表决权股东权利保障机制的不足成为制约差异化表决权功能持续性发挥的一面。再次,公司监督机制功能的泛空洞化。特别表决权股东对公司事务的话语主导造成内部与外部的监督功效出现真空。在公司内部,非特别表决权股东无法持续影响特别表决权股东主导的决议,难以形成有效权力制衡;在公司外部,敌意收购无法发挥其优化公司治理效果的倒逼功能。潜在的敌意收购风险会促使经营管理层更为勤勉忠实地履行义务,提高公司的经营业绩,已在进行的敌

---

① "加权表决制"是指在决议中突破比例原则,给予某类特殊成员多倍表决权的表决机制。"加权表决制"最初主要在国际组织决议中适用,赋予对国际组织贡献更大的、更有责任担当以及人口更多的国家以更多的投票权,后来逐渐被其他公、私团体所借鉴。张雪慧:《国际组织中的加权表决制浅论》,载《中外法学》1997年第1期,第31—34页。

② 非控制性股东也称为非控制性所有者,是相对于控制性股东而言,在采用差异化表决权安排的公司中通常表现为普通表决股股东、无表决权股东等不具有多倍表决权的股东,所以在差异化表决权的语境下,非控制性股东等同于非特别表决权股东。关于非控制性所有者的表述,参见朱慈蕴:《中国公司资本制度体系化再造之思考》,载《法律科学(西北政法大学学报)》2021年第3期,第62页。

意收购甚至会通过替换不称职的经营管理人员来实现降低代理成本的目的，这些行为都将提升公司治理的效能，但差异化表决权的适用阻断了敌意收购的一切可能。最后，致力于公司长期特质愿景的追求，差异化表决权对于特别表决权股东具有激励与倦怠的双重效应，随着采用差异化表决权安排时间的推移，特别表决权股东锁定公司控制权的动机增强，制度激励的效应趋弱直至消亡，公司财富增值的目标趋于形骸化，治理结构的内卷化态势渐次显著。

从制度借鉴的视角观察，产生于英美法系国家的差异化表决权所根植的证券市场与我国证券市场并不具有语境的同质性，由此可能会产生借鉴异化的不良后果。任何国家与地区证券市场的规则设计都与公司股权结构有着高度的相关性。差异化表决权的生成与发展立足于股权结构分散化的语境。美国作为全球证券市场最为发达与活跃的国家，公司治理过程凸显市场化倾向，强调股东利益最大化，"股票资本主义"模式成为美国市场经济的别称。[1] 差异化表决权的演进在美国表现得较为典型。《科创板上市规则》的表决权差异安排一节在借鉴域外差异化表决权的理论研究与实践经验的蓝本之上，对股票上市与交易、持续督导、内部治理、信息披露、股权激励等方面的内容进行了规定。但从全球视野而言，公司的股权结构大致可分为两种样态：一种是股权相对集中的结构；一种是股权相对分散的结构。我国的公司与美国的公司自是这两种样态的典型代表。对于股权结构相对集中的公司而言，更容易出现控股股东，由于公司少数人手里掌控大多数

---

[1] 刘凤义：《劳动力商品理论与资本主义多样性研究论纲》，载《政治经济学评论》2016年第1期，第138页。

股份，进而公司的控制权更易被控股股东获得。相较于控股股东而言，其他股东并不具有对公司话语的主导能力，进而并无太多措施对抗控股股东。在股权结构相对集中的公司之中，控股股东与其他股东产生矛盾与冲突的可能性较大，理应具有同质性利益的股东发生着悄无声息的变化。当个别股东成为公司控股股东，享有公司的绝对控制权之时，他们与非控制性股东的同质化假定会出现异化，控制性股东更倾向于利用其控制权侵犯非控制性股东的利益，以满足个人私利。反之，对于股权结构相对分散的公司而言，公司所有权与经营权分离的程度更高，公司管理层与股东之间的利益冲突更为显著，机构投资者在外部监督中发挥着不可替代的作用。由此，至少在公司股权结构的外观上传递出一个重要信号：以股权结构相对集中为表征的我国证券市场与以股权结构相对分散的美国证券市场相较而言，在证券市场规则的配置上自然有着本质性差异。

概言之，从制度自身抑或是制度借鉴的视角来看，差异化表决权的适用在法律规范的完善层面还面临着诸多问题，问题束的产生根源于公司引入差异化表决权后不同表决权股东之间的利益关系会出现失衡。对公司制度予以修复与填补，完善差异化表决权的法律规制是本书展开研究的应有之义。

第二节　文献综述

以差异化表决权为研究对象，在梳理和总结相关文献时，可以国内与国外为横向维度划分的依据，在纵向维度的透视上围绕差异化表决权的功能价值明晰、差异化表决权的法律风险识别与差异化表决权的法律规制展开予以讨论。

一、国内研究现状

(一) 差异化表决权的功能价值明晰

差异化表决权本质上属于类别股,对差异化表决权的功能价值明晰离不开对类别股制度中股东表决权利益诉求的关注。有学者以股东同质化到股东异质化的演进为视角对股份公司内部权利配置结构的嬗变进行研究,丰富类别股制度的理论基础。针对类别股在《公司法》尚未予以正名的现状,有学者呼吁我国应尽快构建类别股制度。[1] 这一观点的提出正是形成于对类别股价值充分认知的基础之上。此外,有学者认为类别股制度对于拓宽公司的融资渠道起到至关重要的作用,多样化的股权结构供给可以满足不同投资者的融资需求,类别股制度作为私法自治的结果最终会体现在公司法领域之上。[2] 有学者也指出类别股可以实现不同投资者的投资意图,并具有保持控制权的功能。[3] 进而有学者提出类别股制度的创设更为重要的作用在于深

---

[1] 汪青松、赵万一:《股份公司内部权力配置的结构性变革——以股东"同质化"假定到"异质化"现实的演进为视角》,载《现代法学》2011年第3期,第32—42页。

[2] 任尔昕:《关于我国设置公司种类股的思考》,载《中国法学》2010年第6期,第104—105页。

[3] 沈朝晖:《公司类别股的立法规制及修法建议——以类别股股东权的法律保护机制为中心》,载《证券法苑》2011年第5卷,法律出版社,第563—567页。

刻影响我国公司制度的整体演进,不断助力商事组织法的内容与制度创新。[1] 有学者则结合投资者需求、公司融资背景、公司法现代化趋势以及多层次资本市场形塑的内容彰显类别股包容的多元化价值。[2] 有学者再次突出现实立法缺位的背景,强调基于投资者意思自治基础上形成的纯粹"准类别股"的安排具有现实的耦合性。[3] 有学者还提及通过类别股制度的设计可以为公司控制权人带来一定的制度激励,这种制度激励可能通常表现为私人利益。例如可以取得高额报酬,在一定程度上可以视为对管理者勤勉工作的合理回报;此外,还包括享受各种职务型消费以及按自己的理念制定公司的经营方针等内容。[4] 有学者提及类别股的发行还可以实现防御敌意收购的目的,进而稳固类别股发行人的实际控制权,实践中有重塑表决权以及毒丸计划等多种不同做法。[5] 进而围绕重塑表决权而进行的差异化表决权研究也得到进一步深入。有学者在承认差异化表决权具有以上类别股制度所具有功效的同时,还突出强调了差异化表决权安排关于人力资本价值的锁定功效,并有利于规避公司出现的短期投机风险,发挥创始人或

---

[1] 朱慈蕴、沈朝晖:《类别股与中国公司法的演进》,载《中国社会科学》2013年第9期,第148—152页。
[2] 关璐:《我国公司优先股的规则构建与修法建议》,载《甘肃社会科学》2014年第4期,第181页。
[3] 李燕、郭青青:《我国类别股立法的路径选择》,载《现代法学》2016年第2期,第74页。
[4] 张巍:《资本的规则》,中国法制出版社2017年版,第217—218页。
[5] 傅穹、肖华杰:《我国股份有限公司类别股制度构建的立法路径》,载《西南民族大学学报(人文社科版)》2019年第8期,第115页。

管理人的人力资本价值,从而形成管理优势与技术优势。① 除却公司治理的视域,在乡村振兴目标与共同富裕战略的引领下,有学者认为特别表决权安排可以从不同的主体层面精准解决农地流转过程中的冲突与矛盾,为差异化表决权的功能价值明晰扩展适用边界。②

(二) 差异化表决权的法律风险识别

差异化表决权的法律风险集中体现在公司治理制度层面。不同类别股东之间横向冲突的存在对公司治理体系的优化有着现实的需求。有学者指出在优先股的讨论中,普通股股东机会主义的倾向会加剧普通股股东与优先股股东之间的利益冲突。③ 有学者进一步延伸至差异化表决权安排,认为在差异化表决权安排中股东利益遭受损害的首要负面影响表现为非特别表决权股东表决权的弱化甚至于被丧失。④ 另有学者提到对类别股权能的保护对类别股制度顺利展开起到基础性作用。⑤ 对类别股权能保护的原因在于普通表决权股份与无表决权股份持有人的权益可能受到

---

① 朱慈蕴、[日]神作裕之、谢段磊:《差异化表决制度的引入与控制权约束机制的创新——以中日差异化表决权实践为视角》,载《清华法学》2019年第2期,第10页。

② 曹兴权、杨士民:《"区块链+类别股权"嵌入乡村振兴农地流转的思考》,载《社会科学家》2021年第11期,第82页。

③ 刘胜军:《类别股法律制度研究——以类别股利益冲突治理为核心》,清华大学2015年博士学位论文,第45页。

④ 刘海东:《双层股权结构下的股东利益保护与董事的忠实义务》,载《东岳论丛》2018年第8期,第128页。

⑤ 任尔昕:《关于我国设置公司种类股的思考》,载《中国法学》2010年第6期,第104—105页。

损害。① 还有学者特别指出在类别股制度之下的差异化表决权安排的弊端在于动摇了股东权利基本配置模式,冲击了股份平等与股东民主的基本原则,对公司治理功能的负面效应显著。② 此外,有学者认为公司采用差异化表决权安排后关联交易的发生频率会升高,股价的波动性会更为剧烈,公司治理的标准也难以明确。③ 另有学者强调当创始人作为特别表决权股东以极低的持股比例控制公司时,通常会损害普通股股东与无表决权股东的利益,所以要注意对特别表决权股东的持股比例下限作出限定。④ 此外,采用差异化表决权安排引发的公司内部监督问题、代理问题以及生命周期问题也是较为突出的。⑤ 其中对监督结构的影响体现在内部监督机制功效的失灵⑥与敌意收购对公司管理层监督功能失效的方面。⑦ 另有观点主张关于差异化表决权对公司治理体系的挑战,缘由在于控制权机制的进一步强化,加之表决权与收益权的高度分离所升高的代理成本会一并对非特别表决权股东的利益产生重要影响。⑧

---

① 郭富青:《股份公司设置特别股的法律诱视》,载《河北法学》2002 年第 5 期,第 59—64 页。
② 沈朝晖:《双层股权结构的"日落条款"》,载《环球法律评论》2020 年第 3 期,第 74 页。
③ 王东光:《类别股份制度研究》,法律出版社 2015 年版,第 60—66 页。
④ 樊健、朱锐:《科创板上市公司双层股权结构中的日落条款》,载《财经法学》2021 年第 3 期,第 54 页。
⑤ 朱翔宁、柴瑞娟:《双层股权结构时间型"日落条款"研究——以证券交易所竞争为视角》,载《上海金融》2021 年第 7 期,第 62 页。
⑥ 吴术豪:《双层股权结构:风险与法律监管》,载《东南大学学报(哲学社会科学版)》2020 年第 2 期,第 109 页。
⑦ 吴尚轩:《论中国双层股权上市的规制》,载《法学论坛》2020 年第 6 期,第 150 页。
⑧ 尚采:《股东异质化视角下的双层股权结构》,载《政法论坛》2016 年第 4 期,第 135 页。

(三) 差异化表决权的法律规制展开

差异化表决权法律规制的展开必然是学界研讨的着眼点。我国学者集中关注于股东之间信义义务的构建、特别表决权股份的转换机制以及如何强化公司监管等方面。有学者主张应将控股股东对中小股东的信义义务扩张至不同类别股东之间，股东平等原则与股份的类别化要求公平对待不同类别的股东。[①] 有学者注意到类别股之间的权利、义务平衡问题，但并未给出解决方案。[②] 有学者认为应强化控股股东对中小股东的信义义务，借鉴美国示范公司法的规定明确信义义务的实质审查标准，并尝试通过指导案例与司法解释将控股股东信义义务的内容具体化与场景化，以便中小股东对控股股东的责任追究与司法审判活动的展开。[③] 有学者也认为可以通过信义义务规则约束差异化表决权结构中的创始人行为，赋予非特别表决权股东进行司法审查的权利。[④] 日落条款是特别表决权股份转换机制讨论的热点，有学者认为日落条款可以降低采用差异化表决权安排产生代理成本的问题。[⑤] 日落条款还具有约束功能、平衡功能与提升功能。主要分为稀释型日落

[①] 朱慈蕴、沈朝晖：《类别股与中国公司法的演进》，载《中国社会科学》2013年第9期，第155页。

[②] 葛伟军：《论类别股与类别权：基于平衡股东利益的角度》，载《证券法苑》2010年第3卷，法律出版社，第574—595页。

[③] 刘胜军：《新经济下的双层股权结构：理论证成、实践经验与中国有效治理路径》，载《法学杂志》2020年第1期，第97页。

[④] 于莹、梁德东：《我国双层股权结构的制度构造》，载《吉林大学社会科学学报》2021年第2期，第72页。

[⑤] 沈朝晖：《双层股权结构的"日落条款"》，载《环球法律评论》2020年第3期，第71页。

条款、事件触发型日落条款、时间型日落条款、转让型日落条款等类型。① 有学者认为没有引入时间型日落条款是比较遗憾的。② 有学者认为时间型日落条款安排可以应对我国科创板目前存在的弊端,但不宜强制性规定时间型日落条款。③ 也有学者主张根据我国的实际情况,目前不宜采取强制性的定期日落条款。④ 此外有学者提到《科创板上市规则》对采用差异化表决权安排公司的监督是双重监督模式,即由独立董事对上市公司的交易事项进行监督,由监事会对涉及差异化表决权的相关事项进行专门监督。⑤ 有学者主张应给予机构投资者更强大的监督权,以便其能参与到采用差异化表决权安排公司的监督中来。⑥

二、国外研究现状

(一) 差异化表决权的功能价值明晰

差异化表决权的功能价值是对实践指引的深刻反映,从理论

---

① 沈朝晖:《双层股权结构的"日落条款"》,载《环球法律评论》2020年第3期,第73—77页。
② 朱慈蕴、[日]神作裕之、谢段磊:《差异化表决制度的引入与控制权约束机制的创新——以中日差异化表决权实践为视角》,载《清华法学》2019年第2期,第23页。
③ 傅穹、卫恒志:《表决权差异安排与科创板治理》,载《现代法学》2019年第6期,第100页。
④ 罗培新、王倩:《差异化表决权风险面面观》,载《董事会》2020年第5期,第80页。
⑤ 汪青松、李仙梅:《差异化股权结构的控制权强化及约束机制——以科创板相关制度设计为视角》,载《南方金融》2020年第8期,第44页。
⑥ 张赫曦:《机构投资者与我国差异化股权制度的协调发展》,载《华东政法大学学报》2021年第2期,第184页。

中是无法推导出最优公司治理结构的外观的,实践经验才是促进公司治理结构发展的重要动因。① 双层股权结构是差异化表决权实践中的典型表现。相较于以优先股为代表的收益权型类别股讨论的平淡,以双层股权结构为代表的表决权型类别股探讨十分激烈。有学者认为差异化表决权安排有利于克服创始人股东和外部股东之间信息不对称的风险,可以实现公司内外部之间更为充分的交流与互通。② 有学者认为采用差异化表决权安排可以提升公司的整体价值。③ 另有学者提到适用差异化表决权安排可以让公司坚定发展方向,并将创始人的理念贯穿于公司发展进程的始终,而不受证券市场的短期走向与变化的影响。④ 有学者也提到采用差异化表决权安排可以使实际控制人不断探索新思想、追求有风险的长期计划。⑤ 另有学者提到减少外部敌意收购与公司内部监控是采用差异化表决权安排可以实现的效果。⑥ 有学者进一

---

① 弗兰克·伊斯特布鲁克、丹尼尔·费希尔:《公司法的经济结构》。Frank H. Easterbrook & Daniel R. Fischel, The Economic Structure of Corporate Law 5 (1991).

② 乔治·登特:《双重类资本化:对塞利格曼教授的答复》。George Dent, Jr., Dual Class Capitalization: A Reply to Professor Seligman, 54 GEO. WASH. L. REV. 725, 748 (1986).

③ 罗纳德·吉尔森:《评估双重普通股:替代品的相关性》。Ronald J. Gilson, Evaluating Dual Class Common Stock: The Relevance of Substitutes, 73 Va. L. Rev. 807, 832 – 33 (1987).

④ 佐哈尔·戈申、阿萨夫·哈姆达尼:《公司控制与独特愿景》。Zohar Goshen & Assaf Hamdani, Corporate Control and Idiosyncratic Vision, 125 YALE L. J. 560, 590 (2016).

⑤ 劳伦·科恩:《创新的错误评估》。Lauren Cohen et al., Misvaluing Innovation, 26 REV. FIN. STUDIES 635, 647 (2013).

⑥ 基肖尔·伊查巴迪:《双类别表决结构、相关机构问题和前进之路》。Kishore Eechambadi, The Dual Class Voting Structure, Associated Agency Issues, and A Path Forward, 13 N. Y. U. J. L. & Bus. 503, 516 (2017).

步深化研究得出在创新环境中持有超额表决权的股东对公司的运营发展至关重要的结论,原因在于其可以隔离源于市场方面的压力,最终抵销与之相关的代理成本。① 另有学者更为深刻地指出采用差异化表决权安排的公司更能持续为投资者提供可信任与高质量的信息,实际控制人与创始人也更愿意以换取充分的表决权来为投资者提供更高质量的信息来源。②

(二) 差异化表决权的法律风险识别

差异化表决权法律风险的识别在域外领域的探讨主要见于美国学界在 20 世纪 20 年代以及 20 世纪 80 年代对不同表决权"普通股"的论战,以下主要以 20 世纪 80 年代引入差异化表决权安排的观点进行呈现。有学者认为公司采用差异化表决权安排会导致经营管理层监督功效的消减,同时,由于创始人或管理人对控制权的掌握,所以董事会的提名权与选举权也会受到影响,进而董事会的独立性将不复存在,股东大会决议的约束力也将丧失存在的基础,敌意收购的难度也将与日俱增。尤其是公司控制权与现金流请求权的背离会造成控制性股东的利益与非控制性股东的利益或公司整体利益出现一定程度的偏差,借助控制权的主导地位是控制性股东谋取私人利益的重要方式。表决权与收益权的分离程度越高,控制性股

---

① 阿迪·格里纳佩尔:《双层股票结构与企业创新》。Adi Grinapell, Dual-Class Stock Structure and Firm Innovation, 25 Stan. J. L. Bus. & Fin. 40, 45 (2020).
② 多夫·所罗门娜、里莫纳·帕拉萨、阿莫斯·巴拉内斯:《双层公司提供的信息质量》。Dov Solomon et. al., The Quality of Information Provided by Dual-Class Firms, 57 Am. Bus. L. J. 443, 483 (2020).

东谋取私人利益事件发生的可能性就越大。① 另有学者认为创始人通过采用差异化表决权安排保有控制权是合理的，但应阻止任何占据公司主导地位的股东集团利用表决权交易来胁迫公众股东。② 有学者主张采用特殊表决权安排的公司在发行无表决权股份或限制表决权股份时，可以促使特别表决权股东进行承诺、明确责任与义务等方式来减轻非特别表决权股东对自身利益受损的担忧。③ 有学者发现伴随时间的推移，特别表决权股东缺乏制度激励的弊端日益显著，非特别表决权股东难以通过持有的表决权份额参与公司重大事项的决策，对公司治理的话语权声量日渐衰微，在管理层出现不当行为时也无法有效行使追索权，④ 另有学者进一步强调采用差异化表决权安排会引发一系列导致代理成本升高的行为。例如，由于集体行动的问题，动机薄弱的非特别表决权股东很少有热情与动力参与到股东会决议的产生过程中，或是由于信息不对称加之管理层的偏见及其他利益冲突，在公司的表决程序中非特别表决权股东的表决行为不太可能为公司价值的

---

① 迈克尔·简森、威廉·梅克林：《企业理论：管理行为，代理成本与所有权结构》。Michael C. Jensen & William H. Meckling, Theory of the Firm: Managerial Behavior, Agency Costs and Ownership Structure, 3 JOURNAL OF FINANCIAL ECONOMICS 305, 313 (1976).

② 罗纳德·吉尔森：《评估双重普通股：替代品的相关性》。Ronald J. Gilson, Evaluating Dual Class Common Stock: The Relevance of Substitutes, 73 Va. L. Rev. 807 (1987).

③ 佐哈尔·戈申、阿萨夫·哈姆达尼：《公司控制与独特愿景》。Zohar Goshen & Assaf Hamdani, Corporate Control and Idiosyncratic Vision, 125 YALE L. J. 560, 581 (2016).

④ 伯纳德·沙夫曼：《为公司在首次公开募股中使用双类股份结构的权利进行私人订购辩护》。Generally Bernard S. Sharfman, A Private Ordering Defense of a Company's Right to Use Dual Class Share Structures in IPOs, 63 VILL. L. Rev. 1 (2018).

提升带来正向影响。①

(三) 差异化表决权的法律规制展开

国外对差异化表决权法律规制的展开有以下讨论。有观点指出解决不同表决权股东利益纠纷的原则应以公司利益最大化为中心。② 有学者认为保持要约收购的有效性与采用信息披露规则是弥补差异化表决权制度隐忧的应对方式之一。收购要约的使用与信息的及时、完整、准确披露能为普通股股东的利益提供保障。③ 有学者认为公司在采用差异化表决权安排的进程中应当考虑到时间维度的因素，当低效的差异化表决权安排长期陷于公司之时，在公司章程中加入日落条款可以提升公众投资者的投资收益。④ 另有学者认为对特别表决权股份的表决权倍数进行限制、组合适用不同类型的日落条款，将在保障非特别表决权股东利益的同时维持差异化表决权的理想功效。⑤ 有学者认为应当规定创始人持有的特别表决权股份在所有已发行股份总数中的比例低于某一预

---

① 多罗西·隆德：《反对被动股东投票的理由》。See, e.g., Dorothy S. Lund, The Case Against Passive Shareholder Voting, 43 J. CORP. L. 493, 495 (2018).
② 威廉·布拉顿、迈克尔·瓦赫特：《优先股理论》。William W. Bratton & Michael L. Wachter, A Theory of Preferred Stock, 161 U. Pa. L. Rev. 1815, 1821 (2013).
③ 唐纳德·施瓦茨：《联邦制与公司治理》。Donald E. Schwartz, Federalism and Corporate Governance, 45 Ohio St. L. J. 545, 586 (1984).
④ 卢西安·贝布丘克、科比·卡斯蒂尔：《永续双类股票的难言之隐》。Lucian A. Bebchuk & Kobi Kastiel, The Untenable Case for Perpetual Dual-Class Stock, 103 Va. L. Rev. 585, 590 (2017).
⑤ 佐伊·康顿：《21 世纪双类股份结构掠影：兼顾股东保护与创始人自治的解决方案》。Zoe Condon, A Snapshot of Dual-Class Share Structures in the Twenty-First Century: A Solution to Reconcile Shareholder Protections with Founder Autonomy, 68 Emory L. J. 335, 362 (2018).

先设定的数值时,将不同表决权股份进行强制性转换的内容。①此外,还有学者提出解决特别表决权股东与公众投资者预期差距的一个潜在方法是设置以业绩为衡量依据的日落条款,如果公司的收入或者股价在某一确定的时间内低于首次公开发行的价格,就会触发这一条款。② 公众投资者还可以在首次投资之初便与公司实际控制人达成协议,约定其不得利用优势控制地位将公司治理结构调整为对实际控制人有利的安排。③ 另有学者认为除却日落条款的安排之外,更应当对董事提名权归属于非特别表决权股东进行明确规定。④

三、研究现状评述

国内外通过对差异化表决权功能的明晰可以发现其有四点价值优势:首先,在融资方面。公司无论是在短期目标的制定还是长期目标的规划中都需要正视融资的必要需求,差异化表决权可以在实现创始人保持实际控制权的前提下满足公司融资的现实需

---

① 卢西安·贝布丘克、科比·卡斯蒂尔:《永续双类股票的难言之隐》。Lucian A. Bebchuk & Kobi Kastiel, The Untenable Case for Perpetual Dual-Class Stock, 103 Va. L. Rev. 585, 620 (2017).

② 安德鲁·威廉·温登:《日出,日落:双类股票结构的经验与理论评估》。Andrew William Winden, Sunrise, Sunset: An Empirical and Theoretical Assessment of Dual-Class Stock Structures, 2018 Colum. Bus. L. Rev. 852, 932 (2018).

③ 保罗·李:《保护公众股东:谷歌资本重组案例》。Paul Lee, Note, Protecting the Public Shareholders: The Case of Google's Recapitalization, 5 Harv. Bus. L. Rev. 281, 292-93 (2015).

④ 安德鲁·威廉·温登:《日出,日落:双类股票结构的经验与理论评估》。Andrew William Winden, Sunrise, Sunset: An Empirical and Theoretical Assessment of Dual Class Stock Structures, 2018 Colum. Bus. L. Rev. 852, 938 (2018).

求。其次,在投资方面。差异化的投资偏好是不同投资者所具备的特征,表决权型类别股与收益权型类别股都是顺应投资者偏好的时代产物。再次,在公司管理效率方面。公司采用差异化表决权安排有利于优化公司组织机构的合理配置,提升公司的管理运作效率。最后,在公司特质愿景方面。福特公司的成长例证[1]能充分彰显差异化表决权的设计对于创始人追求公司特质愿景的重要意义。国内外对差异化表决权功能的明晰偏重于私人属性价值体现,较少从国家属性对差异化表决权功能的展现予以探讨。

国内外关于差异化表决权法律风险的识别都有一定涉及。国内学者较多关注类别股股东与普通股股东的利益冲突。公司控制与公司所有的连结点在于表决权之上,以表决权为工具进行公司控制权的争夺是不同股东关注的焦点,任何具有表决权优势的一方都存在损害表决权劣势一方的可能性。国内对于差异化表决权引入后法律风险的关注较为零散,可能与我国公司本土化实践的起步较晚、案例较少有关。国外的研究不仅关注到类别股股东与普通股股东利益冲突的问题,还对由此引发的关联交易、管理层高额薪资以及特别表决权股东控制权滥用等方面的问题进行广泛的研究。由此可见,围绕我国采用差异化表决安排公司进行实践考察可能会成为深化研究的入口之一。另外,国有公司在我国《公

---

[1] 福特前两次创立的汽车公司都是由公众股东掌握控制权,由于公众股东坚持先投产销售的目标与福特坚持先完善设计的理念存在长期紧张的关系,导致固执的福特连续两次被解雇。在福特的第三次尝试中,他坚持保留控制权,最终成功将他在汽车设计和生产方面的创新理念转变成了有史以来最伟大企业成功的故事之一。托德·亨德森:《道奇诉福特汽车公司案:旧貌换新颜》。See M. Todd Henderson, The Story of Dodge v. Ford Motor Company: Everything Old Is New Again, in Corporate Law Stories 37, 40 (J. Mark Ramseyer ed., 2009).

司法》中具有一定的特殊性，现有的国内研究基本上较少涉及国有公司引入差异化表决权问题的探讨，仅有的研究也没有注意到代理成本的升高会成为影响国有公司引入差异化表决权的重要因素。

国内外针对差异化表决权法律规制都进行了广泛研究。国内学者主要是从不同类别股股东之间的利益关系逐渐深入到不同表决权股东利益关系之中，主要涉及不同股东之间信义义务的构建、特别表决权股份的转换机制以及如何强化公司内外部监督三个方面。国外由于实践差异化表决权安排的时间较早，所以现实中暴露的问题更多，在差异化表决权法律规制的具体措施上理论界与实务界都有诸多观点，尤其体现在不同类型日落条款的探讨上，每一种日落条款的生成都有独特的成因，不同日落条款的组合都是应对差异化表决权制度隐忧的结果。此外，学界对除却日落条款的法律规制措施也有涵摄。整体而言，我国对差异化表决权法律规制的体系化审视并不全面，很多问题的深入程度不够，更多的是对国外理论界与实务界观点的适当借镜。如能在新一轮公司法修改的语境下，结合本土化实践与规范文本分析呈现的问题进行差异化表决权法律规制的设计将更具现实意义。

第三节　研究方法

一、历史分析方法

任何一种话语只有通过对它所属历史的整体性认识才能得到透彻的理解。因此在写作过程中，笔者将对差异化表决权及其相关内容进行历史进程性回顾，梳理差异化表决权的产生与演进历程，从而为差异化表决权进入公司法制度安排提供正当性论证；同时，通过历史考察，本书将进一步揭示作为基本变量的社会经济制度对于权利规则生成与变化的重要影响，并以此为前提阐述在制度语境和商业实践已有较大变化的当今社会，差异化表决权的法律规制应如何展开。

二、比较分析方法

在差异化表决权法律规制的具体安排上，诸多域外国家（地区）已经走在我国前列，但是对我国而言，哪些法律规范成果值得学习与借鉴需要深入分析。笔者将在立足于域外立法现况掌握的前提下，对全球差异化表决权法律规制的主要模式进行梳理与总结，以横向空间维度与纵向时间维度的统合分析在法律规则借鉴过程中可能出现的问题，并结合我国现行的差异化表决权法律规制措施与实践情况，提出适应我国公司法改革的立法建议。

三、规范与实证相结合的方法

规范分析方法在法学研究领域占据十分重要的地位，因此它也是本书运用的主要方法。但本书所使用的规范分析方法，并不仅限于抽象的理论推演，而是在分析既有理论的基础上，结合我国多层次资本市场的特点与差异化表决权实践的具体情况展开分析，总结出采用差异化表决权安排的公司在规则设计上的不足，并结合我国差异化表决权法律规制的规范文本展开分析，为我国差异化表决权法律规制的立法模式选择、基本理念明晰与具体规则展开提供相应建议。

第四节 可能的创新之处与存在的不足

一、本书可能的创新之处

本书可能的创新之处有三点：首先，对约定型差异化表决权予以理论分析。由个别当事人之间协商自治达成的一致行动人协议、表决权信托、征集委托投票权等约定型差异化表决权形式是客观存在的。在广义维度上约定型差异化表决权也是控制权机制强化的类型，具体而言，与法定型差异化表决权有着怎样的区别以及为什么不宜纳入公司法调整，学界至今探讨很少。本书尝试对该问题进行一定程度的释明。

其次，进一步丰富股东民主原则的内涵。股东民主并非仅指一人一票的表决规则，股东民主原则虽然伴随公司制度的演进在外观上表现出一人一票、一股一票的形式，但并不意味着只有一人一票、一股一票的外观呈现。外观呈现可能会随着公司经济发展需求的变化而调整，但股东民主原则的实质不会改变。本书尝试在探究股东民主原则实质的前提下，进一步丰富股东民主原则的内涵。

最后，围绕国有公司采用差异化表决权安排的问题进行探讨。现有研究大多关注于差异化表决权结构对控制权的锁定功效有利于国有公司深化股权结构改革的目标实现，但缺少对国有公司治理问题的深入把握。本书基于国有公司代理链条过长的特点，尝试提出关于国有公司采用差异化表决权安排的谨慎与保守型观点。

二、本书存在的不足

本书存在的不足主要有三点：首先，在问题的提炼精度与思考深度上尚存一定不足。例如，对差异化表决权域外法律规制的模式成因与特点明晰上，"辖区表征"一词便不能够直接清晰地表明内容，较为模糊的背后是对问题提炼精度与思考深度的不足。其次，对公司采用差异化表决权安排的损益比分析不足。公司采用差异化表决权安排会引发代理成本升高的后果，但对适用效益的量化分析不足难以为采用差异化表决权安排的公司进行充分的合理性证成。最后，对差异化表决权的规律性认知不足。差异化表决权的实践是不断深入的，所有的洞见都是来自对差异化表决权的规律性认知，深化对差异化表决权的规律性认识是今后仍需要观察、归纳与分析的内容。

第一章 差异化表决权的理论阐释

差异化表决权的理论基础以差异化表决权的概念厘定为起点，进而梳理差异化表决权的形成条件，然后对差异化表决权的正当性与合理性予以证成，最终将差异化表决权的私人属性与国家属性予以呈现。

第一节 差异化表决权的概念厘定

差异化表决权的具体形式决定了差异化表决权的呈现外观。理论界在研究差异化表决权之时，偏重于差异化表决权的演进历程、制度功效体现与法律风险防范，却较少对差异化表决权概念进行探讨。本书通过广义与狭义维度对差异化表决权的内涵与外延进行明晰，进而归纳出广义与狭义不同视角下差异化表决权的特征分野，以便厘定本书的研究对象。

一、广义的差异化表决权

差异化表决权从广义维度理解内容丰富，且表现形式多样。广义的差异化表决权并非指一种股份类型，而是意指一切与同股同权、一股一权不一致的表决方式。① 由此可知，广义的差异化表决权并不是具体的某一种股份类型，而是涵摄一切与同股同权、一股一权不一致的表决方式，通过原则标准的明确，而非股份类型的罗列。广义的差异化表决权包括两类，第一类主要是通过公司法法定化而形成的股权种类，第二类主要是在《民法典》合同编框架下通过个别当事人意思自治实现的表决权重新配置。法定化与约定化两种路径形塑了法定型差异化表决权与约定型差异化表决权，两者共同构成广义的差异化表决权。随着社会经济的不断发展，法定化与约定化两种路径包括的具体形式将日益扩张，广义差异化表决权的包容性会更强，不仅涵盖脱离一股一权原则的表决权类型，还将对未来不同表决权类别股以开放的态度接纳。

法定型差异化表决权与约定型差异化表决权共同构成广义的差异化表决权。两者之间存在密切的关联，第一，法定型差异化表决权都是根源于约定型差异化表决权。市场经济效率的不断提升，导致商业创新活动的层出不穷，脱离一股一权原则的差异化表决形式都是市场经济参与者通过契约达成的结果。立法对于这样的商业创新模式在进行利益衡量后会考虑上升为法定化内容，以此纳入强制性规范的范畴将更有利于社会经济的有序发展。第

---

① 广义的差异化表决权形式如双重表决权股、优先股、限制表决权股、无表决权股、复数表决权股、黄金股等一系列不同表决权的类别股安排，以及通过合同实现的一致行动人协议、征集委托投票权、表决权信托等。前者的股权种类（类别股）通常要经由公司法来法定化，后者则主要通过合同编由个别当事人之间协商自治实现。朱慈蕴、[日] 神作裕之、谢段磊：《差异化表决制度的引入与控制权约束机制的创新——以中日差异化表决权实践为视角》，载《清华法学》2019 年第 2 期，第 7 页。

二,约定型差异化表决权与法定型差异化表决权都是强化控制权的实现形式。股东表决权的权能内涵丰富,表决权的权能可以依托类别股设定,也可以直接通过意思合意进行转让,但无论是何种形式,着眼点都在于实现强化控制权的目标。第三,约定型差异化表决权具有便捷与高效的特点,在一定范围内可以满足不同投资者关于表决权的个性化需求,自治空间较大,只要符合个别当事人的意思合意即可,可以成为法定型差异化表决权的重要补充。

当然两者也存在明显的区别,一方面,诸如表决权信托、征集委托投票权、一致行动人协议等约定型差异化表决权的形式,没有法定型差异化表决权的权利保障机制完善,因为约定型差异化表决权的制度成本可观测性较弱,关于约定型差异化表决权的信息不对称性更强,达成约定型差异化表决权形式的当事人之间存在利益寻租的可能性,进而影响到当事人以外的第三人利益。例如,表决权信托可能会引起不同股东之间相互歧视与垄断的结果,最终损害公司利益。[①] 与之相反,公司法可以对法定型差异化表决权发挥更强的监督功效。另一方面,不同的差异化表决权类型与股权结构紧密相关。股权结构的分散与股权结构的集中反映在控制权的掌控上是存在难易程度差别的,所以采用的差异化表决权类型也会有所不同。股权结构分散的证券市场中机构投资者发挥着重要作用,股权结构集中的证券市场中控股股东往往占有较多的股份,股权结构分散的证券市场中控股股东可能仅需较

---

① 栾奕:《表决权信托制度研究》,华东政法大学 2017 年硕士学位论文,第 17 页。

少的股份便可以控制公司，但在股权结构集中的证券市场中往往是不可能的。所以对于股权分散结构公司的控股股东而言，其在融资发展的压力下掌握控制权的难度较大，享有控制权的成本也较高。对于股权结构集中公司的控股股东而言，其在融资压力下掌握控制权的难度相对较低，股权分散结构公司的控制权流转频率也会更高，对采用差异化表决权安排的需求更大。这便使得在股权分散结构中享有公司控制权偏重于以法定化路径以节约制度性成本，以约定型差异化表决权方式享有控制权的路径在股权集中结构的公司更易发生。

二、狭义的差异化表决权

狭义的差异化表决权是指公司通过对股票中表决权与收益权进行非等比例性配置，形成关于表决权的差异化安排。狭义的差异化表决权通常仅对表决权进行分级化处理，本书重点探讨我国《科创板上市规则》中的差异化表决权设定。[1] 原因有两点：其一，本书聚焦的差异化表决权法律规制是立足于我国现行立法框架的背景之下进行探讨，围绕规范文本展开分析是重要的内容，符合落脚于我国差异化表决权法律规制完善之目的；其二，广义维度的差异化表决权类型众多，不同形式的差异化表决权都具有不同的含义与特点，如果文中主要探讨的对象为广义的差异化表决权，问题的针对性与聚焦性会受到影响。以《科创板上市规则》为起点明确我国立法中关于差异化表决权的演进思路，不仅

---

[1] 自2019年3月1日上海证券交易所颁布《科创板上市规则》以来，后续在2019年4月、2020年12月、2023年8月、2024年4月进行了修订。

可以满足我国制度语境完善的逻辑一致性，更符合现实针对性与研究深入性的需要。

关于差异化表决的具体规定在《科创板上市规则》第四章内部治理的第五节表决权差异安排之中。依据《科创板上市规则》的内容可以发现对差异化表决权有表决权倍数以及特别表决权比例的限定。[①] 这些内容表明《科创板上市规则》中的差异化表决权不允许无表决权股份的存在，仅允许双级表决权股份的存在，即特别表决权股份与普通股股份，除此之外并无无表决权股份存在的空间。对于特别表决权股份与普通股股份的表决权倍数极差限定在10倍以内。同时，《科创板上市规则》中的规定是一种关于股份表决权的差异化安排，排除了基于意思合意形成的差异化表决权，易言之，是将约定型差异化表决权排除在外。这表明我国目前采用的差异化表决权安排是一种特别表决权股份与普通股股份表决权倍数极差在10倍以内的股权架构。

三、本书研究对象的界定与说明

第一，对于本书研究对象的说明。本书研究的对象聚焦于狭义视角的差异化表决权，是仅以表决权股为内容的差异化表决权，有特别说明者除外。我国语境下差异化表决权是一种以表决权股为内容的表决权差异化安排，约定型差异化表决权也会予以涉及，但是囿于其法定化的现实障碍与理论延展的局限性，并不

[①] 其一，每份特别表决权股份所享有的表决权不得超过每份普通股股份的表决权数量的10倍；其二，上市公司股票在科创板上市后，除同比例配股、转增股本情形外，不得在境内外发行特别表决权股份，不得提高特别表决权比例。

会作为本书重点探讨的对象。

第二，关于部分重要关系的说明。其一，对差异化表决权与双层股权的关系说明。差异化表决权是关于表决权的差异化安排，可能会呈现出双级表决权、三级表决权等外观，易言之，凡是脱离一股一权的表决权安排都可以纳入差异化表决权之中。双层股权实际上是一种表决权的双级安排，由表决权的双级安排下产生的双层股权结构是理论界讨论的热点。由此可知差异化表决权并不限于双层股权的形式。同时，笔者并不认同将董事提名权等非表决权权利归属于差异化表决权，因为差异化表决权仅针对表决权进行分级化安排，虽然在一些国家（地区）股东可以享有与其持股量不成比例的其他权利，[1] 例如董事提名权。但这并不符合围绕表决权的特殊性安排，我们可以认为诸如董事提名权等其他权利属于控制权强化机制的范畴，但不应纳入差异化表决权。其二，对优先股与无表决权股的差异说明。优先股的股东可以拥有优先参与对公司利润分配的权利，通常情况下优先股并不包含表决权，但在某些特定情形下优先股股东可以恢复表决权。[2] 但无表决权股在任何情况下都不会含有任何表决权。

第三，本书是以证券市场为场域的研究，主要围绕股份公司尤其是上市公司的差异化表决权安排进行探讨。在非上市公司中

---

[1] 香港证券交易所将"不同表决权架构"解释为若干人士对所持股份享有"与其持股量不成比例的表决权或其他相关权利"，其中，与其持股量不成比例的表决权即为双层股权结构，而其他相关权利的含义则更广。王长华、卞亚璇：《科创板差异化表决权安排制度略论》，载《金融发展研究》2020年第4期，第71页。

[2] 在涉及优先股股票所保障的股东权利时，如公司连续几年不支付或无力支付优先股股票的股息，优先股股东可发表意见并享有相应的表决权。张璇：《非股票证券统计分类标准设计》，载《金融发展评论》2014年第5期，第73页。

股东之间的人合性更强，不会涉及过多的社会公众利益，对证券市场几乎也没有影响。在非上市公司内部基于股东之间的意思合意形成的差异化表决权安排不应受到法律的过多干预，所以将上市公司作为讨论主体进行设定是有必要的，且具有现实意义。此外，考虑到国有公司在《公司法》中的特殊地位，兼顾全文逻辑与框架完整性的要求，在第六章国有公司适用差异化表决权的实践考察与制度安排部分会对国有公司进行一定讨论，除此之外讨论主体均为一般性上市公司。

第四，关于特别表决权股东、非特别表决权股东的说明。差异化表决权中关于表决权的分级可能存在二级（特别表决权股份与普通表决权股份）、三级（特别表决权股份、普通表决权股份、无表决权股份）、未来依据公司现实发展的需要可能会产生表决权多级安排。特别表决权股东是指在采用差异化表决权安排的公司中，通过持有特别表决权股份获得超额表决权的股东，本书将除特别表决权股东之外的股东均称为非特别表决权股东，以此涵盖可能包括的普通股股东、无表决权股股东等类型，避免遗漏。

第二节 差异化表决权的形成条件

差异化表决权的形成条件包括理论条件、语境条件与属性条件三个方面。股东异质化理论提供了差异化表决权形塑的理论条件，分散化的股权结构分布实为权利语境条件的现实存在，创始人人力资本价值的统合实为权利内核的塑造提供了属性条件。

一、股东异质化理论

股份公司在传统公司法理论中十分强调资合性的特质,实际上反映出对股东同质化的一种理论假定,即忽视股东之间存在的实际性差异,而将股东视为并无差异的资本统一载体。[①] 单一的普通股规范以及在此基础之上形成的一股一权原则便是典型表现。在同质化的假定下,股东被认为是整齐划一具有相同的目标和能力的人,他们投资公司的目的都是通过公司分红实现投资利益最大化。因此,股东的收益权是以持有的股份数量作为计量单位,所以股权关系仅被视为一种以抽象化出资为标准的比例关系。[②] 股东大会在进行决议表决时是依据股东所持有的股份数量,并依据一比一的比例转化为表决权比重进行量化计算的。股东平等在股东同质化假定视野下是以抽象意义的股份平等进行的理解,却忽视了股东作为个体本身所具有的投资偏好差异。股东在追求投资利益最大化的结果下,不同的股东作为个体的偏好是不同的,表现在目标上是多元的,并存在异质化倾向。易言之,在股东异质化的现实下,统一按照建立在一股一票基础上的资本多数决原则进行公司决议的表决,既不能满足异质化股东的多元需求,也无法实现个体利益最大化的目标。

差异化表决权满足了异质化股东的多元化偏好。公众投资者和

[①] 汪青松:《股份公司股东权利配置的多元模式研究》,中国政法大学出版社2015年版,第104页。

[②] 汪青松、赵万一:《股份公司内部权力配置的结构性变革——以股东"同质化"假定到"异质化"现实的演进为视角》,载《现代法学》2011年第3期,第35页。

机构投资者作为公司的投资性和投机性股东，其偏好在于获得现金收益，实现投资增值的目标，因此，收益权对他们而言更为重要。而创始人作为公司的经营与管理者，更关注控制权的主导地位，而非现金分红的权利。差异化表决权可以实现股份表决权与收益权的分离，使创始人可以通过享有较多的表决权固守公司的控制权，从而避免来自投资性股东与投机性股东的压力，实现对公司特质愿景的追求。同时，投资性股东和投机性股东的收益权不仅不会受到影响，最终也会基于公司长远利益的实现而获取更多。差异化表决权将公司控制权锁定于最了解公司长远发展目标和特质愿景的创始人手中，通过实施稳定有序的经营发展战略，最终提升整个公司的市场价值。在公司多样化融资方式的驱使下，股东之间出现异质化的倾向需要立法通过股东权利的多元配置，以满足异质化股东的差异化需求。故而，股东异质化便成为差异化表决权的理论假定。

二、股权结构的分散化语境

代理成本是公司法关注的核心问题，代理成本是基于所有权与控制权高度分离的二元结构所衍生的。监督成本与约束成本是公司代理成本的主要构成，可以表现为三种形态。[①] 英美证券市

[①] 一是股东与董事之间的利益冲突；二是公司或公司股东与公司债权人或第三人之间的冲突；三是控股股东与中小股东之间的冲突。以上三种代理成本形态在各国（地区）的表现不一。对于股权结构集中的国家（地区），代理成本最为明显的形态是大股东与小股东之间的利益冲突。股权结构集中意味着大多数股权掌握于少数人手中，公司因此容易被个别大股东控制，对小股东的压制与排挤也由此引发。而对于股权结构分散的国家（地区），代理成本更为显著的体现是股东与董事之间的利益冲突。因公司股权的分散性，出现绝对控制公司股东的概率大幅降低，故而，代理成本的形态——股东现风股东与董事之间的利益脱钩。参见林少伟：《英国现代公司法》，中国法制出版社2015年版，第220—223页。

场的股权分散特征使得公司的创始股东或发起人在面临持续融资需求的影响下更易失去公司的控制权。以双层股权结构为代表的差异化表决最早产生于美国，而后渐次在欧洲多国获得立法认可。化解创始人保有公司控制权与公司持续性融资需求之间的矛盾是差异化表决权设置的核心要义之所在，一般采用差异化表决权安排的公司会符合两个特征：其一是具有持续性、大规模的融资需求；其二是内部控制人需具有人力资本的独特价值，以便掌握公司控制权后可以为公司的长期发展带来积极效果，符合以上特点的公司一般表现为兼具科技性与创新性的科技创新型企业。在公司初创时期创始人重视控制权，是由于拥有控制权可以保护其免受不同偏好投资者对创始人公司愿景或能力的怀疑与干扰。福特的示例便可证明：福特前两次创立的汽车公司都是由公众股东掌握控制权，由于公众股东坚持先投产销售的目标与福特坚持先完善设计的理念存在长期紧张的关系，导致固执的福特连续两次被解雇，这成为创始人失去控制权导致公司发展偏离愿景甚至失败的示例。在福特的第三次尝试中，他坚持保留控制权，最终成功将他在汽车设计和生产方面的创新理念转变成了有史以来最伟大企业成功的故事之一。管理人希望保有对公司决策的控制权，以追求其创造高于短期市场回报的长期公司愿景。[1]

差异化表决权虽然背离了"一股一票"的缺省性规则，也被认为违反了"同股同权"的股份平等原则，受到了多方质疑，但

---

[1] 托德·亨德森，《道奇诉福特汽车公司案：旧貌换新颜》。See M. Todd Henderson, The Story of Dodge v. Ford Motor Company: Everything Old Is New Again, in Corporate Law Stories 37, 40 (J. Mark Ramseyer ed., 2009).

正是英美证券市场股权结构分散的客观状态催生了差异化表决权。差异化表决权成为以股权分散为特征的英美国家公司治理的专利，[①] 美国是最早采用差异化表决权安排并形成相对成熟体系的国家，也正是在股权结构分散化的证券市场语境下，差异化表决权得到了长足发展。发达的市场经济文化与公民文化、充分的个人主义精神成为英美公司治理制度存在的基础。理性思考、敬畏规则、自由竞争、遵守法律、严守契约、平等合作成为英美法系国家由来已久的文化观念。[②] 在英美法系国家的证券市场中，市场主导型的环境契合了个人自由主义的价值取向，股东干预最少的原则在股权结构高度分散的背景下确立，公司管理层拥有充分的自治权，公司的主要矛盾多表现在管理者与股东之间。概言之，不同的文化底色会影响到公司法规则的展开。

三、承认人力资本资合性与人合性的统合

作为公司管理者的创始人在运营公司时并非纯粹出于经济利益的考虑，他们还有远期精神层面的追求。创始人在意公司长远发展的程度尤甚，纯粹物质性利益的满足感并不是其基本的原始需求，家族事业与生命价值的传承在于公司的可持续性发展。他们对公司付出了特殊的感情，因视公司为"己出"而倍加用心，甚至可以牺牲个人利益也要保证公司的长期利益。同时，创始人

[①] 朱慈蕴、林凯：《公司制度趋同理论检视下的中国公司治理评析》，载《法学研究》2013 年第 5 期，第 25 页。
[②] 汪戎、王玲玲：《中国公司治理的文化成因与对策》，载《思想战线》2013 年第 6 期，第 117 页。

独特的自身魅力也是凝聚和吸引人才的重要因素。对于创新型公司而言，创始人犹如公司的"精神领袖"，公司会深刻带有创始人的烙印。正是在信任创始人能力的基础之上，差异化表决权得以出现，一种特殊的代理形式由此产生。基于创始人独特的洞见，其对公司发展有着清晰的规划与长期愿景。详细的规划与长远的目标是建立在创始人对于行业市场的充分把握之上，与外部投资者相比创始人更具有信息优势。普通股股东的信任来源在于创始人的特殊人力资本价值，普通股股东正是基于信任的导引才会购买公司的股份，相信并依赖于创始人的独立性判断与决策，形塑代理关系的特殊性。这种代理关系使得在传统意义股份公司形成以"资合性"为底色兼具"人合性"色彩的特点。故而，普通股股东除却对公司未来发展前景的投资之外，还在创始人独有的人力资本价值方面进行了投资，从而形成了一种独特的人身信赖关系。如果有任何变化发生在公司控制权层面，公司管理人员中没有创始人的身影，放弃投资的可能性与浪潮会在其他股东之间发生。故而，尊重公司股东成员之间遵循商业逻辑而对人合性进行的契约设计应是理性选择。[①] 赋予公司创始人超额表决权进行公司控制权的保持与占有，是符合股东投资本意的导向选择。

差异化表决权中特别表决权股东对公司特质愿景的追求，实质上是股东对创始人人力资本的一种信赖。我国《科创板上市规

[①] 曹兴权、卢迎：《企业人合性的法律因应：被动尊重而非主动强化》，载《重庆大学学报（社会科学版）》2020年第2期，第1页。

则》中的规定便是印证。① 特别表决权股东的人力资本所体现出的价值是差异化表决权存在的前提，如果差异化表决权设计不具备个人的专属性，就不能在人力资本上表现出巨大的优势，所以人力资本与差异化表决权的价值属性契合在人合性上有着共同的体现。人力资本在公司制度的表现为人合性的加强，不同表决权股东之间的利益平衡状态是差异化表决权创新的制度性期待，还要求公司的实际控制人与创始人股东应当在具体实践的过程中，兼顾非特别表决权股东保护与追求公司控制权自治之间的平衡状态。进而，通过契约形式形塑的不同表决权意思合意是股东对创始人人力资本价值投资的体现。

第三节 差异化表决权的理论证成

差异化表决权不断调适的过程中适用范围呈现出不断扩张之势，究其本质在于差异化表决权的正当性与合理性存在广阔的理论空间，通过对差异化表决权的正当性与合理性予以明晰，可以为差异化表决权提供坚实的理论证成。

一、差异化表决权的正当性

公司契约理论是公司法中重要的理论类型之一，其核心观点在于公司作为一组契约的总体性集合，在公司的生成与发展过程

---

① 《科创板上市规则》第 4.5.3 条：持有特别表决权股份的股东应当为对上市公司发展或者业务增长等作出重大贡献，并且在公司上市前及上市后持续担任公司董事的人员或者该等人员实际控制的持股主体。

中会出现大量的契约束,这些契约束都是以股东为中心构造的,多样的股东权利是承载于具体的契约束之上的。基于实现股东利益最大化的目标,股东权的多样化内涵是具有扩张性的,包括救济、监督、参与、收益等职能均在其中,因此,权利束的集合是股东权的典型表现,并非单独的权利存在。实现股东利益最大化目标的关键在于如何配置股东权,实现股东权自治也是股东权利配置的基本功效。① 公司自治的精神由公司契约理论予以充分体现。经过长期实践的验证,公司法被认为是一种具有效率的缺省性规则,属于任意性规则的范畴。② 公司契约论者的规范性主张本质上并未要求对契约进行法律的强制性干预。③ 故而,保障参与者充分的自治性权利是正当且必要的,市场经济语境中的契约所涵摄的权利义务关系应当通过公司自治的活动展开,从而更为充分地体现公司的价值。此外,公司契约具有不完备性是不完全契约理论的核心观点。④ 缔约之时磋商成本的节约虽然是不完全契约理论的优势,但后续交易成本的提高可能会是契约不完备性所造成的后果,所以,依据市场经济动向与公司运行情况对契约

---

① 侯东德:《论股东权的本质与股东导向公司治理模式——以公司契约理论为视角》,载《管理世界》2008年第9期,第181页。
② 黄辉:《对公司法合同进路的反思》,载《法学》2017年第4期,第133页。
③ 李诗鸿:《公司契约理论新发展及其缺陷的反思》,载《华东政法大学学报》2014年第5期,第85页。
④ 不完全契约理论认为,契约是不完全的,当事人的有限理性和资产专用性会导致敲竹杠问题,可以采取产权安排来实现次优效率;当产权形式发生变化时,企业的边界就发生了变化,因此企业和市场是有区别的。按照科斯的推理,期限越长,契约越不完全,即契约无法规定详细的条款。如果契约是不完全的,当存在专用性投资时,当事人就会面临投资导致的准租金被另一方当事人攫取的风险,此即敲竹杠问题。参见聂辉华:《契约理论的起源、发展和分歧》,载《经济社会体制比较》2017年第1期,第3页。

予以补充与优化为应有之义。

我国公司法改革的进程仍然依循从管制型公司法向自治型公司法转变的战略思路。在此战略转变的态势下，公司的股权结构与治理模式二者的外观呈现将是十分重要的问题，对于公司而言，公司股权结构选择与治理模式选择是影响公司未来发展的宏观性内容，而这些宏观性框架是建立在市场情况、发展战略、股东需求三大要素综合形成的结果基础之上的。又考虑到信息不对称现象的自始存在，公司内部运行的全部信息对于立法者而言是较难获取的，公司治理的安排与股权结构的设置也不宜由法律代替公司股东强制性作出。公司创始人拥有的敏锐判断力与优势的信息识别能力将在市场效益的影响下作出最为适宜的公司治理模式与股权结构安排。差异化表决权的正当性基础在于符合公司契约理论的内涵，这包含于公司自治的内容之中，也可满足契约不完备性的现实需要。当公司发展进程中产生的实际需要不能够被股权结构予以反映时，依据不完全契约理论引致的结果，公司股权结构的选择可以结合自身现实需要重新进行选择或者创制，以实现效率价值与适应性为基本方向指引。所以，对同股同权的恪守不仅忽视了股东异质化的需求，还使得公司在股权结构设置方面的自治空间遭受到挤压。申言之，一方面，股东的形式平等需要通过差异化表决权进行矫正，这也是对股东异质化需求进行回应的重要表现。[1] 对于差异化表决权生成的正当性而言，借助代理理论解释实为透视权利本质的重要维度，虽然此种解释方式存在引

---

[1] 冯果：《股东异质化视角下的双层股权结构》，载《政法论坛》2016年第4期，第133—134页。

发差异化表决权稳定性损害风险产生的逻辑缺陷。但不能借此否认代理理论在同股不同权视阈下的规范性合理表达。① 一定程度上可以反映差异化表决权对于满足股东多样化需求与实现股东权利有效代理之间的功效所在。除此之外,"基于私法自治的考虑,公司的股权结构即便不是可以自由设置的,至少也应当是可选择性的。然而'一股一权'将公司在股权结构上的自治空间压缩殆尽"。② 故而,普通股股东将表决权权能明示让与创始人的一种契约性安排实为差异化表决权的实质性透视,③ 也是在商业实践引导和促进下公司治理规则造成的市场博弈与自然选择的后果。易言之,正当性基础在理论上的表达是差异化表决权当然具备的。

二、差异化表决权的合理性

差异化表决权的合理性固守主要来自对公司制度自身风险性的合理性认知、股东民主原则的合理性延伸与知识经济的合理性观测三个方面。公司最早发源于商业冒险行为,是为了应对商业活动的风险应运而生的,公司制度不仅包容风险,而且利用风险、创造风险、鼓励风险,还受益于风险。换言之,如果没有冒险行为就不会存在公司。公司制度本质上是对风险予以合理安排,最核心的内容是对风险在经营者、投资人以及债权人之间进行合理

---

① 王静元:《双层股权结构:合理性与制度构建》,载《甘肃金融》2018年第7期,第23页。
② 冯果:《股东异质化视角下的双层股权结构》,载《政法论坛》2016年第4期,第130页。
③ 马一:《股权稀释过程中公司控制权保持:法律途径与边界——以双层股权结构和马云"中国合伙人制"为研究对象》,载《中外法学》2014年第3期,第725页。

分配。从公司成立到公司解散,风险性是长期存在的特征。① 虽然差异化表决权内蕴于风险之中,但是不能因为法律风险的存在而因噎废食。相反,"风险动用新的科技创造力,架起了通往进步的阶梯,很多人嗅探到这里浮现的市场机会,这些人相信过时的逻辑,移走现在的危险,认为它们是将来可由技术加以克服的"。② 股份公司是委托代理模式下产生的公司类型,代理成本的问题是股份公司存在的最主要风险。公司一旦具备独立法人资格,投资者就不能够以所有者的身份直接掌握财产的所有权,投资者就需要委托他人进行公司的管理,为了控制代理成本的升高,必须形成由出资人监控公司运营的一套制度,这套制度便是以股东控制为核心的公司治理制度。③ 所以对风险的约束与公司治理层面不同主体权利义务关系的平衡应是规范的重点,差异化表决权的法律风险与公司治理规范的完善有着密切关联。"非工具主义法律观认为,法律代表了一种约束每个人的预订秩序。"④ 权利的持有人在其他人那里会有相应责任的产生,而对于权利和责任之间的关联性表达应通过约束的概念来完成。⑤ 故而,对差异化表决权的法律风险约束应聚焦公司治理中的规范设置,树立对公司制度自身风险性的合理认知,应明确法律风险的客观存在

---

① 范健:《公司法改革中的泛民法化风险——兼谈〈民法总则〉颁布后的〈公司法〉修订》,载《环球法律评论》2019年第4期,第22页。
② [德]乌尔里希·贝克:《风险社会——新的现代性之路》,张文杰、何博闻译,译林出版社2018年版,第288页。
③ 张舫:《公司法的制度解析》,重庆大学出版社2012年版,第14—15页。
④ [美]布赖恩·Z.塔玛纳哈:《法律工具主义对法治的危害》,陈虎、杨洁译,北京大学出版社2016年版,第16页。
⑤ 徐向东:《后果主义与义务论》,浙江大学出版社2011年版,第20页。

并不是质疑差异化表决权存在合理性的理由。这其中，回应差异化表决权对股东民主的背离，阐释差异化表决权并未脱离股东民主的实质内核尤为必要。

　　差异化表决权的设置符合股东民主原则的内涵主要体现在两方面：一方面，对股东民主的认知不应局限于静态的视野。一股一权与同股同权作为公司法的传统原则，在不同时期有着不同的表达，虽然二者经常在同一语义下使用，在各国公司法看来也具有相似的规则，但这两个原则是否具有完全的、强制性的效力，究竟是规定性的还是描述性的，究竟是允许大量存在例外的还是严格贯彻的，在不同的历史时期有着不同的答案。① 这表明股东民主应具有动态的内涵，保有原则的弹性存在，不能将一股一权视为刚性条款予以限定。以演进发展的视角丰富对股东民主原则的认知大有裨益。另一方面，公司控制权的约束机制是股东民主的一种底线安排。在《科创板上市规则》中特别表决权股份的表决权最多可以放大 10 倍，在股东民主原则的约束下，特别表决权股份的表决权不可能无限制扩大为 50 倍、100 倍、1000 倍。表决权倍数不能偏离公司控制权掌控的需求太多，此外，触发约束机制后股东民主原则将继续发挥作用，恢复特别表决权股份与普通股股份同样的表决权数量。概言之，公司控制权的约束机制是股东民主原则的重要体现，也可认为差异化表决权是股东民主原则的扩展与延伸，并未突破传统公司法的股东民主内涵。以发展的眼光看待公司制度自身的风险性与股东民主原则的内涵将实现

---

① 邓峰：《普通公司法》，中国人民大学出版社 2009 年版，第 363 页。

固守差异化表决权合理性的目标。此外，差异化表决权呈现的表决权与收益权分离的外观下，背后实质上是管理层拥有的特定知识驱动。管理层人员掌握特别表决权能够以较低成本提升知识与决策的匹配度，提高公司的经营决策效率。

第四节　差异化表决权的功能体现

从整体主义视角总览差异化表决权的功能将呈现其制度优势的真实写照。以表决权股为对象的差异化表决权具有两大向度的功能，其一聚焦于私人、经济和微观维度，其二聚焦于国家、政治和宏观维度。两种维度共同呈现出差异化表决权的功能表征。

一、差异化表决权的私人属性表现

差异化表决权私人属性的功能表现主要围绕经济领域的微观视野展开，存在保有创始人追求公司特质愿景的控制权、满足股东异质化的发展需求、增强公司管理层的决策效率、防范敌意收购行为的发生等优势。

（一）保有创始人追求公司特质愿景的控制权

在传统公司法一股一权与同股同权的框架下，公司进行增资扩股将难以避免原有股东股权被稀释的风险。资本支持是公司发展的基础，股权融资是外部资本进入公司的主要途径。公司借助股权融资的方式实现扩大公司经营的目的，必然面临股权稀释与股东结构分散化的影响。特别对于科技创新型公司而言，该类公司前期对于产品研发投入的成本较高，但受限于投资回报率缓慢与盈利周期较长，加之技术更迭频率的加剧、市场需求的瞬息万变，所以需要持续不断的外部资本进入以便为公司前期发展提供充足的现金流，避免公司在初创时期被激烈的证券市场竞争所淹没。所以作为公司重要的外部融资通道，股权融资进行原始股后，公司总体资本数量增加，增资扩股吸收的资本权重上升，外来资本出资人获得公司给予相应的股权，原始股东的股权比例被相应稀释。股权融资与原始股股权稀释之间存在显著的因果关系。所以在传统公司法一股一权与同股同权的原则影响下，股权被稀释也会伴随着相应比例控制权的流失。[1]

创始人作为企业家对科技创新型公司的驱动与践行者的角色作用被反复强调。[2] 具有创新精神的企业家通常是被金融的核心筛选功能所选择，并为企业家提供信贷资金，帮助其对各种生产要素进行重新组合，以实现生产活动的革命性变化。[3] 在科学技术日新月异、市场经济高速发展与行业竞争日趋激烈的背景下，公司发展战略与经营目标的制定面临着内部与外部诸多方面的不确定因素，对风险的快速识别和对机遇的适当把握是形成高效、明智决策力的关键。企业家面对风险时敏锐的洞察力和对待机遇独特的魄力与胆识，将充分发挥企业家的精神克服外部的阻力与

---

[1] 张舫：《美国"一股一权"制度的兴衰及其启示》，载《现代法学》2012年第2期，第152页。

[2] 刘志永：《企业家及企业家理论的历史演变》，载《商业经济研究》2016年第9期，第92页。

[3] 江春、李安安：《法治、金融发展与企业家精神》，载《武汉大学学报（哲学社会科学版）》2016年第2期，第90页。

内部的质疑，最终引导企业做出符合市场动向的前瞻性与应时性决策。而在创新驱动发展的知识经济背景下，科技创新型公司的人力资本价值相较于资本密集型公司来说具有突出的价值，公司的成长进程中往往会依附于创始人的人力资本价值发挥的关键作用。重视人力资本的价值，大量培育、孵化与产出企业家将被视为创新创业、驱动发展的核心。在鼓励社会大众创新创业的公共政策指引下，人力资本将凭借其自身特性在公司治理中扮演重要角色。而在增资扩股的需求下创始人对公司的控制权也将随着持有股份被稀释的现状而逐渐流失，创始人锁定控制权的目的可以通过表决权股的差异化安排来实现，从而避免公众投资者短视行为的压力，采取更为符合公司长期利益的行为，满足自身对公司愿景的追求。

差异化表决权本质上不是一种机会主义模式，它是一种企业家用自己认为重视控制权的方式来追求自己的愿景，也即任何企业家真心相信会产生高于市场回报率的商业战略，企业家赋予自己对公司愿景的主观价值被称为企业家的特质愿景。① "当企业家的特质愿景实现时，公司的长期持续性收益可以带来高于市场平均水平的回报率。如果他们拥有能够实现特质愿景和促进公司成长的资本，则可以牢牢掌握公司控制权，以更好地追求特质愿景。"② 这种反映企业家所拥有的特定经营理念与分享成功回报的愿望也会受到挑战。公众股东大多具有保守主义倾向，厌恶风

---

① 佐哈尔·戈申、阿萨夫·哈姆达尼：《公司控制与独特愿景》。Zohar Goshen, Assaf Hamdani, Corporate Control and Idiosyncratic Vision, 125 Yale L. J. 560 (2016).
② 沈朝晖：《双层股权结构的"日落条款"》，载《环球法律评论》2020年第3期，第74页。

险、注重存量的价值观表现显著,公司创始人谋求于公司特质愿景的实现必然伴随同公众股东厌恶风险、注重存量的保守主义价值观的碰撞与博弈。理论研究表明,"信息不对称、观点差异及代理成本等问题的存在,企业家并没有打算获取私人收益,他们仍然珍视控制权以此使他们免受代理成本,因其允许他们追求特质愿景"。① 差异化表决权凸显了创始人股东对控制权的维系,将个人价值与公司经营发展的目标统合在一起,激励了企业家的创新精神与热情,给予企业家长远性与前瞻性的理念较大的落地空间,也将为公司带来长期可持续的效益回报。

(二)满足股东异质化的偏好需求

现实社会中,人们常以目标体系的制定与目标实现的程度作为衡量经济运行好坏的量化标准。在追求社会利益最大化的总体目标下,不同的组织与个人存在共同的目标价值。组织是由个人组成的,以不同的个体为观察样本时,每个人对利益最大化都存有不同的认知与理解,实现利益最大化的方式与途径也有所不同,集体选择的困境在多样化方案的存在之下更会凸显公共治理的难点所在。② 立足于公司层面,股份公司制度展开与理论延伸的逻辑基础是股东同质化的假定,③ 不同的公众投资者与机构投

---

① 佐哈·戈申、阿瑟夫·哈姆达尼、林少伟、许瀞彪:《公司控制权与特质愿景》,载《证券法苑》2017年第3卷,法律出版社,第116页。
② 高菲:《新经济公司双层股权结构法律制度研究》,法律出版社2019年版,第56页。
③ 汪青松:《股东关系维度代理问题及其治理机制研究》,载《政法论丛》2012年第4期,第101页。

资者都被认为具有相同的偏好与契约联结。事实上,这种简单化的统合将不同股东之间的关系排除于公司治理规范之外。公司治理问题源于所有权与控制权的分离,委托代理理论以群体股东为对象的考察致力于约束与消减代理成本的问题,股东之间偏好的差异性与不同的契约联结往往被忽视。以股东同质化假定为基础的公司治理体系会产生一系列的问题,例如,单一的公司治理模式与一元化的公司目的自然会引发制度供给的不足。"股份公司股东实然的'异质化'现实应当成为符合股份公司理论与实践演进发展需要的、具有方法论价值的逻辑基础。"[1]

所有权与控制权分离程度最显著的公司类型当属上市公司,代理成本问题也较为突出。作为典型的资合性公司,在不同投资者追求利益最大化之时,各自的行为方式会有所区别。经营性股东、投资性股东与投机性股东大致构成了所有的股东群体。在利益最大化目标的激励下,多元的投资目标与价值的异质化倾向是个体股东的基本特点,表决权与收益权的分离已成为实践通常样态。以表决权股为对象的差异化表决权可以满足异质化股东的多样化偏好。作为具有投资性与投机性的股东,公众投资者与机构投资者更在意现金收益的实际回报。而作为经营性股东的创始人更关注公司的控制权,而非现金分红的权利。公司采用差异化表决权安排使得作为经营性股东的创始人获得更多的表决权,将采取更有利于实现公司长远目标的决策行动。投资性股东与投机性股东的收益权不仅不会受到影响,而且最终还将依赖于公司长期

---

[1] 汪青松:《股东关系维度代理问题及其治理机制研究》,载《政法论丛》2012年第4期,第102页。

发展从而获取更多的现实收益。① 有实践数据可以印证这一观点,② 由此可见,科技创新型公司的发展与成长是一个不断累积加速的过程,并非短期一蹴而就可以实现的。差异化表决权可以使创始人锁定公司控制权,投资性或投机性股东获得更高的利益期待。在公司融资方式日益多元化的趋势下,股东异质化的表现将需要立法层面进行相应的权利义务规则设计。

(三) 增强公司管理层的决策效率

公司管理层的决策效率与公司治理结构密切相关。公司治理结构的设置目的是保证公司正常有效的运营,并维护三方面的利益。③ 具体的设置途径主要有法定与意定两种方式,法律成为法定化规则设计的载体,公司章程成为意定化规则设计的载体,以此在公司组织机构的视阈下实现权力分配与制衡的规范统合。④ 公司组织结构中监事会、董事会与股东大会之间存在互相制约与互相依存的关系,公司治理结构的设计并没有在理想化政治模式分权制衡思路的导引下真正实现,公司治理结构的外观表现并没有精准地呈现出公司权力的实际运作方式。⑤ 科技创新型公司对

---

① 高菲:《新经济公司双层股权结构法律制度研究》,法律出版社 2019 年版,第 58 页。
② 据微链 APP 数据统计,一家创业企业从诞生到成长为独角兽,平均需要经历 5.2 次融资,耗时 1511 天。《活过 1511 天,你的公司就有机会成为独角兽》,载微链智库公众号,2017 年 1 月 3 日,最后访问日期:2021 年 7 月 15 日。
③ 这三方面的利益分别是社会公共利益、股东之间的利益以及公司债权人的利益。
④ 范健、王建文:《商法学》,法律出版社 2015 年版,第 190 页。
⑤ 施天涛:《商法学》,法律出版社 2010 年版,第 199 页。

创始人的人力资本价值依赖度较高,"分权—制衡"的公司治理模式会限制科技创新型公司管理层的决策效率。公司治理结构对管理层效率的消减来自公司内部决策监督机制的约束,差异化表决权根植于股权结构分散化的语境之中,分散化的股权结构下股东通过持有绝对优势股份对应的表决权而掌握公司控制权的可能性较低,基于初期增资扩股的发展背景,股东大会的人数不断增加,不同的话语声音将以多元化的途径呈现,创始人保有控制权的压力进一步增大,会有更多的股东加入到公司控制权的争夺之中,公司管理层的决策效率也会受限于公司股东之间控制权博弈的行为之中,故而,公司创始人乃至管理层无法集中精力专注于公司的长期发展与日常经营事务的决策,股东大会形成统一决议的作出成本不断攀升,公司进而将较难克服初创期混乱繁杂的局面,股东大会决议作出的现状将会展现出明显的负外部性。面对公司管理层决策效率的降低,强化管理层或者创始人的权力可以通过改变公司治理结构的方式来实现。创始人的表决权将通过采用差异化表决权安排的方式进行重塑,将多倍的表决权赋予创始人或管理层人员,以实现公司经营管理决策效率的统一与集中。从商业实践的现况出发,成功的科技创新型公司大多拥有一位或数位精明强干的管理层人员。特别表决权股份的赋予将进一步提升特别表决权股东的经营决策效率,减少来自公司内部话语声量的影响,保证其智识能力的充分发挥,是一种高效且合法的公司制度创新实践。[①]

---

① 吴飞飞:《公司决议无效事由的扩大解释与限缩澄清》,载《社会科学》2022年第1期,第111页。

(四) 防范敌意收购行为的发生

股权分散的背景下股票的流动性会加强，公司的收购案件数量会增多，在股权分散的英美法系国家公司治理是建立在以股票市场为中心的资本市场之上。① 公司在证券交易所上市后，公司的股票就可以在交易所自由流转。股份的流通性保证了资本的流动性，但是也为收购公司通过购买目标公司的股票争夺公司控制权提供了可能。公司控制权的变更可能会影响到公司的长远利益，如果一旦发生恶意收购将会影响到整体公司股东的利益。在敌意收购的过程中，收购与反收购②反复争夺必然会造成经济利益的巨大耗损，也不利于公司的长期目标实现。"上市公司敌意收购，也称非合意收购或恶意收购，是指并购方在目标公司管理层对并购意图不明确或对并购行为持反对态度的情况下，对目标公司强行进行的并购。"③ 敌意收购与善意收购最大的不同在于忽视被收购公司方的意思表示，并以成为控股股东以及获得公司控制权为目的。敌意收购成功后，敌意收购方和股东可以凌驾于管理层之上。④ 进而敌意收购方将对被收购公司的治理结构采取本质

---

① 黄辉：《现代公司法比较研究——国际经验及对中国的启示》，清华大学出版社 2011 年版，第 152 页。

② 目标公司的反收购，是指目标公司管理层及其他相关主体为了防止公司控制权转移而采取的旨在预防或挫败收购者收购本公司的行为。反收购的核心在于防止或者阻碍公司控制权的旁落和转移。参见周友苏：《证券法新论》，法律出版社 2020 年版，第 301 页。

③ 中国证券监督管理委员会：《中国上市公司并购重组发展报告》，中国经济出版社 2009 年版，第 5 页。

④ [美] 弗兰克·伊斯特布鲁克、丹尼尔·费希尔：《公司法的经济结构》，罗培新、张建伟译，北京大学出版社 2014 年版，第 162 页。

性改造，对公司文化的延续性与战略的稳定性带来巨大的冲击。

股权结构日益分散、资本市场发展程度显著提高以及金融机构职能日趋完备是敌意收购产生的背景。首先，股权结构的分散程度是目标公司成为敌意收购对象的内在原因，证券市场的开放活跃度与投资者多元化密切相关，在所有权与控制权高度分离的情形下，控股股东的持股比例与中小股东的持股比例并无显著区别。此外，单一维度的股权结构也没有给表决权脱离股权提供空间，难以进行集中调配的表决权将为敌意收购提供有利的条件。其次，良好的资本市场发展环境为敌意收购提供了外部的实施环境。敌意收购的主要方式是通过在证券交易市场上对目标公司流通股份进行购买以实现掌握公司控制权的目的，证券市场的发展水平直接影响收购的效率与收购措施的实施力。良好的资本市场环境也会匹配健全的信息披露机制，敌意收购方将更容易获取目标公司的股权结构与公开交易的信息。反之资本市场发展的受限将极大提高敌意收购的成本，影响敌意收购的活跃程度。最后，金融机构职能的完备为敌意收购提供了适恰性条件。敌意收购的影响因素并不局限于目标公司与敌意收购方，还涵摄法律合规、审计财务、融资方案等多方面的内容，资质优良的会计师事务所、投资银行等金融服务机构都将成为推进敌意收购效率的有益因素。所以金融机构职能的充分发挥也是进行敌意收购进展中的重要一环。

拉德布鲁赫曾经指出："法律是一种文化现象，是一种涉及价值的事物。只有在涉及价值的立场框架中才可能被理解。"[①] 一

[①] ［德］拉德布鲁赫：《法哲学》，王朴译，法律出版社2005年版，第4页。

个国家对目标公司反收购规制的取向取决于国家立法机构对收购防御的价值判断。围绕敌意收购的制度功效，理论上存在肯定说与否定说的争议。对敌意收购持肯定观点的人认为，敌意收购通过对公司治理效果给予潜在压力的同时也可能通过撤换经营不善的管理人员，妥善地解决因公司所有权与控制权分离而产生的公司经营者缺乏外部监督的问题，是控制权市场自发调整的结构。[1]因此，对敌意收购持肯定观点的人认为不应当限制对目标公司进行收购的行为，因为收购防御的行为不仅会使目标公司失去获得收购溢价的机会，还会损害收购行为本身的良好外部监督效果。[2]对敌意收购持否定观点的人则认为，"敌意收购可能从生产性投资领域转走了大量的资源，借钱收购或杠杆收购将给社会带来太多债务，美国20世纪80年代的杠杆收购面临强烈的功能质疑，普遍认为杠杆收购以金融手段来侵蚀实体工业，无异于扼杀经济"。[3] 此外，"敌意收购可能导致完好的公司分崩离析，并毁掉一家好企业。敌意收购方牺牲小股东利益掠夺公司财富，通过替换在职管理层，影响公司的长远发展和劳动者利益，甚至会导致优秀职业经理人被驱逐，抑制某一行业的发展，减损了整个社会财富增长"。[4]

在传统的"一股一权"原则与单一股权结构之下，在掌握充

---

[1] 傅穹：《敌意收购的法律立场》，载《中国法学》2017年第3期，第228页。
[2] 张子学：《公司收购防御法律规制研究》，中国政法大学2008年博士学位论文，第68页。
[3] 胡鸿高、赵丽梅：《论目标公司反收购行为的决定机及其规制》，载《中国法学》2001年第2期，第123页。
[4] 傅穹：《敌意收购的法律立场》，载《中国法学》2017年第3期，第229页。

足资金之后，敌意收购者存在短时间内大量购入目标公司股份的可能，并由此轻易地获取控股股东的地位与影响力。但推行差异化表决权可以在抵御敌意收购之上发挥两个方面的功效：其一，可以将无表决权股与限制表决权股发行于证券市场之上；其二，可以赋予公司控股股东或实际控制人特别表决权股份并限制该类股票的流动性。差异化表决权抵御敌意收购的内在逻辑是对证券市场自由流通的股份附着的表决权加以限制，或者通过固守控股股东或实际控制人的表决权优势地位从而保持其对公司的控制权。在差异化表决权中，证券市场自由流转的股份并不附着足以使敌意收购方主导公司控制的表决权，附着足够表决权的股份却缺乏实质的流通性，使得敌意收购行为失去了动机与激励，在收购成本的大幅增加之下，目标公司也将获得更多的收购溢价，这些都会造成收购目的的遥不可及，敌意收购存在的风险性将大幅消减。在资本市场中具有发展潜力的高新科技公司往往会成为敌意收购的主要目标，差异化表决作为一种有效的反收购防御机制可以为公司长期的战略发展与企业文化延续提供充分的制度保障。

二、差异化表决权的国家属性表现

大规模的公众企业总是被认为是一个典型的纯经济组织形式，用于解决从金融家手里集中资本以及雇用管理者来组织大规模生产等经济问题，透明的财务制度、良好的法律制度、能最有效组织大规模生产的技术、一个训练有素的核心领导层以及快速聚集资本的能力等，但很少有人认识到公众企业存在一定的政治基础。① "如果说集体行动问题是社会学研究中经久不衰的话题，那么对利益集团的研究就是政治科学中的常青树。"弹性的回应模式可以让政治感受到社会变革的需要，形成回应力更强的规则世界。② 所以公司治理的结构内容也应关注政治内涵的嵌入。差异化表决不仅在经济上发挥着积极的作用，在政治上也展现了历史赋予的使命，差异化表决权的国家属性是从政治维度出发的结果。已有的文献中偏重于经济微观层面的探讨，缺乏涉及政治宏观层面的关注，正值百年未有之大变局下，对差异化表决权国家属性的功能嵌入予以讨论具有重要意义。近现代以来差异化表决在宏观层面的功能主要是抵御外资收购，保障国家战略的实现。欧洲国家的例子较为鲜明地印证了这一事实。"一战"爆发后，德国国内民族主义情绪高涨。马克的不断贬值，使得德国公司不断面临着国外资本的激烈挑战。德国公司法于是允许公司超额表决权股，超额表决权甚至流行于无外资收购威胁的德国公司。此外，瑞典公司法直至1994年修改之际，股份事实上被分为受限股与不受限股两类，后者至多可以行使20%表决权。前者表决权完整，但仅能为瑞典国籍的自然人或实体所持有。2006年法国为了应对印度米塔尔集团收购法国阿赛洛钢铁公司将任期投票制设置为缺省性规则，并指出此次修改是为了应对外资收购，保障国家战略的一贯性。总的来说，以表决权股为内容的差异化表决权将在抵御外资收购，保障国家战略方面发挥积极的作用。同时，

---

① [美] 马克·罗伊：《公司治理的政治维度》，陈宇峰、张蕾、陈果营、陈业玮译，中国人民大学出版社2008年版，第20页。
② 蒋人兴、谢飘：《公司法规则的回应力——一个政策性的边缘理解》，载《法制与社会发展》2012年第3期，第5页。

对于抵御外资收购与保障国家战略的职能为什么要以公司法承担而不以监管法承担将在后文国有公司安排差异化表决权之中进行详细探讨。在全球兴起保守主义思潮，国家安全形式复杂的情况下，差异化表决权的政治功能将进一步得到发挥。值得一提的是，20世纪70年代，加拿大为了防止外国（尤其是美国）资本对加拿大经济的控制，也利用差异化表决权实现了对外商投资限制的目的。[1]

---

[1] 高菲：《新经济公司双层股权结构法律制度研究》，法律出版社2019年版，第78页。

第二章 差异化表决权的适用质疑与问题解构

差异化表决权虽然有诸多功能体现,但对差异化表决权的适用仍然会产生一定的质疑,在对适用差异化表决权的制度隐忧进行明晰之后,再对适用差异化表决权的问题予以解构,可以识别公司适用差异化表决权后不同表决权股东的利益失衡状态,进而借助利益衡量理论将不同表决权股东之间的利益冲突作为法律规制的重点进行释明,以寻求不同表决权股东之间的利益平衡。

第一节 差异化表决权的适用质疑

采用差异化表决权安排会对现行的公司制度产生一定挑战,采用差异化表决权安排的质疑主要源于对股东民主原则的动摇、对股份平等原则的背离、所有权与控制权分离程度的加剧与"分权—制约"治理架构的冲击四个方面。

一、动摇股东民主原则

"公司治理语境下的资本民主具体体现为公司股东所持有的

每一股份享有一表决权,即一股一票。"① 每一股份享有一投票权,相同类别的股份享有相同性质的投票权。公司治理的基本原理与资本民主的内涵要求本质在于维持公司控制权与公司剩余财产索取权的统一,形成股东表决权与经济利益相适应的股权价值体系。与资本民主内涵要求对应的机制即为资本多数决原则之下的"一股一权"与"同股同权","强调的是在投资份额上的权利等比例性配置,属于资本平等性范畴"。② 而资本自治是意思自治原则在公司资本和公司治理领域的延伸,资本具象化为股东表决权,资本自治即表决机制的自治性安排,差异化表决权是资本自治的具体体现。资本民主追求控制权与剩余索取权的统合与一致,符合公司治理的正向逻辑,具有历史价值与现实价值。有观点认为,差异化表决权是对资本民主的背离,导致现金流权和控制权比例配置的失衡,可能导致传统公司治理功能的失灵。③ 从私法自治的角度而言,公司治理采取何种类型的股权结构与表决机制是作为公司所有者即股东之间合意的结果,公司股权结构即便不是可以自由设置的,至少也应当是有选择的。④ 差异化表决对资本民主的背离体现在对"一股一权"原则与"同股同权"原则的背离。在背离"一股一权"原则层面,对差异化表决权的安

---

① 冯果、诸培宁:《差异化表决权的公司法回应:制度检讨与规范设计》,载《江汉论坛》2020 年第 5 期,第 107 页。
② 冯果、段丙华:《公司法中的契约自由——以股权处分抑制条款为视角》,载《中国社会科学》2017 年第 3 期,第 129 页。
③ 冯果、诸培宁:《差异化表决权的公司法回应:制度检讨与规范设计》,载《江汉论坛》2020 年第 5 期,第 107 页。
④ 冯果:《股东异质化视角下的双层股权结构》,载《政法论坛》2016 年第 4 期,第 130 页。

排之下，表决权重在公司股东内部进行非平等性分配，公司创始人股东持有的股份享有超级表决权，而普通股股东所持有的股份仍遵循一股一票，享有一般表决权。在股东异质化表征日益显著的现况下，持有少数股份的股东通过差异化表决得以掌握公司控制权，股东大会仅体现少数股东的意志，形成股东控制权与现金流权分离与割裂的状态。差异化表决权的适用对传统理论中的"一股一权"原则的冲击必然会引发广泛讨论。

二、背离股份平等原则

公司法中的平等内涵正在从传统的以资本平等为基础的股份平等向着股东平等演进。[①] 股东平等指的是公司与股东之间，在基于股东地位而发生关系之场合，应当给予所有股东以平等待遇。[②] 它更体现了公司法对实质正义的追求，它注意到股东之间能力与地位等方面的区别，在坚持股份平等、"资本多数决"原则的同时，又对其进行一定程度的限制。例如在股东表决权行使的规则方面，公司法中已经出现了，如回避表决、累积表决等对股份平等原则的修正。在背离"同股同权"原则层面，我国《公司法》第143条[③]体现了实质平等原则的内容，是"同股同权"

[①] 汪青松：《论股份公司股东权利的分离——以"一股一票"原则的历史兴衰为背景》，载《清华法学》2014年第2期，第101页。
[②] 罗培新：《论股东平等及少数股股东之保护》，载《宁夏大学学报（人文社会科学版）》2000年第1期，第68页。
[③] 《公司法》第143条：股份的发行，实行公平、公正的原则，同类别的每一股份应当具有同等权利。同次发行的同类别股份，每股的发行条件和价格应当相同；认购人所认购的股份，每股应当支付相同价额。

原则的具体体现。同时，公司法赋予了国务院发行不同类别股份的权力，国务院也于 2013 年 11 月颁布《关于开展优先股试点的指导意见》，承认优先股为法定的类别股，并允许公司发行优先股。既然存在类别股，不同类别股份的持有者应当有着不同的权利内容，这样才能实现真正意义上的平等。并且，按照上述"同股同权"原则的规定，在同类别股东内部，仍然遵守平等原则。也就是说，特别表决权股股东的权利内容相同，普通表决权股股东的权利内容相同，这也是符合平等原则和"同股同权"的真正含义的。然差异化表决却形塑了股权的分野，在享有同等比例股份的情况之下，创始人或实际控制人可能享有多倍于普通股股东的表决权，且无需承担与表决权权重相当的公司经营风险，这便违反了股权平等原则，也是对资本民主的显著背离。

三、加剧所有权与控制权的分离程度

经营者与所有者之间是公司治理利益冲突的主要来源，公司的全体股东便是公司的所有者，代理成本的问题之于公司治理便是需要重点应对的问题，公司经营者可能会在经营管理的过程中为追求自身利益而损害股东利益与公司利益。[1] 所以，差异化表决权对公司治理的冲击主要是围绕代理成本问题展开。代理成本的产生是基于所有权与控制权的二元分离，具体表现为经营权与管理权的分离，这是委托人与代理人之间存在信息不对称与利益

---

[1] 赵旭东：《公司治理中的控股股东及其法律规制》，载《法学研究》2020 年第 4 期，第 94 页。

目标不一致所引起的。① 所有者承担的监督成本以及由经营者承担的自我约束成本都将纳入到公司价值的减损范畴之中。经营者偏离所有者利益最大化目标的风险在代理过程中是一直存在的，所以公司治理的目标聚焦于通过约束机制与治理结构的设计来监督与防控公司经营者进而减少代理成本。② 即由于经营者与所有者利益最大化目标的差异及两者间信息不对称的存在，作为代理人的经营者在决策与运营之时，极有可能忽视委托人利益甚至公司整体利益以追求自身利益最大化。③ 基于降低代理成本的目的，对公司内部成员之间的权利义务关系进行调整，以及对公司各组织机构的职责进行配置是公司治理制度主要涉及的内容，公司三会、股东、董监高、经理与职工都包含其中。④ 可见，公司治理基本上是围绕组织机构与组织成员展开的。

差异化表决权对公司治理的冲击主要表现在对公司监督效能的影响与股东之间权利义务关系的动摇两方面。一方面，对公司监督效能的影响直接源于超额表决权股份的生成，特别表决权股东掌握超额表决权股份之后，原先公司监事会、董事会、股东大会之间共同分工、相互制衡的组织机构设定将形同虚设。外部潜在的收购者也会因为收购成本的增加而被拒之门外，缺乏内、外

---

① 袁仕福：《新经济时代需要新企业激励理论——国外研究最新进展》，载《中南财经政法大学学报》2012年第5期，第75页。
② 金帆、张雪：《从财务资本导向到智力资本导向：公司治理范式的演进研究》，载《中国工业经济》2018年第1期，第159页。
③ [美]莱纳·克拉克曼、亨利·汉斯曼：《公司法剖析：比较与功能的视角》，罗培新译，北京大学出版社2012年版，第36—37页。
④ 朱慈蕴：《中国公司资本制度体系化再造之思考》，载《法律科学（西北政法大学学报）》2021年第3期，第62页。

部监督机制的防控,创始人或实际控制人对公司经营管理的忧患意识将削弱,公司面临的治理风险也将愈增。另一方面,以表决权股为内容的差异化表决权安排产生了特别表决权股东,由此造成其与普通股股东以及无表决权股东之间的紧张关系。差异化表决权安排引发表决权与收益权的非比例性配置,能力与收益的非对应关系,在创始人经营成功之时,无法获得与其表决权权重相对应的收益份额,同理在公司遭受经营困难或者失败之际,创始人亦无需承担与其表决权比例相对应的风险责任,故而容易引发经营者懈怠与代理成本升高的问题。[1] 同时,由于实际控制人或创始人对于公司经济利益而言的影响程度与关联性较低,持续性的稳定追求对于公司利益最大化而言是较为缺乏的,当其他股东利益或公司利益,与实际控制人或创始人利益发生冲突时,权利义务关系之于股东之间发生动摇,公司管理进而发生混乱,甚至会产生公司解体的结果。[2]

四、冲击"分权—制约"的治理架构

中国公司治理的模式在总结大陆法系公司法的立法传统与结合我国实际现状的基础上,在公司法中规定了股份有限公司与有限责任公司两种公司类型,同时秉持权属分治制衡的原理与两权分离的基本理念,对两种公司类型作出基本相似的既分权又制衡

---

[1] [美]弗兰克·伊斯特布鲁克、丹尼尔·费希尔:《公司法的经济结构》,罗培新、张建伟译,北京大学出版社2014年版,第74页。
[2] 石少侠:《论公司内部的权力分配与制衡》,载《中国法学》1996年第2期,第52页。

的公司治理结构安排,由此三足鼎立架构形成,公司治理的基本框架得以清晰呈现。① 公司采用差异化表决权安排后,公司绝对性的话语主导权便被特别表决权股东掌握。同时,公司管理人员的身份通常也是特别表决权股东所具有的。故而,特别表决权股东的意思表示可以决定公司的经营性与管理事务。"分权—制约"治理架构会被采用差异化表决权安排进行冲击,主要体现在两方面,其一,股东大会失去了权力机关的实质性功能,无法在公司的重大事项上发挥影响力;其二,特别表决权股东具有的董事身份会进一步强化董事会的职权能力。董事会职权效能的强化与股东大会职权效能的弱化,会导致监事会、董事会、股东大会权属分治的治理架构的关系失衡,公司治理分权的目标设计将落空。故而,差异化表决权的推行将冲击到"分权—制约"的公司治理架构。

第二节 差异化表决权的问题解构

差异化表决权的问题解构主要表现为特别表决权股东对非特别表决权股东的压制、特别表决权股东保持控制权锁定的动机固化、公司代理成本的增加与公司监督功能的泛空洞化四个方面。

一、特别表决权股东对非特别表决权股东的压制

股东分化的现象是由差异化表决权诱发而衍生的,特别表决权股东的出现是差异化表决权诱发的结果。非特别表决权股东基

---

① 梁小惠:《论公司类型与公司治理模式的选择——以中国民营企业发展为视角》,载《河北学刊》2013 年第 6 期,第 133 页。

于表决权的弱势地位，在股东内部分化之下将处于长期被特别表决权股东压制的境况之中。

(一) 差异化表决权诱发的股东分化现象

现代公司社团性独特的融合价值，即存在于通过公司制度的纽带连接而将不同类型的股东群体建立起长期合作伙伴关系，并彼此实现自我利益追求的互利共赢。在差异化表决权中不同表决权股份持有人却在无意之中悄然被分割为两个彼此相互对立的阵营，二者实力对比的倾向失衡导致了利益趋向的偏移，并置于低表决权股东意识时代觉醒的多元背景下，公司内部组织构架正迎来新的治理风暴。公司成立存在的意思基础，无疑是源于不同股东群体间的利益共识，将彼此差异化的个体诉求尽可能引导提升成为合作逐利的群体基础，从而协力推动公司制度的运行完善。与传统商业个人经营模式不同，股东在公司治理的基本模式中的地位不是直接管理公司，而是通过其表决权来发表意见。[1] 以股东平等原则为价值核心，以"一股一权"原则为制度基础，不同股东群体间均保持着形式上股东民主与实质上资本控制的利益平衡。控股股东群体以其雄厚资本实力享有多数表决。控股股东追逐公司控制权的目的利益正当明显，中小股东投入小微且并非追求绝对公司控制利益，而更多希冀能够从公司投资中获取相应股息红利，亦契合其自身群体利益期待。由此，内部各股东群体均能够立足自身结构定位，明确统合群体利益共识，以公司治理最

---

[1] 施天涛：《公司法论》，法律出版社2006年版，第244页。

优解与公司盈利最大化为共同目标而团结一致。而差异化表决权的适用,却事实导致了原有公司股东群体权利分配基础的错位,直接给此种利益共识凝结机制予以反向引导。在差异化表决权适用的背景下,享有高表决权股东群体可能并非凭借其应有资金实力而主导控制公司行为,而低表决权股东亦可能投入诸多资金成本却因差异化表决权的制度设计而未换取恰当的公司控制收益,二者制度期待与权益分配的现实落差,使得原本公司内部各股东群体间利益定位日趋紊乱,各取所需的利益共识达成日益艰难,从而直接动摇了公司运行的意识基础,引致了后续股东利益趋向偏移的逆向选择。

低表决权股东意识的时代觉醒与域外成熟资本市场不同,我国资本市场的传统投资主体多为中小投资者,然而由于投资者分散化倾向的事实存在,加之中小投资者投资知识经验与市场博弈能力的基础匮乏,众多中小投资者多期待短线投资而获取差价利益,对于公司治理的参与意识往往不高。于传统公司治理格局中,具体公司治理实践往往是由控股股东绝对主导,而中小股东只能被动选择"用脚投票",其既无法提出代表自身股东群体利益的"新"议案,又无法否决遵循控股股东治理规则提出的"旧"议案。然而伴随着20世纪80年代的股东积极主义萌芽,公司股东群体已然出现了凭借其持有的股份征集表决权和提出股东议案的方式积极参与公司治理的行为。[①] 特别是我国资本市场法治建设同步走向成熟深化,以客观上公司投票机制的完善与主

---

① 冯果、李安安:《投资者革命、股东积极主义与公司法的结构性变革》,载《法律科学(西北政法大学学报)》2012年第2期,第117页。

观上股东自我权利意识的觉醒,越来越多的低表决权股东也不愿再成为沉默的羔羊,而越发愿意从原本不被重视的后场角落而逐步走向公司治理的正中舞台。目前,低表决权股东重新囊括了双重群体,一是原有低资本投入、低表决权享有的传统中小股东,二是差异化表决权下高资本投入、低表决享有的新型小股东,公司利益主体的愈加多元与股东权利意识的越发加强,均导致了差异化表决权适用背景下的公司多元利益诉求并存共生。

（二）分化后特别表决权股东对非特别表决权股东的压制

私利膨胀的自我交易与复数表决权的非对称性压制是特别表决权股东对非特别表决权股东压制的具体表现。溯源股东平等原则的立法要义,即是为了防止多数表决权股东滥用资本多数规则,做出对低表决权股东不利决议的方式侵害其应享权益,如此亦是对场竞争"丛林法则"的内部治理调控。而差异化表决权的制度设计,正是从自我交易的利益循环与单一结构的利益考量双重层面,将股东平等原则的保护要义予以"釜底抽薪"式的制度击穿。自我交易的利益循环贯穿公司制度的发展历史,始终不乏享有绝对控制权的控股股东利用资本多数决的原则操控公司经营管理,不愿与公司中小股东分享盈利果实,而选择进行自我利益输送的行为案例,而其中自我交易的形式包括但不限于管理层特权、过度补偿、转移定价、滥用公司机会,以及通过金融交易来转移财富,甚至直接盗窃公司资产。利润专享与权力剥削,如此便是公司表决权规则背后的"丛林法则"。针对传统公司法项下的自我交易行为,差异化表决权的制度应用不仅无益于遏制公司内部自我交易的行为动机，反而为隐匿转移与通道盗掘开启了制度方便之门，使得享有高表决权股东利用关联公司侵吞公司资产，损害公司及其他股东权益更为便利。伴随着公司所有权与经营权两权分离的愈加撕裂，高表决权股东既无法获得与自身表决权比例相等的利益份额，也无需承担按表决权比例承担的利益风险，并且在丧失多数资本监督的治理背景下，凭借自身高表决权即可以将资本杠杆的调控作用发挥到极致。现实利益丰厚与风险微小的双重诱惑，使得公司资产的无声移转与自我交易的利益攫取成为黑暗中的影子幽灵。

较于域外资本市场特性不同，中小股东高度分散且地位屠弱，历来是我国资本市场向纵深优化的一大主体症结所在，其背后原因无疑是资本实力分散与集体行动困难的双重融合。在现有资本多数决的市场规则下，"多数资本压制"难题尚未解决，仍存在控股股东凭借自身资本持股优势在程序公正的外衣下造成股东实质不平等，[1] 且中小股东无法通过自身表决权有效抵御的现实发生。而差异化表决权的制度构建不仅无益于缓解"多数资本压制"的现实问题，反而引致了新型"多数表决权压制"式股东欺压。所谓"多数表决权压制"式股东欺压，即是以扭曲公司表决权为核心手段，通过正当公司决策而对中小股东权益予以不当盘剥。当创始团队掌握公司控制权后，股东欺压的实践表现多为以表决权忽视中小股东的利益诉求及以控制权侵害中小股东正当权益，具体而言，即拒不分配公司利润。对于中小股东而言，获

---

[1] 宁智慧：《股东平等原则与资本多数决的矫治》，载《河北法学》2011年第6期，第106页。

得长期控制权并非其投资本意,而获得短期股权投资收益方为多数投资者的利益期待所在,而基于差异化表决权的资本杠杆作用,创始团队更愿意以表决权否决相关动议,而维持公司充盈资本与公司控制权的兼得。

二、特别表决权股东固化控制权的动机增强

拒绝对外交易特别表决权股份以及对不同表决权股份统合的排斥是特别表决权股东固化控制权动机增强的两个方面。

(一)拒绝特别表决权股份的对外交易

风险的渐进性提升与差异化表决权的持续运行密切相关,特别表决权股东如果能够依据公司发展的动态情况调整保持控制权锁定动机的强弱关系,可能会让更具有商业战略思维和黄金嗅觉的管理人掌舵公司目标的长期发展,这被称为事后的私人行为对差异化表决权固有风险的消除。包括两种途径:一是将采用差异化表决权安排的公司出售给外部买家;二是由现有的特别表决权股东自愿统合差异化表决权,实行同股同权的公司治理模式。① 但理论与实践的情况印证将采用差异化表决权的公司出售给外部买家观念只存在理想化可能,别布丘克教授和卡斯提尔教授通过严密的理论论证,证明控制人员的结构激励可能导致他们保留一个变得低效的差异化表决权结构,拒绝特

---

① 佐哈尔·戈申、阿萨夫·哈姆达尼:《公司控制与独特愿景》。Zohar Goshen & Assaf Hamdani, Corporate Control and Idiosyncratic Vision, 125 YALE L. J. 560, 613 (2016).

别表决权股份的对外交易。① 维亚康姆公司示例便印证如此,在特别表决权股东萨默·雷石东的健康每况愈下的负面媒体报道中苦苦挣扎。② 在维亚康姆公司陷入公众股东与管理层斗争之前的两年里,该公司的股价下跌了近50%。在2016年结束时,依据该公司公布的数据利润下降25%,收入下降6%。③ 在不同表决权

---

① 假设在一个采用差异化表决权安排的公司中,特别表决权股东可以凭借其10%的股权资本对控制权进行锁定,该公司的市值为10亿美元,而一家广泛持股的外部公司,愿意以超过10亿美元的价格收购该公司,这样的买卖会发生吗?并不一定。特别表决权股东不仅会考虑到卖出公司所带来的溢价,还会考虑到出售股权会终止他的控制权以及相关的私人利益。假设特别表决权股东获得公司市值5%的私人利益(5000万美元),在这种情况下,特别表决权股东目前持有10亿美元市值10%(1亿美元)和5000万美元的私人利益,总价值为1.5亿美元。在出售的情况下,特别表决权股东将获得售价10%的利益,但将失去所有的私人控制权利益。因此,只要10%不超过1.5亿美元,那就不会出现对外转让销售公司的情形。在许多情况下,本可以通过消除效率低下的双重阶级结构而产生收益的销售将不会发生。用更一般的方式考虑该问题,假定一个特别表决权股东拥有公司C比例的资本权益,并得出B作为控制的私人利益,被控制公司的市值为V,还假设当前结构是低效的,因此,外部买家将能够提高该公司的附加价值△V,出售将会消除控制者的私人利益B,因为外部买家愿意支付的最高价格V+△V。CV+B>C〔(V+△V)〕,无论何种情况B/C>△V特别表决权股东没有动机进行公司移转。因此,当特别表决权股东享有控制权下的重大私人利益时,控制权人有一种结构性动机在一系列销售可能有效的情况下保持差异化表决机制。注意,这个范围会扩大,而控制人的保留激励也在加强,当特别表决权股东的一部分股权资本比例C是小的,因此,当C随着时间的推移而下降,低效率的下降会增加差异化表决权安排存在性和加强控制权人的保持差异化表决权安排的动机。我们应该强调,上述扭曲并不意味着这样的出售永远不会发生。分析显示,销售会发生如果预期获得(CV)是足够大的。然而关键的一点是,在一系列效率低下的情况下,预计不会出现以效率低下的差异化表决权安排结束的销售。卢西安·贝布丘克、科比·卡斯蒂尔:《永续双类股票的难言之隐》。Lucian A. Bebchuk & Kobi Kasticl, The Untenable Case for Perpetual Dual-Class Stock, 103 Va. L. Rev. 585, 615 (2017).

② MM公司诉液体音频公司案、斯特劳德诉格雷斯案。See, e.g., MM Cos. v. Liquid Audio, Inc., 813 A. 2d 1118, 1129-32 (Del. 2003); Stroud v. Grace, 606 A. 2d 75, 79, 91 (Del. 1992).

③ 艾米丽·斯蒂尔,苏姆·雷德斯通将于二月离开维亚康姆董事会,《纽约时报》。See Emily Steel, Sumner Redstone to Leave Viacom Board in February, N. Y. TIMES (Dec. 16, 2016), https://www.nytimes.com/2016/12/16/business/media/sumner-redstone-viacom-board.html.

股东利益冲突加剧的情形下,特别表决权股东拒绝通过市场出售的方式提供给非特别表决权股东利益保障的机会。对差异化表决权持有批评观点的人认为,为了股东的利益,公司创始人将自己牢牢地与控制权绑定在一起,这是一种有害的观念,这种观念不断地向公众投资者灌输,是为了让创始人能够逃避股东所信诺的责任。① 所以,从特别表决权股东的角度出发,随着采用差异化表决权结构公司的持续运行,其自身利益的固化程度也将加深,拒绝特别表决权股份的对外交易将成为特别表决权股东的条件反应,也成为特别表决权股东避免特质愿景滑落的理由。

(二) 排斥特别表决权股份与非特别表决权股份的统合

另一种消除效率低下的差异化表决权结构的方法是特别表决权股东自动将公司股权结构转换为单层模式,将特别表决权股份与非特别表决权股份统合于一股一权的原则之下。然而特别表决权股东有结构性的动机来避免这种统一,即使这样做会带来巨大的效率收益。② 别布丘克教授和卡斯提尔教授的分析再次表明,自愿统合差异化表决权的有效行为将很可能不会发生。在结构性激励下特别表决权股东将会继续保留差异化表决权结构,这一理

---

① 安德鲁·罗斯·索金,巩固高层控制的谷歌股票分拆,《纽约时报》。See, e. g. , Andrew Ross Sorkin, Stock Split for Google that Cements Control at the Top, N. Y. TIMES (Apr. 16, 2012, 9: 14 PM), http: //dealbook. nytimes. com//2012/04/16/stock-split-for-google-that-cements-control-at-the-top/.

② 承上所述,特别表决权股东持有 C、B 的公司股份利益,假定在公司结构低效的情形下,特别表决权与瑕疵表决权的统合将增加大量的 CV 价值并将消除 B 的特别表决权股东的私人利益。如果统合情形发生,特别表决权股东将增加其的收益值为 V+CV。也就是说只要 CV + B > C (V + CV),即 CV < B/C,特别表决权股东将保留差异化表决权安排。

论分析得到了一项关于欧洲国家采用差异化表决权安排的实证数据支持。[1] 此外，有证据表明，有资格提议撤销差异化表决权安排的股东即使在获取绝大多数股东赞成的情况下，特别表决权股东也往往会无视这一诉求。[2] 在2005年至2014年之间有25家公司提交了53份关于取消差异化表决权安排的股东提案。当取消差异化表决权安排的建议被多次提交给同一家公司时，证明该公司能够在所有股东中获得较高的支持率。平均而言，在53份取消差异化表决权安排的股东议案中平均获得了非特别表决权股东中71%的支持率。然而，53份取消差异化表决权安排的股东议案都没有得到最终执行。这说明不同表决权股份的统合对于特别表决权股东而言是十分排斥的，任何高表决权股份与低表决权股份进行转换的情形都是不能接受的。不同表决权股份的统合将成为差异化表决权结构负外部性的进程性体现，会进一步压缩非特别表决权股东权利救济的可能性。

三、公司代理成本的增加

控制权与所有权在公司实践同股不同表决权的架构之后分离的程度日益显著，公司代理成本呈现不断升高的倾向，管理性代

---

[1] 研究发现股东的表决权与股权分离程度越低，差异化表决权安排更容易统合于同股同权的股权规则之下。本杰明·莫里、阿内特-帕吉德：《控制权的私人利益与双类股份统一》。See also Benjamin Maury & Anete Pajuste, Private Benefits of Control and Dual-Class Share Unifications, 32 Managerial & Decision Econ. 355, 365 (2011).

[2] 卢西安·贝布丘克、科比·卡斯蒂尔：《永续双类股票的难言之隐》。Lucian A. Bebchuk & Kobi Kastiel, The Untenable Case for Perpetual Dual-Class Stock, 103 Va. L. Rev. 585, 630 (2017).

理成本的增加与控制性代理成本的增加共同成为公司代理成本增加的表现。

（一）管理性代理成本的增加

特别表决权股东犹如一条进入公司治理环境中的"鲶鱼"，公司治理的整体性环境在这条"鲶鱼"的影响下逐渐失去了原有的生态平衡，公司治理的环境状态受到了较大的冲击与影响，而在公司治理原有环境之中的"沙丁鱼"被不断激起，而公司治理生态下的"沙丁鱼"主要表现为非特别表决权股东抑或是非特别表决权股东，总的来说，应当对变动之下的公司治理进行更多的关注与讨论。① 经济学维度下，识别成本的高昂与信任属性的厘清是股权的本质特征，这便导致对股权附着之上的权利行使必然会有代理成本的产生。② 公司管理者利用信息不对称的优势获利且损害股东利益的行为产生代理成本，信息的不对称是普遍存在的，逆向选择的道德风险也会伴随着信息不对称始终存在。③ 随着机构投资者的出现，信息的有效传递得到进一步加强，引发代理成本变化的主体并不局限于管理者与股东之间，公司内部不同表决权的股东之间也有可能引发代理成本。公司代理成本的增加主要表现在管理性代理成本的增加与控制性代理成本的增加。采

---

① 李燕：《双层股权结构公司特别表决权滥用的司法认定》，载《现代法学》2020年第5期，第119页。
② 张占锋：《我国移植双层股权结构制度法律问题研究》，对外经济贸易大学2018年博士学位论文，第69页。
③ 周春光：《扶贫股实践的现实困境与制度回应》，载《江西财经大学学报》2021年第3期，第97页。

用差异化表决权安排的公司在发行特别表决权股、普通股、无表决权股时,特别表决权股东通常会使用进行承诺、明确责任与义务、确定公司长远发展目标与规划等形式来减轻非特别表决权股东对自身利益受损的担忧。管理性代理成本的产生根源于管理不善,包括减少承诺、逃避责任以及单纯追求扩大规模或为实现经营多样化而不创造具体价值的活动等情形。管理性代理成本是违反勤勉义务而产生的成本,勤勉义务倾向于对义务人的能力方面作出要求,防止因其偷懒、消极怠工、注意不足而造成股东利益的损失。① 随着时间的推移,差异化表决权结构中特别表决权股东缺乏有效激励的弊端逐渐显现,非特别表决权股东如果想通过持有的表决权参与公司重大事项的决策与讨论是难以实现的,日渐衰微的公司治理话语权,在决策层出现不当行为时也就无法有效行使追索权,② 引发了一系列管理性代理成本升高的问题。例如,由于集体行动的问题,动机薄弱的非特别表决权股东很少有热情参与股东会决议的表决。抑或是当他们表决时,由于信息的不对称加之决策层的偏见及其他利益冲突,非特别表决权股东的表决行为不太可能为公司价值的提升带来正向影响。③ 当非特别表决权股东稀释知情且动机强烈股东的声音时,代理成本就会上

---

① 佐哈尔·戈申、阿萨夫·哈姆达尼:《公司控制与独特愿景》。Zohar Goshen & Assaf Hamdani, Corporate Control and Idiosyncratic Vision, 125 YALE L. J. 560, 581 (2016).
② 伯纳德·沙夫曼:《为公司在首次公开募股中使用双类股份结构的权利进行私人订购辩护》。See generally Bernard S. Sharfman, A Private Ordering Defense of a Company's Right to Use Dual Class Share Structures in IPOs, 63 VILL. L. REV. 1 (2018).
③ 多罗西·隆德:《反对被动股东投票的理由》。See, e.g., Dorothy S. Lund, The Case Against Passive Shareholder Voting, 43 J. CORP. L. 493, 495 (2018).

升，因为对知情且动机强烈的股东来说，纪律管理的成本更高、难度更大。[1]

(二) 控制性代理成本的增加

特别表决权股东承担着基本不会多元化和缺乏流动性的额外成本，其中对私人利益的过分攫取便是争议焦点，即是"内部人控制"的问题。公司法理论认为特别表决权股东寻求控制权是为了利用自己的主导地位，将价值从公司或投资者身上转移，从而获取私人利益。相较于管理性代理成本增加主要针对于股东利益而言，控制性代理成本的增加更凸显对公司利益的损害。对义务人品德上的要求是忠实义务的着眼点，通常与职位、角色相联系，对义务人能力上的要求是勤勉义务的着眼点。"对于义务人品格上的要求在法律层面是较为严苛的，因为在对公司履行义务时任何一名管理人都应当确保自身品德是没有瑕疵的，而每个人基于自身的经历、学识、认知等因素的差异在能力上会有不同的表现，所以与能力相对应的勤勉义务的界定标准就会较忠实义务更为宽松。"[2] 对义务人的行为约束上，忠实义务、勤勉义务的出发点都是为了维护股东与公司的利益，两者的产生本质上都是根源于利益冲突与代理成本的问题，因而导致投资者自身福利水平的降低。[3] 内部人控制

---

[1] 多罗西·隆德：《无投票权股份和高效的公司治理》。Dorothy S. Lund, Non-voting Shares and Efficient Corporate Governance, 71 Stan. L. Rev. 687, 697 (2019).
[2] 周春光：《董事勤勉义务的司法审查标准探究——以实证与比较分析为视角》，载《光华法学》第11辑，法律出版社2019年版，第164页。
[3] [美] 弗兰克·伊斯特布鲁克、丹尼尔·费希尔：《公司法的经济结构》，罗培新、张建伟译，北京大学出版社2014年版，第103页。

语境下，控制性代理成本因管理人的自利性驱动而引发，以攫取经济利益为目标，通过管理人过高的薪酬、关联方交易以及其他将公司价值转移给特别表决权股东的方式，实现将公司经济利益直接转移给私人的结果。在经营管理公司的过程中特别表决权股东会基于自身利益做出超越自身权力边界的机会主义行为，逆向选择引发的道德风险将不可避免地发生。控制性代理成本是管理人违反忠实义务而产生的成本，对公司直接利益造成的损失更大，管理人的主观恶意也更为明显。管理性代理成本是消极或怠于处理公司事务而引发的成本，控制性代理成本则是主观积极地将公司经济利益移转给私人所有。主要表现形式包括短期业绩行为、非法侵占、违规信息披露、挪用公司资产等行为。在差异化表决权结构中特别表决权股东增强了对决策过程与结果的控制力，因而其进行自我交易行为的概率也会增加。总的来说，具有强化控制权的功能是差异化表决权主要承载的作用，借助控制权强化公司发展的需要与股东不同偏好的满足逐渐成为预料之中的结果。与之相对，如果不对内部人控制与控制权滥用的问题进行限定，特别表决权股东就会通过公司输送不当利益，由此导致公司成为利益输送的工具。

四、内外部监督机制功能的泛空洞化

公司适用差异化表决权安排后会冲击"分权—制约"的治理架构，公司的内部与外部监督机制功能愈泛空洞化，对特别表决权股东监督的功效无法得到任何发挥。

（一）内部监督功能的退化

内部监督机制主要围绕非特别表决权股东对特别表决权股东的监督展开。从理论角度而言，股东作为公司的出资人，无论其持有多少股份，法律上都应具有一律平等的地位。全体股东均应具有完全相同的股东权利，包括自益权与共益权。[1] "经济性权利主要是自益权，一般表决权是共益权。"[2] 作为"股东的固有权利"[3] 的表决权，公益性是其能够充分展现出共益权行使的内容，这也是自益权得以保障的基础，"共益权最终也是为了维护股东自益权而赋予股东的权利"。[4] 但在公司自治空间下可能出现针对股东部分权利的扩大或限缩，例如特别表决权股、无表决权股与优先股等类别股情形。随着公司资本规模的扩大与多层次资本市场的发展，公司股份日益分散化下非特别表决权股东的表决权将进一步被稀释，距离控制权中心也会越来越远。[5] 故而，非特别表决权股东在公司中的利益得以维护的前提是在特别表决权股东控制下通过并实施的决议是代表公司整体利益的，公司整体利益有所增进则非特别表决权股东的利益将有所保障。但是由于非特

---

[1] 股东权利依据权力行使的目的可以分为自益权与共益权，自益权是指股东仅为自身利益而行使的权利，共益权是指股东为自身利益的同时兼为公司利益而行使的权利。

[2] 韩秀华：《论优先股股东类别表决权之表决事项确定》，载《法律科学（西北政法大学学报）》2020年第4期，第176页。

[3] 施天涛：《公司法论》，法律出版社2018年版，第262页。

[4] 许中缘：《论〈公司法〉第42条但书条款的规范解释》，载《现代法学》2021年第2期，第121页。

[5] 汪青松：《股东关系维度代理问题及其治理机制研究》，载《政法论丛》2012年第4期，第106页。

别表决权股东对于控制权的先天弱势，如若加之特别表决权股东义务缺失或者故意损害公司以牟取个人利益，则极易导致特别表决权股东损害非特别表决权股东利益之情形，即特别表决权股东对于非特别表决权股东利益侵占的股东分化问题。① 所以，虽然理论上特别表决权股东与非特别表决权股东法律地位平等，权利内容一致，但是实际上非特别表决权股东在公司治理中往往处于弱势地位。在现代公司治理理论中，弱式意义上的平等已经成为股东平等原则的新趋向。② 且强弱分野即股东分化的程度正在不断加深。③ 可见，股东的强弱分野将影响到内部监督机制的功效。

公司内部监督机制具体包括股东监督与董监高监督两方面。从股东监督的角度而言，内部监督机制功能的空洞化有两个维度的表现，其一，在于非特别表决权股东对公司内部监督作用微乎其微。依托于表决权之上的资本多数决议事规则会导致非特别表决权股东对行使表决权的冷漠态度，表决权的行使成本与表决效果因素影响着非特别表决权股东的表决心态。此外，瑕疵表决权

---

① 汪青松、赵万一：《股份公司内部权力配置的结构性变革——以股东"同质化"假定到"异质化"现实的演进为视角》，载《现代法学》2011年第3期，第37页。
② 王轶教授将民法意义上的平等对待划分为两类，即强式平等和弱式平等。强式平等是指每一个人都被视为"同样的人"，每一个参与分配的人都能够在利益或负担方面分得平等的"份额"，避免"人以群分"。而弱式平等对待则要求按照一定的标准对人群进行分类，被归入同一类别或范畴的人才应当得到平等的"份额"。弱式平等实质上是一种有条件的平等对待，即同样的情况同样对待，而不同的情况则要差别对待。参见王轶：《民法价值判断问题的实体性论证规则——以中国民法学的学术实践为背景》，载《中国社会科学》2004年第6期，第108页。
③ 汪青松：《股东关系维度代理问题及其治理机制研究》，载《政法论丛》2012年第4期，第102页。

股东基于缺陷的表决权既不能依据公司章程有效规制特别表决权股东的侵权行为,也会受限于所持表决权份额不足难以具备提起股东派生诉讼的资格,搭便车的心理将进一步制约本已有限的监督功效。只要事先对收益一体划分,则无论股东各方努力与否,在收益总值不变的情况下,都会事实上变相产生鼓励搭便车现象的效果。① 其二,我国机构投资者无法发挥应有的监督作用。在美国,机构投资者在公司股东内部监督方面扮演着重要角色。美国机构投资者委员会已要求纽约证交所和纳斯达克拒绝发行差异化表决权类型的公司股票,除非它们包含一个基于时间的日落条款,该条款将在7年内转换为普通股。② 这种强势态度的表现反映了美国机构投资者对公司特别表决权股东的严苛要求和对差异化表决权推行的忧虑与恐慌。从董监监督的角度而言,主要针对董事与监事的职责履行。保障股东让渡经济性权利之后的民主参与权存在,是股东进行内部监督之于公司经营管理层的法理基础所在。③ 特别表决权股东一般都属于董事会成员,其对董事会的操控必然会影响到董事会责任的承担与公司内部监督功效的减损。独立董事与监事的束之高阁将难以发挥适恰性的监督作用,特别表决权股东自然会随着差异化表决权结构适用时间的推移进一步破坏公司内部监督机制,导致其功能的逐渐退化。

---

① 罗培新:《公司法的法律经济学研究》,北京大学出版社2008年版,第25页。
② 双类股票与机构投资者委员会。See Dual-Class Stock, Council of Institutional Inv'rs, https://www.cii.org/dualclass_stock [https://perma.cc/XRJ4-S6R5].
③ 季奎明:《中国式公司内部监督机制的重构》,载《西南民族大学学报(人文社科版)》2020年第4期,第68页。

（二）外部监督功能的消亡

公司的外部监督机制主要是指敌意收购。[①] 差异化表决权实践的功能之一就在于规避敌意收购带来的风险，任何关于采用差异化表决权安排公司的收购行为都需经过特别表决权股东的同意。公司控制权交易的重要形式表达即为对目标公司采取敌意收购的活动，对公司拥有绝对控制话语权的特别表决权股东便会被激起强烈的反应。但敌意收购也会对公司日常管理运行产生正向效果，潜在的敌意收购风险会促使管理层更为勤勉忠实地履行义务，提高公司的经营业绩，已在进行的敌意收购甚至会通过替换不称职的管理层人员来实现降低代理成本的目的，如上情形都会发挥公司外部监督的积极影响，可以认为针对公司的收购行为是对管理层监督的有效手段。在公司治理结构的设计与具体运行中主要遵循以下的权利安排：董事会成员是由公司的股东大会选举产生，管理层的安排是由董事会主导进行，管理层的日常监督主要是由董事会负责，股东的职责主要体现在董事会成员的监督之上，由此形成公司治理结构的闭环与严密的权力安排。如果公司的经营管理不善，外部投资者会产生一定的收购意向，公司控制权的变更可以通过股东转让股权的形式实现，将管理层进行更换。基于保持控制权的需要，管理层需要忠实勤勉地为股东和公司利益最大化考虑，而差异化表决权结构的推行阻断了敌意收购的可能性，管理层无须担心丧失控制权的可能，造成了公司外部监督机制功能逐渐消亡的结果。对特别

[①] 郭雳、彭雨晨：《双层股权结构国际监管经验的反思与借鉴》，《北京大学学报（哲学社会科学版）》2019年第2期，第135页。

表决权股东的监督只能进一步下沉到第三方身上,例如,行政机关、交易所、法院,并由其乃至社会公众承担相应的监督成本。

第三节 利益衡量理论框架中的差异化表决权分析

基于差异化表决权适用质疑所引发的问题表现,可以以直观的视角审视,这种视角可以较为全面地展示出公司采用差异化表决权安排后引起的矛盾外观。利益衡量理论不仅能从表面反映差异化表决权所引发的问题,更能从本源检视主要症结之所在。不同表决权股东之间的矛盾便是公司治理结构失衡的本源性问题。对公司采用差异化表决权安排后引起的利益失衡状态可以借助利益衡量理论予以释明,也当属问题解构的广义范畴之中。

一、利益衡量理论的分析范式

范式是指用来组织观察和推理的基础模型或参考框架。它不仅形塑了我们所看到的事物,而且影响着我们如何去理解这些事物。[①] 在立法过程中,必然涉及复杂的冲突性利益关系,如何对其加以协调与平衡,并更好保护相关主体的利益,是立法中的重要问题。对此,利益衡量理论为我们提供了一种分析范式和方法论。

(一) 利益识别分析

法律规范是一个展现利益角逐和抗衡的平台,利益之间的对

---

① [美]艾尔·巴比:《社会研究方法》,邱泽奇译,华夏出版社2003年版,第33页。

抗是成就立法的基础。在特定的条件下，社会多元利益体系呈现出对立统一的相对稳定状态。但是，随着经济社会的发展，原有的利益格局逐渐被打破，利益冲突成为影响社会稳定的重要因素。当既有的法律体系无法有效应对已发生重大变化的利益关系时，便产生了立法的必要性。从立法者的角度，只有及时洞悉社会利益格局的变化，并准确识别其中的利益和利益关系，尤其是冲突性的利益关系，才可能做到及时立法、科学立法。由此，利益识别便成为利益衡量的逻辑起点。利益识别是指对利益和利益关系变动的事实加以全面揭示的过程。利益事实本身是客观存在的，如果立法者不能客观地对其产生、发展和演变规律加以认识，则无法对立法的必要性和可能性作出准确判断，法律在利益关系调整中的作用也将无从发挥。据此，利益识别是一个认识客观事实和客观规律的过程、并不涉及对利益和利益关系进行主观评价的问题。为了使利益结构变动的事实得到真实呈现，立法者应当通过多种途径收集和获取信息，并使民众的利益诉求得到充分表达。在充分获取信息的基础上，立法者应秉持客观中立和不偏不倚的态度对其进行处理，避免利益事实受到个人主观因素的影响。通过利益识别，应当将利益关系变动的总体状况，所涉及的利益主体、利益类型和性质、利益冲突及其对社会的影响等予以客观反映，为立法评估和利益调整创造必要前提和基础。

(二) 利益衡量与比较分析

立法利益衡量在本质上是一个价值判断的过程，即在利益识别的基础上，对不同的利益进行权衡、比较和取舍。尽管法律位阶原则确立了利益保护次序的一般规则，但是，在许多情况下，通过利益识别所确定的利益往往处于同等的法律位阶，或者无法直观地对其法律位阶作出判断。此时，只有以特定的立法理论为根据，并运用立法利益衡量的基本原则和方法，对不同利益进行权衡与比较，才能对其各自的性质、价值、地位和重要性作出评价，并科学确定其法律保护位阶。由此，利益权衡与比较是一个对不同利益作出合理评价，并确定其法律保护位阶的过程。基于主观价值判断的易变性、差异性和不确定性，如果任由立法者依其自由意志进行利益权衡与比较，不仅无法保证立法利益衡量结果的公平性，甚至可能严重背离法的基本精神，与立法利益衡量的初衷背道而驰。为此，在进行利益权衡与比较分析时，应将立法者的主观判断与客观规则有机结合起来。一方面，立法者应在法的基本理念、原则或政策精神的指引下，依照立法利益衡量的基本原则和方法进行利益权衡与比较。这不仅有利于对立法者的行为进行规范和约束，而且有利于实现立法利益衡量结果的合法性与合理性。另一方面，对于性质上存在较大差异，以能进行量化的比较，却可在一些基本的社会价值和共识之上进行权衡。[1]

(三) 利益平衡的目标分析

"现代立法的实质是一个利益识别、选择、整合及表达的交涉过程：在此过程中，立法者旨在追求利益平衡。"[2] "从外在形

---

[1] 梁上上：《利益衡量论》，北京大学出版社2021年版，第97页。
[2] 埃德加·博登海默：《法理学——法律哲学与法律方法》，中国政法大学出版社1999年版，第366页。

态看,利益平衡是一种利益格局在一定时期内处于稳定不变的状态,即由于法律在协调各方面冲突因素中的作用、相关各方的利益在相克和共存的基础上达到合理的优化状态。"但是,利益平衡具有相对性,它总是以特定的条件为前提。当原有的利益关系发生重大变化时,已形成的利益平衡格局将被打破。此时,如果不通过一定的制度机制加以干预,将可能对社会的稳定产生不利影响,从利益和利益关系调整的角度看,只有充分发挥立法和法律制度的作用,才能使社会利益格局重新恢复到相对稳定的平衡状态。相应地,在立法过程中,在对相关利益进行识别与比较的基础上,对法律制度所包含的利益平衡机制进行分析。在内容上,利益平衡机制突出表现为对权利与义务进行合理配置。由于利益平衡并非对各种利益进行绝对的、不分先后次序的同等保护,而是在优先保护重大利益和社会公共利益的基础上,兼顾对其他利益的保护,因此,聚焦于国家权力运用与当事人的权利行使、义务承担有机结合起来,才能确保重大利益和社会公共利益得到优先保护,避免其因当事人的私利动机或不作为而受到损害,同时通过权利与义务的合理配置,能够为其他利益的保护奠定基础,并为相关法律规则的制定提供依据,继而推动利益平衡的实现。

二、差异化表决权中的利益失衡表现

造成差异化表决权中利益失衡的原因在于特别表决权股东身份的双重性。特别表决权股东身份的双重性体现在特别表决权股东兼具控制性股东与公司董事的身份。控制性股东与公司董事在公司制度中会引发两大利益维度的失衡。超额表决权的拥有主体是特别表决权股东，通过此权利的设置，公司话语的主导权由特别表决权股东取得，随着公司采用特殊表决权结构日渐深化，不同表决权股东内部的利益冲突会随之扩张，在不同股东之间会呈现出利益阻隔的局面。特别表决权股东掌握公司控制权的最终目的在于主导公司的管理权，所以在身份上，管理性人员的身份通常会由特别表决权股东所拥有，一般表现以公司董事的身份存在。特别表决权股东权利的强化会带来董事权利的强化，将增大其与非管理性人员之间的冲突性，所有权与控制权的分离程度加剧，代理成本的问题将愈加突出。

在一股一权表决规则设置下，通过股东大会选举董事会成员是股东的基本权利。易言之，通过选举的方式产生以公司最大化利益为目标的董事会，是股东可以远程参与公司的主要治理方式，经理层的产生是由董事会主要负责的事宜。显而易见，公司采用差异化表决权安排剥夺了非特别表决权股东的事前权利，特别是其拥有的表决权内容，股东对公司事务的参与性权利受到了严重的消减。股东提案的权利、选举董事的权利与召集股东会的权利便是这些事前性权利的主要构成。相较于特别表决权股东拥有的高表决权股份而言，拥有低表决权股份的非特别表决权股东在此情景下是不值一提的，所以，任何涉及非特别表决权股东权利的事项都可以通过表决的方式进行否决。总的来说，公司章程所建立的问责机制被差异化表决权结构所打破，限制或剥夺了非特别表决权股东罢免选举董事的权利，将会对非特别表决权股东权利的保护十分不利。另外，公司采用差异化表决权安排会使非特别表决权股东失去相应表决权变更董事会，权利义务的一致性原则受到了较大的冲击，这是因为非特别表决权股东仍需要承担公司的财务风险。虽然非特别表决权股东的事后性权利十分广泛，诸如股东代表诉讼或股东直接诉讼等诉讼权利类型，权利实现十分困难是其高昂的行使成本所导致的。值得一提的是，提供事后补救办法的时候损害的结果已经实际发生，所以补救措施的事后实际作用还是有较大的应用空间的。在事后一般较难解除是不公平交易内容由于交易成本的原因所导致的，公司下跌的股价中通常可以反映不公平的交易所带来的严重后果。非特别表决权股东难以有稳定的声量保证自身的权利，加之特别表决权股东私利膨胀的自利性行为，特别表决权股东与非特别表决权股东之间的利益对比逐渐发生失衡。

由于公司所有权与控制权的二元分离，公司的日常经营管理中股东一般是不可能亲自参与其中的，所以承担管理公司的重要任务便是由股东以委托人的身份将委托权交给公司董事，具有代理人身份的公司董事在进行决策时享有相应的权力，同时，公司董事具有一定的信息优势。委托人在公司治理中是以非管理性人员的身份出现的，代理人是以管理性人员的身份出现的。在公司的二元产权结构中，所有权与控制权的分离成为公司治理规则展开的起点，所有公司治理规则的设计初衷都是围绕控制代理成本的目标出发，特别表决权股东作为公司管理性人员，拥有的超额表决权使得公司所有权与控制权的分离程度进一步加剧，管理性人员与非管理性人员的利益失衡现象将进一步凸显。

三、利益衡量理论下差异化表决权的利益平衡配置

基于利益衡量理论的考虑,差异化表决权在特别表决权股东与非特别表决权股东的利益失衡、经营管理层人员与非经营管理层人员的利益失衡两大方面应重新进行利益平衡的配置。

(一)特别表决权股东与非特别表决权股东的利益平衡配置

特别表决权股东与非特别表决权股东的利益平衡配置主要包含特别表决权股东权利的限制与非特别表决权股东权利的扩张两方面着手。特别表决权股东与非特别表决权股东的利益平衡配置不是权利义务的同一化或等同化,数量上与内容上的同一化或等同化并不能为特别表决权股东与非特别表决权股东的利益平衡配置带来帮助,囿于特别表决权股东占有的信息优势地位,即便是特别表决权股东与非特别表决权股东在权利义务层面进行同一化或等同化的配置,也不见得会产生同质化的法律效果。故而,应从特别表决权股东权利的限制与非特别表决权股东权利的扩张两方面着手。特别表决权股东权利的限制主要是对差异化表决权中特别表决权的设置、运行方面加以限制。非特别表决权股东权利的扩张主要是从知情权的赋予与诉讼权利的保障两个方面展开。

(二)经营管理层人员与非经营管理层人员的利益平衡配置

管理性人员与非管理性人员的利益平衡配置主要包含经营管理层人员权利的限制与非经营管理层人员的扩张两方面。公司所有权与控制权的二元分离使得管理性人员与非管理性人员关注的

焦点进一步分隔。管理性人员拥有的权利话语能力进一步加强，非管理性人员的权利话语能力进一步减弱，本就很难参与到公司经营管理之中的非管理性人员将逐步失去传递声量的机会。股份表决权与收益权的分离将进一步加剧管理性人员与非管理性人员的紧张关系。基于利益衡量理论的目标，管理性人员权利的限制与非管理性人员权利的扩张应为题中应有之义。管理性人员权利的限制主要是针对管理性人员对公司管理事项的决策权展开，非管理性人员权利的扩张主要是从管理事项的参与性权利出发。

第三章 差异化表决权的域外探索与规制经验

差异化表决权最早衍生于美国，在差异化表决权随后的演进历程中逐渐扩展至许多证券市场较为发达的国家（地区），不同的国家（地区）在对差异化表决权进行法律规制时会带有自身的特点，所以表现出类型化的法律规制模式。普遍性的秩序追求意味着法律规制的经验可以进行借鉴，不同场域中的差异化事项在借鉴过程中值得关注。

第一节 差异化表决权域外探索的概述

法律创制（立法）与法律借鉴共同构成硬币的一体两面，[①]差异化表决权生成于域外，透视差异化表决权在域外的演进历程便于进行宏观的规律性总结，审视差异化表决权在域外的法律规制措施便于进行微观的架构性洞察。聚焦宏观规律性总结与微观架构性梳理有助于我国差异化表决权法律规制的生成与发展。

[①] 马剑银：《法律移植的困境——现代性、全球化与中国语境》，载《政法论坛》2008年第2期，第55页。

一、差异化表决权域外探索的总体介绍

在经济全球化的总体趋势下，全球各地证券市场的竞争日益加剧，差异化表决权在世界范围内逐渐呈现出趋同化的发展走向。从整体上看，域外不同国家（地区）针对差异化表决权大体表现为允许和禁止两种态度。具体而言，针对差异化表决权的态度有公司法维度与上市规则维度的不同认知。在公司法维度，域外各国（地区）的立法机关主要以公司法为载体，不断引入内涵丰富的类别股份制度，为不同发展需求的公司提供多样化的选择空间。在上市规则维度，域外各国（地区）的证券交易所为吸引多元化股权结构的公司上市，纷纷修改自身的上市规则，以此提升证券交易所的核心竞争力。差异化表决权的域外探索交织在公司法与上市规则范围之中，立法层面的态度与上市监管层面的态度是认知差异化表决权域外探索的具体类型分野。以下对差异化表决权域外探索的总体介绍将以允许和禁止的差异化态度为基本划分，并结合公司法与上市规则的视角进行整体梳理。

考察域外各国（地区）对差异化表决权的态度，主要有以下四种类型：其一，在一些国家或地区依据其公司法与上市规则，均允许公司采用差异化表决权安排上市，例如美国、加拿大、日本、新加坡与中国香港地区；其二，在一些国家或地区依据其公司法允许公司采用差异化表决权安排，但是依据上市规则不允许采用差异化表决权安排的公司上市，易言之，证券监管层面出台的上市规则禁止采用差异化表决权安排的公司上市，例如英国、澳大利亚；其三，在一些国家或地区依据其辖区内交易所的上市

规则与公司法的规定，采用差异化表决权安排的公司均不允许上市，例如德国、比利时、卢森堡、西班牙；其四，在一些国家或地区其公司法明确一股一权的唯一合法地位，换言之，这些国家是通过强制性规范对公司的股权结构进行的规定。但对于无表决权股份而言，在这些国家却是被允许让公司发行的，一般而言，较高的股息支付都会附着于无表决权股之上，而且并不视为违反一股一权原则的情形。[①] 域外各国（地区）对待差异化表决权存在不同的态度，寻找不同态度呈现的外观原因实为应有之义。下文以美国、德国、新加坡为样本，对差异化表决权域外探索的三种典型脉络进行梳理，以此实现对差异化表决权域外探索进行规律性透视的目的。为清晰地了解差异化表决权域外探索的整体面貌，以下对差异化表决权域外探索的总体介绍主要是从立法层面与上市监管层面的态度变化进行整理。

二、差异化表决权域外探索的典型呈现

差异化表决权在域外许多国家（地区）都获得立法的承认，但不同国家（地区）的基本态度与探索历程有各自特点。差异化表决权源起于美国，同时美国的证券市场从全球视野来看，整个证券市场发达的程度与活跃的程度均居世界首位，差异化表决权的演进画面更具完整性与激辩性。德国面对差异化表决权的态度呈现出逐渐保守的倾向，同时，德国作为大陆法系国家之一，对其完全禁止态度形成的历程进行分析，也可成为探究大陆法系国

[①] 于莹、梁德东：《我国双层股权结构的制度构造》，载《吉林大学社会科学学报》2021年第2期，第68页。

家与英美法系国家对差异化表决权安排采取不同立场的原因的路径。新加坡作为受到新经济浪潮剧烈冲击的国家，面对差异化表决权采取的"先公司法修改后上市规则调整"的思路，可为探寻新兴资本市场的发展之路提供有益借鉴。

（一）"萌生—禁止—允许"的脉络变迁：以美国为例

一股一权原则是现代公司法的基本原则之一，但并不意味着其在公司法的发展进程中是股东表决权的唯一行使原则。美国自建国之后在普通法与州公司法层面都未涉及一股一权的内容，早期公司遵循的是人均表决制度，每人一票而不是每股一票。[①] 直到 19 世纪初期，州立法者通过授权的方式承认公司章程关于表决权规定的法律效力。但没有按照一股一票的表决方式很难安抚大股东，进而较难吸引投资者对公司进行投资。[②] 因此，在 1860 年之后，越来越多的公司改变了它们的股权结构，以此凸显筹集资本的现实需要。[③] 最终，一股一票制的规则被广泛接受，以至于直到 1903 年，所有优先股也都带有表决权。[④] 这一时期的公司

[①] 杰弗里-科贝尔：《研究无表决权和有限表决权普通股——其历史、合法性和有效性》，Jeffrey Kerbel, An Examination of Nonvoting and Limited Voting Common Shares-Their History, Legality, and Validity, 15 Sec. Reg. L. J. 37, 47-50 (1987).

[②] 蒂莫西·奥尼尔：《评论规则 19c-4：美国证券交易委员会在采用一股一票规则方面走得太远》，Timothy K. O'Neil, Comment, Rule 19c-4: The SEC Goes Too Far in Adopting a One Share, One Vote Rule, 83 Nw. U. L. Rev. 1057, 1062 - 63 (1989).

[③] 杰弗里-科贝尔：《研究无表决权和有限表决权普通股——其历史、合法性和有效性》，Jeffrey Kerbel, An Examination of Nonvoting and Limited Voting Common Shares-Their History, Legality, and Validity, 15 Sec. Reg. L. J. 37, 48 (1987).

[④] 史蒂文斯：《股东投票权和投票控制权的集中化》，Stevens, Stockholders' Voting Rights and the Centralization of Voting Control, 40 Q. J. Econ. 353, 354 (1926).

章程一般也视一股一票为默认规则。① 例如，1909 年纽约的《普通公司法》赋予每位股东每股一票的权利，除非公司章程另有规定。② 差异化表决权在这一时期并不常见，但在随后的 20 年，公司逐渐开始通过发行无表决权股份来满足投资者的投资需要，③ 虽然人们对无表决权股份的偏好原因多种多样，但有一种原因与今日差异化表决权的适用一致：管理层希望在不稀释某些股东表决权的前提下筹集额外的股本。随着无表决权股份或限制性表决权股份发行越来越普遍，法院通常会根据合同自由的理念默许这种发行现象的存在。④ 合同自由理念指导公司法实践是基于改善大型公司固有的代理问题而产生，以此来构建合同各方的关系。⑤

---

① 斯蒂芬·班布里奇：《美国证券交易委员会第 19c-4 条规则的短暂生命与复活》。Stephen M. Bainbridge, The Short Life and Resurrection of SEC Rule 19c-4, 69 Wash. U. L. Q. 568, 589 (1991).
② 1909 年《纽约州法律》，第 28 章，第 23 条。Id. at 568 n.10 [citing 1909 N. Y. Laws, ch. 28, s 23, reprinted in J. Arnold, New York Business Corporations 39 (4th ed. 1911)].
③ 斯蒂芬·班布里奇：《美国证券交易委员会第 19c-4 条规则的短暂生命与复活》。Stephen M. Bainbridge, The Short Life and Resurrection of SEC Rule 19c-4, 69 Wash. U. L. Q. 569, 589 (1991).
④ 巴特利特诉福尔顿案。See Bartlett v. Fourton, 38 So. 882 (La. 1905). 通用投资公司诉伯利恒钢铁公司案。General Inv. Co. v. Bethlehem Steel Corp., 87 N. J. Eq. 234, 241 (Ch. 1917). 圣瑞吉糖果公司诉霍瓦斯公司案。St. Regis Candies v. Hovas, 3 S. W. 2d 429 (Tex. Comm. App. 1928), aff'd, 8 S. W. 2d 574 (Tex. Civ. App. 1928). 夏皮罗诉热带雨林公司案。Shapiro v. Tropicana Lanes, Inc., 371 S. W. 2d 237, 241 (Mo. 1963). 本森诉十一二十圣查尔斯公司案。Benson v. Eleven-Twenty St. Charles Co., 422 S. W. 2d 297 (Mo. 1967). 德斯金斯诉劳伦斯郡博览发展会案。Deskins v. Lawrence County Fair & Dev. Corp., 321 S. W. 2d 408 (Ky. Ct. App. 1959). 汉普顿诉三州金融公司案。Hampton v. Tri-State Fin. Corp., 495 P. 2d 566, 569 (Col. Ct. App. 1972). 格罗夫斯诉罗斯蒙特改善协会案。Groves v. Rosemound Improvement Ass'n, 413 So. 2d 925 (La Ct. App. 1982), cert. denied, 420 So. 2d 443 (La. 1982).
⑤ 亨利·巴特勒、拉里·里布斯坦：《公司与宪法》。Henry N. Butler & Larry F Ribstein, The Corporation and The Constitution 21 (1994).

但在关注表决权信托与投资银行的研究者与政府官员的影响下,①大量公众对无表决权股份或限制性表决权股份的发行几乎没有任何包容性。② 正是在此背景下,1925 年道奇兄弟公司(Dodge Brothers Inc.)尝试发行无表决权普通股的行为③遭到了纽约证券交易所④的首次反对。当纽交所宣布将在未来的上市申请中慎重考虑表决权控制的问题后,⑤ 与此同时,有三家委员会也很快作出了类似态度的表态,它们分别是专属于投资银行协会之下的工业证券委员会、专属于交通章程制定的美国州际商业委员会、专属于新泽西州下辖的公用事业委员会等组织类型。⑥ 尽管如此,公司采用差异化表决权安排的现象却有增无减,有数据显示,在 1927 年至 1932 年之间,发行无表决权股份与发行限制表决权股份的公

---

① 例如,政治经济学教授威廉·Z.里普利(William Z. Ripley)是平等投票权的最突出支持者,他撰写了许多旨在阻止剥夺股东权利交易的文章和演讲。将股东表决权等同于创始人为政治政府建立的表决制度,他的意见最终引起了包括柯立芝总统在内的联邦官员的注意。道格拉斯·阿什顿:《重新审视双类股票》。Douglas C. Ashton, Revisiting Dual-Class Stock, 68 St. John's L. Rev. 863, 892 (1994).
② 路易斯·洛文斯丹:《股东投票权,对〈证券法〉第19c 4 条和占松教授的回应》。Louis Lowenstein, Shareholder Voting Rights: A Response to SEC Rule 19c-4 and to Professor Gilson, 89 Colum. L. Rev. 982 (1989).
③ 道奇兄弟公司为筹集约 13000 万美元的资金,向公众投资者发行了债券、优先股和 15000 万股无表决权 A 类普通股,而投资银行狄龙瑞德公司却以不到 225 万美元的时价持有 250001 股有表决权的 B 类股票并取得了道奇兄弟公司的控股地位。朱慈蕴、[日]神作裕之、谢段磊:《差异化表决制度的引入与控制权约束机制的创新——以中日差异化表决权实践为视角》,载《清华法学》2019 年第 2 期,第 7 页。
④ 以下简称纽交所,New York Stock Exchange, NYSE.
⑤ 乔尔·塞利格曼:《股东投票权的平等保护:一股一票的争议》。Joel Seligman, Equal Protection in Shareholder Voting Rights: The One Common Share, One Vote Controversy, 33 Geo. Wash. L. Rev. 687, 721-24 (1986).
⑥ 在 1926 年 4 月和 5 月,州际商务委员会和新泽西州公用事业委员会担地批准包括无表决权普通股在内的股票发行。同时,投资银行协会兴业证券委员会决定不鼓励会员使用无表决权的普通股。

司合计有288家之多。① 这个数字几乎等于1919年至1926年之间发行限制表决权股份与无表决权股份的数量总和。② 随着时间的推移，纽交所在1940年进一步阐明了其反对无表决权股份发行的政策。③ 至此，差异化表决权在纽交所被禁止的历史持续40年。④

虽然纽交所原则上禁止同股不同权的公司上市，但也有特例的存在，例如，1956年纽交所允许福特汽车公司上市，尽管福特家族仅持有5.1%的B类普通股股权，但掌握公司40%的表决权。⑤ 为什么纽交所会对自己制定的政策进行妥协呢？可能的原因在于福特汽车公司占有较大量级规模与较强的市场影响力。纵览在美国较具影响力的证券交易所：全国证券业协会行情自动传报系统⑥与美国证券交易所⑦，当然也包括突出的纽约证券交易所，这三家证券交易所都颇具影响力。美交所虽然原则上禁止发行无表决权的普通股，但截至1976年4月，有37家拥有多种类别普通股的公司在美国证券交易所上市。原因在于，美交所会依

---

① 斯蒂芬·班布里奇：《美国证券交易委员会第19c-4条规则的短暂生命与复活》。Stephen M. Bainbridge, The Short Life and Resurrection of SEC Rule 19c-4, 69 Wash. U. L. Q. 570, 589 (1991).
② 道格拉斯·阿什顿：《重新审视双类股票》。Douglas C. Ashton, Revisiting Dual-Class Stock, 68 St. John's L. Rev. 863, 892 (1994).
③ 卢遥：《双层股权结构制度研究》，武汉大学2021年博士学位论文，第38页。
④ 纽约证券交易所上市公司手册。NYSE Listed Company Manual, s 313.00 (A), (C) (1985).
⑤ 利文斯顿：《美国股东》。J. LIVINGSTON, THE AMERICAN STOCKHOLDER 186-87 (1958).
⑥ 以下简称纳斯达克，National Association of Securities Dealers Automated Quotations, NASDAQ。
⑦ 以下简称美交所，American Stock Exchange, AMEX, 2009年1月16日，纽约证券交易所集团并购了美国证券交易所。

据个别情况批准一些公司上市，最为典型的是王氏劳务公司。1976年，王氏劳务公司（Wang Laboratory Inc.）尝试采用差异化表决权安排先后于纽交所及美交所申请上市，纽交所因坚持禁止原则予以明确拒绝，而美交所却批准了王氏劳务公司的上市申请，但要求王氏劳务公司必须遵守以下规则：采用差异化表决权安排的股份最大表决比例不得超过10∶1；持有低表决权股份的公司股东有权选举1/4以上的公司董事；禁止无表决权股份由公司发行，以上限制性内容便是著名的"王氏规则"的由来历程。① 王氏劳务公司在美交所上市之后，截至1985年8月15日，在美交所上市的22家公司使用了"王氏规则"。此外，在1976年4月之前拥有不成比例表决权的37家美交所上市公司中，有7家已采用"王氏规则"。另外一家证券交易所——纳斯达克并没有一股一权的强制性规定。

到20世纪80年代，证券市场中敌意收购的活动日趋频繁，

---

① 该政策声明规定：两级不成比例的表决规范建立，尽管美国证券交易所的规则禁止无表决权的普通股发行上市，但可以接受一家公司提出的具有不平等表决权的两类普通股的上市申请。属于这一类的公司包括 Wang Laboratories, Inc.、Telephone and Data Systems, Inc.、Knoll International, Inc. 和 Blount, Inc。除了基本的上市标准外，考虑在美国证券交易所上市的公司已经或正在创建新的有限表决权普通股的发行应考虑以下美国证券交易所政策：(a) 普通股的有限表决等级必须有能力——作为一个等级表决——选举不少于25%的董事会成员。(b) 在选举董事以外的所有事项上，支持"超级"表决类别的表决比例不得超过10∶1。(c) 不得增设任何会以任何方式削弱授予有限表决类别持有人的表决权的额外股票（无论是指发为普通股还是优先股）。例如，如果一家上市公司创建了"空白支票"表决优先权，则该发行将不允许以有限表决类别进行表决，因为这样做会削弱有限表决发行的权利。相反，首先将对"超级"表决问题进行投票。(d) 如果"超级"类别的股份数量低于总市值的某个百分比，美交所一般会要求"超级"类别失去其某些属性。(e) 虽然没有特别要求，但强烈建议为有限表决问题设立股息优先权。这些政策也适用于之前上市的 AMEX 公司，这些公司正在考虑进行资本重组以创建两类表决权不同的普通股。See Joel Seligman, Equal Protection in Shareholder Voting Rights: The One Common Share, One Vote Controversy, 54 The George Washington Law Review, 687-724 (1985).

作为功能显著的收购防御措施——差异化表决权,受到了越来越多公司的青睐与采用。在这一时期,由于纳斯达克与美交所都对公司采用差异化表决权安排持有十分宽容的态度,所以,大量有差异化表决权需求的公司纷纷被吸引于这两大证券交易所上市。基于对待差异化表决权公司的不同态度,导致纽交所与美交所、纳斯达克在交易市值与公司数量上有新的走向区别,许多采用差异化表决权安排的公司纷纷离开纽交所,而选择在另外两大证券交易所上市。从统计数据上来看,1986年有785家公司在美交所上市,其中有60家公司采用差异化表决权安排(约占7.6%),同年在纳斯达克上市的4074家公司中,采用差异化表决权安排的公司数量为110家(约占2.7%),1985年采用差异化表决权安排在纽交所上市的公司仅有10家。[1] 与之相对,在坚守40年一股一权原则的背景之下,通用汽车事件却一度刺激到纽交所固守一股一权原则的神经。1984年一家电子数据系统公司被通用汽车公司(GM)收购,在已经上市的情形下增发了限制表决权股份,这给纽交所的政策带来了明确的挑战,[2] 如果只是一家小型的公司在纽交所采用差异化表决权安排,纽交所的上市规则就可以对其进行强力管制,但通用汽车公司的特殊地位以及威胁到美交所或纳斯达克上市的意愿,最终使得纽交所没有按照上市规则的要求对通用汽车公司进行摘牌,而是作出了妥协与退让。就在此时,纽交所已在考虑是否放弃其坚守40年之久的一股一权原则。

---

[1] 王灏文:《美国类别股法律制度探源:背景、进程及内在逻辑》,载《证券法苑》2018年第25卷,第87页。

[2] 道格拉斯·阿什顿:《重新审视双类股票》,Douglas C. Ashton, Revisiting Dual Class Stock, 68 St. John's L. Rev. 863, 895 (1994).

1986年7月,纽交所开始允许采用差异化表决权安排的公司上市,前提是这种表决权分级化的证券交易要经过绝对比例的独立董事与绝大多数的公众股东的同意。上市公司手册之于纽交所在1986年9月被正式修订,差异化表决权的地位在纽交所得以确立。纽交所对此调整给出了三大理由:与美交所、纳斯达克竞争的需要;满足公司防御敌意收购浪潮的需要;股东保护能力加强(信息披露制度的优化),公司可以选择更为灵活的融资路径。[1]对于纽交所的这种变革,引发了美国证券交易委员会(SEC)对"朝底竞争"趋势的关注。易言之,三家证券交易所关于股东表决权的规则存在差异性规定,各证券交易所为了吸引更多公司的青睐,都对自身的上市标准进行了不同程度的降低。对于这三家证券交易所差异化的股东表决权规则,美国参议院曾经出面督促这三家证券交易所进行充分的磋商与沟通,争取形成一个统一适用的上市标准,但最终结果并不理想。所以,十分著名的19c-4的规则在1988年7月由美国证券交易委员会正式公布,[2] "核心

---

[1] 王灏文:《美国类别股法律制度探源:背景、进程及内在逻辑》,载《证券法苑》2018年第25卷,第88—89页。

[2] 19c-4规则的主要内容为:1.禁止已上市的公司采用以下方式稀释当前股东的表决权:(1)表决权封顶计划,即对拥有股票超过某一数额的股东的表决权进行限制,如对拥有超过10%股份股东的表决权进行限制;(2)为行使表决权确定时间条件,即限制持股时间未达到某一标准的股东的表决权,如三年;(3)发出要约,用发行的新股来交换已发行的股份,无论新发行的股份是高表决权股还是低表决权股;(4)只有在发行的新股是高表决权股份时,才对股票分红进行限制。2.已登记的公开发行,包括首次公开发行(IPO),无论发行同等表决权的股份还是低表决权的股份都不受本条约束。3.因善意的合并或收购而发行的任何同等表决权或低表决权股份,不受本条约束。4.某些事务的处理,尤其是对低表决权股份可支付分红的处理不在本条禁止或豁免之列。本委员会将其决定权的名自治组织,这些组织当前仍无意采取严格立场。道格拉斯·阿什顿:《重新审视双类股票》。Douglas C. Ashton, Revisiting Dual-Class Stock, 68 St. John's L. Rev. 863, 894 (1994).

主旨是禁止已在交易所上市的公司以资本重组的理由采用差异化表决权安排,即完全禁止事后差异化表决权的出现"。[1] 对此规则的出台进行激烈反对的有商业圆桌会议[2],它们的行动是果断与及时的。因为在该规则出台的第二年,取缔规则的起诉书便呈现在哥伦比亚特区上诉法院面前,这一起诉行为的效应是巨大的,请求法院作出认定19c-4规则无效的判决是起诉书的核心内容。商业圆桌会议的诉讼理由是美国证券交易法第14(a)条规定。[3] 因此,作出影响公司股东表决权的规则应当是由公司内部进行意思自由的表示,而不是由美国证券交易委员会对此指手画脚。所以,哥伦比亚特区上诉法院在1990年6月12日,针对美国证券交易委员出台规则的行为进行了越权效力宣布,并同时将19c-4规则判决撤销。故而,美国的各大证券交易所与各州政府手中又重新取得了确定公司上市标准的权力。[4] 目前,一股一权原则已经以默示条款的形式根植于美国各州的公司法之中,当然另有规定的权利一直专属于公司章程享有,并不能够进行剥夺。美国《标准公司法》中便提到了所有不同的类别股都属于公司发行的范畴,章程

---

[1] 王灏文:《美国类别股法律制度探源:背景、进程及内在逻辑》,载《证券法苑》2018年第25卷,第89页。

[2] 商业圆桌会议成立于1972年,是由三个机构合并而来,即著名公司首席执行官组成的March小组、建筑业用户反通胀圆桌会议以及劳动法研究委员会。现在,商业圆桌会议已经是美国首席执行官联合会的执行机构,其成员企业的雇员总数超过1000万人,收益超过3万亿元。商业圆桌会议致力于倡导先进的公共政策,推动经济增长,在公司治理方面具有较大影响力。转引自陈工孟、支晓强、周清杰:《公司治理概论》,清华大学出版社2003年版,第69页。

[3] 联邦法律主要负有程序性、反欺诈条款的制定以及信息公开的义务,而公司治理具体规则的制定是由州公司法负责。

[4] 高菲:《新经济公司双层股权结构法律制度研究》,法律出版社2019年版,第71页。

可以对此进行完全约定,具有充分的任意性。虽然 19c-4 规则被哥伦比亚特区上诉法院撤销,但纽交所在 19c-4 规则被撤销之前就已然批准了该条款。美交所仍然遵循前文所提及的"王氏规则",但在 2009 年纽交所并购了美交所,至此,纽交所和纳斯达克成为美国证券市场的主要交易所,而且两者关于表决权的规则完全相同。① 差异化表决权在美国的演进历程是较为曲折的,整个过程充满反复与纠葛,详尽之探讨便于后文规律性总结的呈现。

（二）"允许—限制—完全禁止"的脉络变迁:以德国为例

差异化表决权的适用在德国的演进经历了一波三折的阶段,呈现出"允许—限制—完全禁止"的发展外观。德国在 20 世纪初允许采用差异化表决权安排的公司上市,最为特殊的是,德国并没有限制表决权型类别股每一股份附着的表决权的数量。所以,德国出现了大量公司滥用差异化表决权安排的情形,在 20 世纪 20 年代大规模发生,例如,每一股份中包含 5000 个表决权甚至 10000 个表决权的情形普遍存在,中小股东的利益在此种情形下受到了极大的不利影响。② 在此背景下,1937 年德国国会规定采用差异化表决权安排的公司必须满足两个条件:一是基于公

---

① 根据纽交所上市公司手册 330.00 款和纳斯达克上市规则 5460 款有关表决权的规定,"公司不能通过任何行动或发行来减少或限制已公开交易的普通股股东的表决权。(交易所)意识到资本市场和企业面临的环境和需求随着时间在不断改变,因此会考虑这些行动或发行的经济后果和被赋予的表决权。……对超级表决权股票发行的限制主要适用于新股,如果公司已经存在双层股权结构,将一般被允许增发已经存在的超级表决权类股票。"参见蒋小敏:《美国双层股权结构:发展与争论》,载《证券市场导报》2015 年第 9 期,第 72 页。

② 安邦坤:《审慎推动双重股权结构公司上市》,载《中国金融》2018 年第 8 期,第 36 页。

共利益的需要设置，二是必须经过公司所在州一级的最高行政机构的特殊批准。① 如此表明采用差异化表决权安排公司的范围会受到一定限制。1998 年，《有关加强企业控制和透明度法》在德国正式颁布，明确禁止差异化表决权的适用。除非在 2003 年 6 月 1 日之前已经采用差异化表决权安排的公司成功召开股东大会，同时允许差异化表决权结构继续存在的决议应当以 3/4 以上的绝对多数表决通过，否则会导致原先已经存在的差异化表决权立即失效。此外，德国公众公司在任何情况下都不能适用差异化表决权的架构安排在《德国股份公司法》的第 12（2）条中明确规定。随后 2009 年的《德国公司治理准则》也将同股同权原则作为上市公司坚持的准则之一。至此，在德国，差异化表决权的大门暂时被关闭。

（三）"禁止—允许"的脉络变迁：以新加坡为例

新加坡自 1965 年独立建国之后便积极推进成为亚太地区重要金融中心的步伐。在新加坡交易所上市公司的构成特征表现为典型的外部性，依据新加坡交易所②提供的数据，有高达 35% 的上市公司为非新加坡公司，而这些在新交所上市的海外公司中，40% 左右的公司来自中国内地，14% 的公司来自中国香港地区，来自中国内地和中国香港地区的公司占新交所市场总值的 20% 以上，一些主要业务在东南亚开展的公司也将新交所视为最佳的上市地点，例如全球最大的粮油食品集团丰益国际、泰国最大的饮料公司泰国酿

---

① 傅穹、杨金慧：《不同投票权制度：争议中的胜出者》，载《证券法苑》2018 年第 26 卷，第 252 页。

② 以下简称新交所，Singapore Exchange，SGX。

酒等。① 近年来,随着中国、印度、韩国等亚洲新兴资本市场的崛起,新加坡作为金融中心的地位正在受到严峻的挑战,同时,作为传统国际金融中心的中国香港地区、伦敦、纽约在融资额与交易额方面仍保持强势增长的趋势。面对不同交易所之间的激烈竞争,新加坡将保持新交所市场对海外公司的吸引力作为重要目标。

新加坡作为英国长期的殖民地存在,其公司法基本因循英国公司法的规则。依据新加坡《公司法》(Companies Act)第 64 条第 1 款的规定,公众公司(Public Company)发行的每一股份只包含一份表决权,报业公司作为例外情形允许发行同股不同权的股票,以保证其作为媒体的中立性与客观性。② 可见,一股一权原则是公众公司股东行使表决权强制性规定。2012 年采用差异化表决权安排的英国曼彻斯特联队尝试在新交所上市,但受限于新加坡《公司法》的规定,曼彻斯特联队最终选择在纽交所上市。这一事件成为推进新加坡《公司法》修改的导火索,借此契机,关于新加坡《公司法》的修正案在 2014 年 11 月正式通过,差异化表决权成为上市公司的可选项,2016 年正式生效。新交所在《公司法》修正案生效之后,针对差异化表决权发出征询意见书,并在次年再次提出修正上市规则的征询意见书。正式出台并立即生效了采用差异化表决权安排的上市规则修正案是在 2018 年 6 月出台的。由此可见,新加坡交易所对差异化表决权采取的态度是较为谨慎的。

---

① 高菲:《新经济公司双层股权结构法律制度研究》,法律出版社 2019 年版,第 82—83 页。
② 张巍:《双重股权架构的域外经验与中国应对》,载《财经法学》2020 年第 1 期,第 80 页。

三、差异化表决权域外探索的规律性透视

立足于差异化表决权域外发展的整体情况,并结合差异化表决权在不同典型国家的演进脉络,力图将域外在立法层面与上市监管层面对差异化表决权的态度变化进行规律性总结。

(一) 演进内因:自由竞争理念的促进

无论哪一国家(地区)对差异化表决权进行立法回应或上市监管回应,都是自由竞争理念推进的产物。自由竞争理念是差异化表决权在全球范围内的演进内因,依循个人自由竞争理念而存在是公司这般集合性实体合法性的证成。[1] 自由竞争理念引导下的公司自治是公司法的核心价值理念,[2] 差异化表决权本质上属于公司自治的结果。从表象上来看,差异化表决权对表决权进行特殊安排满足股东异质化的现实需要,符合股东偏好理论的基本观点,但究其本源,如无公司法赋予章程的优先效力,差异化表决权便不会成为股东意思合意的结果。所以对于封闭性公司而言,公司章程可以任意安排差异化表决权的具体规则,只需满足不同股东之间意思合意的要求即可,公司法的任意性规范便是自由竞争理念生成的产物。封闭性公司采用差异化表决权安排并不会对公众投资者造成不利影响,所以各国(地区)公司法以及上

---

[1] 蒋大兴:《公司法改革的文化拘束》,载《中国法学》2021年第2期,第99页。

[2] 王小波:《公司章程"另有规定"条款的司法审查路径》,载《江汉法学》2019年第9期,第180页。

市规则都不会对封闭性公司采用差异化表决权安排进行干预。即便是采用差异化表决权安排的公众公司也是由封闭公司逐渐演变而来的。概言之,无论各国(地区)公司法以及上市规则如何对待差异化表决权,自由竞争理念引导下的公司自治是差异化表决权的产生本源,股东异质化的具象表现都是自由竞争理念延伸的结果。

此外,从美国对待股权结构态度的漫长历程来看,同股同权抑或是同股不同权都不应是稳定不变的结构,根据本地股权结构发展的现实需要去调适规则的适当性实为主要考虑的因素,而股权结构调整的动因来源于经济发展的促进作用。市场经济的活力源于自由竞争的理念,易言之,自由竞争理念最终将导致股权结构的调整。早期,美国公司实践的是一人一票的表决权规则,但这种表决权规则的安排难以吸引具有更强资金实力的股东进入公司,所付出的资本与所获得的话语权并不匹配。然后一人一票的表决权规则便被一股一票的表决权规则取代,满足了公司融资的需要,进而一些创始人想在保有控制权的前提下实现融资的目的,差异化表决权应运而生,同股不同权的股权结构自然出现。所以无论是同股同权还是同股不同权都基于满足当时股权结构变化的需求,背后的推手便是自由竞争理念。从整体主义视角而言,一股一权、同股同权并非强制性规范,立法允许公司章程对股东表决权的行使作出例外性规定,股份表决权的具体行使都是股东意思自治的事项。虽然现今同股不同权的差异化表决权成为多数国家(地区)的选择,但之后是否会重新确立一股一权的原则主要有赖于经济发展的情形而定。

（二）演进外因：证券市场竞争的加剧

如果说自由竞争理念是促进差异化表决权法定化与规范化的内部原因，那证券市场竞争的加剧则是对差异化表决权进行立法回应或上市监管回应的外部原因。纽交所一直以来固守一股一权与股份平等的原则，反对采用差异化表决权安排的公司上市，但是在1956年的福特汽车公司事件、1976年的王氏劳务公司事件、1984年的通用汽车公司事件冲击下，纽交所对待差异化表决权的态度出现了动摇，更为重要的是美交所和纳斯达克接受差异化表决权的立场促进了其市值的增长，一减一增之间纽交所的竞争力出现了下滑的现象。可见证券市场竞争的加剧是纽交所修订上市规则的直接原因，美国差异化表决权法定化与规范化之路的复兴是以纽交所接受差异化表决安排为标志。这是因为在新经济公司崛起的背景下，传统融资平台的条件应当发生变化。新经济公司相较传统公司而言，在初创时期具有更为旺盛的资金需求，所以新经济公司在早期参与市场竞争的阶段需要不断的资金投入，持续性的对外融资成为客观需求。纽交所上市的门槛比较高，一些科技创新型新经济公司虽然发展势头良好，但大多在发展初期是难以实现盈利的，也难以达到纽交所要求的上市门槛。在"朝底竞争"的态势下，纽交所也不得不为了迎合新经济公司发展的需要，进行同股同权规则的调整。这一现象在30年后继续重现，京东、腾讯、阿里巴巴等新经济公司在海外市场的上市也预示着我国A股市场发生变革的必要性。所以在2019年3月1日，上海证券交易所颁布了《科创板上市规则》，为我国新经济公司的发展与证券市场竞争力的提升注入了动力。

(三) 演进制约：管制主义理念的影响

管制理念的贯穿基点是适应整个证券交易市场的有序发展与现行法律制度的逐渐完善，管制不是目的，只是服务于发展的手段。差异化表决权的生成，一方面引发了非特别表决权股东对自身表决权事实削弱后投资权益受损的担忧，另一方面也引起了来自上市监管者的警觉。警觉体现在两方面，一是现有公司制度与上市规则基本遵循一股一权的架构安排，差异化表决权中反映的股权结构是否会彻底颠覆公司制度与上市规则运行的基础；二是受证券市场治理水平与市场体制创新能力的影响，差异化表决权是否会诱致新一轮的市场投机行为，使投资者的利益遭到侵蚀。基于对投资者利益保护的担忧，无论在世界各国（地区）的立法者或上市监管者对于差异化表决权的适用都持有审慎的态度，管制主义理念便是在这一背景下影响着差异化表决权的立法回应或上市监管回应。值得注意的是，在立法层面（立法机关）、上市监管层面（主要是证监会）、交易所层面对待差异化表决权的态度都有管制因子的体现，但是相较而言，一般情况下，各地的证券交易所出台的规范中包含的管制内容较少，证券交易所对采用差异化表决权安排公司的监管尺度是最为宽松的，这可能与其灵敏、快速的市场反应能力有关。毕竟管制不是目的，发展才是证券市场的归宿，如何在保持最低限度管制要素的前提下提升证券市场的投融资能力尤为关键。立法层面（立法机关）与上市监管层面（主要是证监会）虽然会关注证券交易所发展的需求，但是从维护多层次资本市场体系稳定与法律制度效果的体现来看，保守主义的立场选择更为适当,比较证券交易所对待差异化表决权较为鲜明的态度而言无疑是徘徊与谨慎的。

　　管制主义与自由竞争的博弈态势最终会呈现在各国(地区)对待差异化表决权的态度之上。各地的交易所在自由竞争理念与现实竞争需要的共同影响下,逐渐放弃了管制主义的固守,纽交所坚守一股一权长达40年而后放弃正是这种体现。如上所述,管制理念不应是静态的,而应是动态的,管制理念指导下的法律制度设计与监管体系安排应是差异化表决权利弊衡量后的选择。一来,证券交易所意识到差异化表决权能够为自身以及投融资双方带来切实利益,并非一味损害投资者权益的工具;二来,立法机关与证券监管者也意识到差异化表决权对于现有的法律制度与监管体系的冲击是可控的。差异化表决权演进背后所体现的自由竞争与管制主义的博弈,发展与管制不能简单界定为博弈的竞争关系,并非零和博弈或此消彼长的关系,深度融合不可避免,正如良好的发展秩序离不开管制,如果没有发展,管制也就无从谈起。应基于差异化表决权现实应用实景的考察与反思,从而保证相对稳定与均衡的规则效果体现。故而,强管制主义的软化程度可能无法与差异化表决权在自由竞争层面的表现相适应,基于自由竞争应用的反思,以适度调控为核心的软管制主义无疑能够在增强非特别表决权股东话语声量的同时限制特别表决权股东私利的膨胀,例如完善非特别表决权股东的诉讼救济程序与明确特别表决权股东的信义义务规则。以此保障证券市场秩序的稳定,有效降低投资者利益受损与不当投机行为发生的风险。

（四）演进趋势：渐进式发展的总体走向

新经济公司的兴起是建立在移动互联网浪潮的基础之上，差异化表决权在各国（地区）被立法层与监管层渐次接纳也有新经济公司倒推的因素存在。新经济公司良好的发展势头会推进差异化表决权在各国（地区）进一步深化发展，这正是新一轮科技技术革命与实体经济深度融合发展战略落地的结果。从历史纵向的脉络发展来看，全球正处在计算机与网络技术引发的第五次工业革命阶段，新经济公司的主导地位会进一步加强，差异化表决结构的演进趋势在此背景下进行，在全球持续的发展应是大势所趋。此外，逆全球化现象开始出现，[①] 这将进一步加剧全球各国（地区）证券交易所竞争的内卷化[②]程度。在总体发展的趋势下，各国（地区）的立法层与监管层接纳差异化表决权应遵循渐进性的步骤，不可采取缺乏考察、分析等论证过程。原因有三方面：其一，现今接纳差异化表决权的国家（地区）基本上是借鉴其他较为成熟规范差异化表决权的国家（地区），法律借鉴的过程必然涉及普遍性与本土化客观张力的存在，每一个国家（地区）在文化渊源、政治结构、法律传统等方面都存在差异，任何制度在借鉴的过程中可能都会经历本土化的阵痛期，如能采取相对谨慎、保守的态度推进域外规则的落地，将会降低规则本土化过程中异化的风险，增强制度借鉴共通性融合的效果表现。例如，我

---

① 廖体忠：《全球化与国际税收改革》，载《国际税收》2021年第8期，第5页。
② 内卷化是指系统在外部扩张受到严格限定的条件下，内部不断精细化和复杂化的过程。韩志明：《小心翼翼的行动者：社区治理的内卷化叙事——以S市Y区"睦邻门"案例为例》，载《中国行政管理》2020年第12期，第71页。

国的交易所不是营利性上市企业,而是会员制交易所,应更多考虑交易所作为交易平台的治理属性,尽量减少差异化表决权的负外部性。① 其二,许多国家(地区)都存在多层次资本市场体系,差异化表决权的推行并不会局限于交易所市场,还会进一步延伸至其他板块的资本市场之中,不同层级的资本市场在内部环境与具体构成上也有较大的区别,这也决定了差异化表决权在各国(地区)内部多层次资本市场中的推行应采取循序渐进的步骤。其三,在新兴市场之中,差异化表决权大多只针对新经济公司,并未放开差异化表决权的适用对象,但在美国等国家(地区),差异化表决权已然适用于各种类型的公司,并无绝对限制,可见未来差异化表决权适用范围将呈现出逐步扩张之势,更为充分地提升资本市场的竞争力,但从新经济公司扩展到所有公司类型也会是渐进发展的节奏。

第二节 差异化表决权域外法律规制的模式比较

2019 年 3 月 1 日,《科创板上市规则》颁布并于同日生效,这标志着差异化表决权在我国正式落地。总体而言,我国公司治理中积累的差异化表决权的适用经验是较为缺乏的,在探寻我国安排差异化表决权的路径之时可从域外已形成的法律规制的模式入手,进行类型化审视与比较。"据统计数据显示,全球资本市场最为发达的 46 个国家(地区)中有 30 个国家(地区)允许采

---

① 卢遥、汉铮、华生:《双层股权结构的制度变迁与启示——基于文献的历史演进梳理及分析》,载《经济体制改革》2020 年第 5 期,第 134 页。

用差异化表决权安排的公司上市。"① 综合域外国家（地区）在立法层面（立法机关）、上市监管层面（主要是证监会）、交易所层面规范差异化表决权的不同进路，可以将世界范围内关于差异化表决权的立法模式归纳为：国家进行差异化表决权主导的模式、交易所进行差异化表决权主导的模式、公司章程进行差异化表决权主导的模式三种类型。

一、国家立法主导之下的差异化表决权

国家主导之下差异化表决权的立法生成主要是指通过国家立法的方式为差异化表决权提供法律上的合法性依据。新加坡与日本是国家主导模式的典型代表。2007 年，新加坡《公司法》的修改工作是新加坡财政部（Ministry of Finance）委任的公司法修改指导委员会（Company Act Review Steering Committee）进行的。2011 年 4 月 29 日，公司法修改指导委员会发布了《公司法修改报告》（Report of the Steering Committee to Review the Company Act），报告主张，应当允许公众公司采用差异化表决权安排，发行超额表决权股份或无表决权股份，只需设置相应的规则保障措施，② 一股一权的规定应当废止。2011 年 6 月 20 日，新加坡会计与企业发展

---

① 黄海燕：《特别表决权机制的推进及规范路径》，载《西南金融》2020 年第 3 期，第 5 页。
② 这些保障措施包括：（1）当发行不同表决权股份（特别是超额表决权股份）时，必须得到更高比例的股东同意，例如经过特别决议，而非普通决议，此处的股东大会特别决议的通过比例为 75%；（2）持有无表决权股份的股东在公司破产决议或有关无表决权股的权利变动决议中拥有与普通股相同的表决权；（3）当存在超过一种类别的股份时，股东大会决议须附带关于每一类别股份享有的表决权的说明。

局和新加坡财政部对《公司法》的修改草案展开了公众咨询，2012年英国曼彻斯特联队尝试采用差异化表决权安排在新交所上市最终以失败告终进一步推动了《公司法》的修改。① 经过两轮公开咨询，新加坡财政部于2014年9月完成《公司法》修正草案，并提交议会表决。2014年10月8日，《公司法》修正案正式经过新加坡国会的审议通过。其中第64A条规定，允许公众公司发行不同类别的股份，超额表决权股份与无表决权股份均在允许之列。另外，修正后的《公司法》还明确规定封闭性公司发行不同表决权股份只需在公司章程中约定即可，不受《公司法》关于公众公司发行限制或附条件表决权股份的约束。② 而后2018年6月26日，在经过两轮公开咨询后，新交所宣布同意符合条件的公司采用差异化表决权安排，有限制地允许差异化表决权的应用。③ 由此可见，新加坡《公司法》的调整直接影响到新交所上市规则的修改，正是在新加坡《公司法》原则性变动的前提下，新交所上市规则的修改才有具体的实施空间。

考虑到差异化表决权下表决权与收益权的分离会提升公司整

---

① 2011年英格兰足球超级联赛中著名的曼彻斯特联队足球俱乐部计划在中国香港地区上市。控制股东格雷泽家族为确保继续对球队保持绝对控制权，要求采用差异化表决权安排发行股票，公众股东持有A类股，格雷泽家族持有B类股，B类股享有10倍于A类股的表决权。港交所为了保障投资者的利益，拒绝了AB股的差异化表决机制安排。于是，曼联队将目光投向港交所的竞争对手——新交所。虽然新交所曾考虑为曼联队做出豁免与例外性的安排，但始终受到《公司法》一股一权原则的掣肘，最终拒绝了曼联队的上市申请。随后，2012年9月曼联在美国纳斯达克正式上市。参见高菲：《新经济公司双层股权结构法律制度研究》，法律出版社2019年版，第86页。

② 高菲：《新经济公司双层股权结构法律制度研究》，法律出版社2019年版，第87页。

③ 李燕、李理：《公司治理之下的双层股权结构：正当性基础与本土化实施路径》，载《河北法学》2021年第4期，第88—89页。

体利益的道德风险与特别表决权股东谋取私人利益可能性。[1] 日本《公司法》并未允许股份公司采用差异化表决权安排,但在实践中,一些日本公司却在不断尝试。所以日本2006年《公司法》第108条第1款中以授权的方式允许股份公司就9种法定事项发行内容各异的类别股份,这9类事项与股东的切身利益密切相关,包括股东大会决议内容、剩余财产分配、盈余金分配等方面。但将发行不同表决权股份的事项排除在外。日本《公司法》第188条、第189条[2]的单元股制度设置是配合类别股公司而形成的。故而只需将单元股份每一单元的股份数加以变化,即可产生复数表决权的法律效果。同时,日本《公司法》也包含可能给持有类别股份的股东造成损害的特殊程序安排。[3]日本《公司法》以类别股与单元股的架构安排变相实现了差异化表决权的效果。但列举式的立法技术难以满足公司实践中对差异化表决权的多元需要。[4] 在日本《公司法》修改的背景下,2006年东京证券交易所成立了上市制度改进咨询小组,开始着手讨论发行多种表决权股份的可能性,2007年4月,依据表决权分类的股票上市要求和不允许发行此类

---

[1] 樊纪伟:《日本复数表决权股份制度及发行公司上市规制——兼谈对我国种类股制度的启示》,载《证券市场导报》2017年第4期,第71页。

[2] 日本《公司法》第188条设置了单元股制度,发行上述类别股份的公司,可在章程中规定以一定数的股份作为股东在股东大会或者种类股东大会上可行使一个表决权的一单元股份。第189条明确,持有未满单元股份数的股东,就其所持有的单元未满股份不得在股东大会及种类股东大会上行使表决权。

[3] 日本《公司法》第321条强制规定了13种可能给持有类别股份的股东造成损害时,必须通过由该持有类别股份的股东所组成的种类股东大会的决议,才能发生法律效力。

[4] 李艳欣:《我国股份公司差异化表决权法律制度研究》,上海师范大学2021年硕士学位论文,第17—18页。

股票的情况，上市制度改进咨询小组发布了"上市制度综合改进进程2007"。随后在2008年1月，东京证券交易所公布了表决权类别股上市制度报告书，并在同年7月修订了上市规则，正式确立股份公司发行表决权类别股的上市规则。由此可见，日本差异化表决权的立法生成也是沿循国家立法之下交易所规则的调整路径而来。

二、交易所主导之下的差异化表决权

交易所主导的模式意味着差异化表决权的规范与实践主要是由证券交易所负责制定与实施。美国作为全球最大的资本市场与差异化表决权的起源地，是交易所主导模式的典型代表。笔者认为交易所主导模式的最大特点在于其宽松性。一方面在于，立法机关、上市监管机关与证券交易所三方主体所构筑的整体环境都是较为宽松的状态。例如关于差异化表决权无论是美国《标准公司法》以及各州公司法、美国证券交易委员会19c-4规则还是各证券交易所的规定都体现出了较强的包容性。另一方面在于，交易所主导的模式表明证券交易所享有的地位与作用的发挥十分重要。例如美国各大证券交易所在关于规范差异化表决权的内容设计上无疑坚守着底线型思维，可能的原因在于纽交所、美交所、纳斯达克三大交易市场内部为了争取更多的上市公司资源体现出的"朝底竞争"倾向。全球证券市场的竞争压力本就严峻，但美国国内的三大证券交易所进一步加剧了这一趋势，1988年以前三大交易所对待差异化表决权不同的态度反应便是证明。最终的结果是持有反对态度的纽交所在失去大量公司上市的情形下放弃坚守，进而在接受美国证券交易委员会19c-4规则的基础上，出台了近乎趋同的上市规则，而这些规定基本上是以 SEC 的规则为基准的，允许公司在首次公开发行之前设置差异化表决权是该规则的核心。但已经在证券交易所公开发行股票的上市公司不能采取任何形式去限制或剥夺已有股东的表决权。三大证券交易所底线型思维还受到美国证券市场长期以来自由主义与最少干预立场的影响。

此外，中国香港地区也是交易所主导模式的代表，中国香港地区的《公司条例》允许在港注册成立的公司，可在章程中对发行不同表决权类别股进行约定，所以从立法层面的规范来看，中国香港地区承认差异化表决权的合法性。港交所[1]在 1987 年的上市规则中也没有关于差异化表决权的强制性禁止表达，但因为 1987 年采用差异化表决权安排的公司准备在港上市引发了市场震荡，[2] 故而在 1989 年港交所正式修改了主板上市规则，禁止公司采用差异化表决权安排。肇始于 2013 年阿里巴巴赴港上市被拒，关于是否应恢复同股不同权的架构讨论在中国香港地区引起热议，2014 年和 2017 年港交所连续两次通过发布概念性文件的方式提出引入差异化表决权的想法，最终获得了香港证券期货委员会（Securities and Futures Commission）的同意。在 2018 年 4 月 24 日，港交所在主板上市规则中新增 Chapter 8A 的规定，[3] 对差

---

[1] 港交所，即"香港交易所"，全称"香港交易及结算所有限公司"（Hong Kong Exchanges and Clearing Limited，HKEX）。

[2] 1987 年 3—4 月，怡和洋行、长江实业、和记黄埔三家公司准备发行具有超级表决权的 B 种股票，由此引起股市急剧震荡。为应对市场震荡，港交所和香港证券监管机构迅速采取措施，紧急叫停 B 种股票发行，并于 1989 年正式修改主板上市规则，要求上市公司股票的表决权必须与股东的经济利益有合理关联。参见张巍：《双重股权架构的域外经验与中国应对》，载《财经法学》2020 年第 1 期，第 77 页。

[3] 香港交易所上市规则与指引，https：//sc.hkex.com.hk/TuniS/cn-rules.hkex.com.hk。

异化表决权作出规范。[①] 美国与中国香港地区虽然都是交易所主导模式，但是两种交易所主导模式也是存在差异的，简言之，美国的交易所主导模式中坚守的是底线型思维，中国香港地区坚守的是趋严式思维，通过对两种具体类型的阐述，便于在本节第四部分对交易所主导模式进行深入分析与讨论。

三、公司章程主导之下的差异化表决权

公司章程主导的模式建立在公司章程自治的基础之上，立法机关与上市监管机关不会过多干预。公司章程主导模式的代表性国家是加拿大，加拿大在《商业公司法》中明确授予公司章程自主约定各种类别股份的自由，公司章程可以对不同类别股的权利内容以及限制性条件作出规定，超额表决权股份、无表决权股份与限制表决权股份的发行均在此列。可见，加拿大在立法层面对待差异化表决权的态度是十分宽松的。在上市监管规则层面，加拿大的证券监管部门——安大略证券委员会主要以信息披露规则为抓手进行证券市场的监管，多伦多证券交易所[②]的《上市公司手册》中允许股东大会发行超额表决权股份、无表决权股份与限制表决权股份，对于表决权受到限制的股东利益的保护，设有专门的收购保护条款，也称燕尾条款（Coat-tail Provision）。燕尾条款主要针对采用差异化表决权安排的公司在面临要约收购时，非

[①] 张巍：《双重股权架构的域外经验与中国应对》，载《财经法学》2020年第1期，第77页。

[②] 多伦多证券交易所是加拿大主要的股票交易所（主板），Toronto Stock Exchange，TSE。

特别表决权股东应当享有和特别表决权股东平等一致的要约机会，易言之，在要约收购的情形下，所有股东被收购的权利并不会受限于表决权的差异，否则，公司将被禁止公开发行股票。此外，在普通股与限制表决权股的二级结构中，普通股如需转换为限制表决权股，应经要转换的普通股股东中的多数同意，因为普通股股东在公司股东总量中人数较少，所以也被称为"少数中的多数"原则。[1] 无论是加拿大《商业公司法》的规定还是多伦多证券交易所的《上市公司手册》都没有对差异化表决权作出严格限定与约束，留给了公司章程足够的空间性。

四、不同模式的成因梳理与特点明晰

笔者认为造成不同国家（地区）差异化表决权法律规制模式差异的原因主要在于文化传统、监管理念与辖区表征三个方面。首先，在文化传统方面。英美法系的公司制度是形塑于基督教伦理与资本主义法律精神之上，经过启蒙思想的浸润之后产生了个人自由主义，进而形成了较为发达的市场经济文化，国家（地区）资本市场的管控十分宽松，证券市场的上市规则制定便是例证，松散的政治结构进一步加深了此种资本市场文化传统的根植。以作为大陆法系国家的日本而言，集体主义下的服从文化生成使得资本市场的秩序主要靠国家的强制性规范，自上而下规范的统一性得以彰显，证券交易所的规则大多是在国家立法的指导下进行具体规则的安排，相对集权式的政治结构进一步影响此种

---

[1] 高菲：《新经济公司双层股权结构法律制度研究》，法律出版社2019年版，第87页。

资本市场文化传统的发展。其次，在监管理念方面。自下而上的制度形成与自上而下的制度形成分别导致不同国家（地区）监管理念的差异，例如，美国、加拿大等国长期坚持底线型监管的理念，尽可能减少对公司治理活动的干预，这与自由主义监管理念密切相关，而趋严型监管理念下的日本，甚至于禁止差异化表决权的德国都采取了一种相对严苛的态度，管制主义思维一直存在其监管理念之中。值得一提的是，自由主义理念下英美国家（地区）相对完善的自律监管体系进一步反作用于减少管制的规则生成。最后，在辖区表征方面。美国差异化表决权法律规制的模式与加拿大差异化表决权法律规制的模式直接导火索的不同值得关注。美国证券交易所面临的竞争压力，尤以内部三大交易所的竞争为差异化表决权法律规制模式形成的直接原因。而加拿大差异化表决权法律规制的模式形成直接依赖于加拿大政府关于员工持股与外商投资限制的规定。①

笔者认为，不同国家（地区）差异化表决权法律规制的模式各具特点。国家立法主导的模式协同性更强，制定法与上市规则

---

① 20世纪60年代，差异化表决机制被广泛应用于员工持股计划，它使得员工在分享企业利润的同时，又没有稀释公司创始人的控制权。这样，既能使员工成为公司的所有者，将员工的利益与公司的发展联系在一起，也使员工能够分享公司收入增长带来的收益，还不会威胁到创始人对公司的控制权。差异化表决机制在加拿大迅速发展的另外一个推动力是对外商投资的限制。自20世纪起，外国在加拿大的投资稳步增长，特别是来自美国的投资占加拿大投资总额的比重从1900年的13.6%上升到1950年的75.5%。由于担心外国资本过度控制加拿大的经济，或影响加拿大在政治上的独立性，1973年底，加拿大联邦政府通过外商投资审查法案。依据该法案，任何通过"非合适人士"（包括外国人以及由外国人控制的外国公司）收购加拿大企业的控制权，或者直接投资成立新的企业，或者扩大现有企业的经营范围，均需要接受加拿大政府部门的审查。高非：《制度牌公司限层股机构构法律制度研究》，法律出版社2019年版，第78页。

形成的体系更为完整,不会出现统一辖区不同规定的现象,但该模式对经济发展的应变力与机动力不强,制度生成的紧迫性略显不足,自上而下的立法生成导致信息观测的成本较高,从而提升了整体性的立法成本。交易所主导的模式便于适应经济发展活动的现实需求,可以随时进行上市规则的转向与调整,规则制定的灵活性更强,观测需求的信息成本更低,但以该国家(地区)为场景展开,容易产生规范统合性的不足与多头规范的现实存在。公司章程主导的模式能够最大限度地满足公司治理的需求,激发不同种类公司较大的创新能力,以最低的立法成本进行规则的设计,但管制干预的软化可能存在增大差异化表决权自身风险的可能性,进而影响公众投资者的合法权益。

第三节 差异化表决权域外法律规制的框架厘定

域外国家(地区)对差异化表决权进行的法律规制主要围绕差异化表决权的准入规则、差异化表决权的运行规则、差异化表决权的配套规则的设计展开。

一、差异化表决权的准入规则

差异化表决权的设置规则包括适用公司的资格限制与特别表决权股东的资格限制两个方面。从外部公司与内部股东的视角对差异化表决权的适用进行边界厘定。在法律规制的框架厘定上将主要参考市场成熟度与制度经验较为丰富的美国,以及引入差异化表决权不久的新兴市场,例如中国香港地区与新加坡。

(一) 适用公司的资格限制

关于差异化表决权适用公司的资格限制,各国(地区)一般是从隶属行业、市值要求、设置时间三个方面对采用差异化表决权安排的公司准入进行具体限定。首先是对公司隶属行业的规定。依赖于长期的制度探索经验、发达的资本制度与开放的市场环境,美国和新加坡并未对采用差异化表决权安排的公司进行隶属行业限制,而主要通过个案审查的方式来约束差异化表决权的风险产生,这便对准入后的监管内容与效果提出了更高的要求。虽然部分国家(地区)并未对差异化表决权适用的公司类型作出限制性规定,但在具体实践中,基于创始人保有控制权与维持公司持续融资能力的双重目标统合,以互联网为引领的轻资产型新经济公司对差异化表决权的适用需求最为强烈。[①] 基于满足特定市场主体发展目标与市场监管效率提升的考虑,香港证券交易所将采用差异化表决权安排的公司准入类型限定为创新型公司,且应当有客观衡量的高速发展历程存在。[②]

其次是对准入公司市值的要求,准入公司的市值要求是以上市公司而言。差异化表决权中表决权与收益权的高度分离使其呈现非比例性配置的特点,非特别表决权股东利益受损的风险性增大。在香港证券交易所的上市规则中便对采用差异化表决权安排

[①] 汪青松、肖宇:《差异化股权制度东渐背景下的中小股东保护》,载《投资者》2018年第3期,第56页。

[②] 张巍:《双重股权架构的域外经验与中国应对》,载《财经法学》2020年第1期,第78页。

的公司在上市时的市值作出了具体要求。① 新加坡虽然没有提出具体的市值要求,但也涉及了商业模式与既往业绩的部分指标。② 一般而言,经济效益与发展状态俱佳的公司未来的整体市值会更高,投资者的经济风险就更小。所以对采用差异化表决权安排的公司设定市值标准将有助于降低投资者的经济风险。

最后是对采用差异化表决权安排设置时间的要求。对非特别表决权股东而言,其利益影响的大小与公司采用差异化表决权安排的时间有着密切关联。采用差异化表决权安排的具体时间安排在首次公开发行上市之前则对非特别表决权股东利益影响较小,如果是在上市后公司才采用差异化表决权安排则对非特别表决权股东的利益影响较大。纽交所与纳斯达克在接受美国证券交易委员会的 19c-4 规则后,完全禁止事后差异化表决权的出现。新加坡证券交易所、香港证券交易所、东京证券交易所都明确要求公司应当在上市前决定是否采用差异化表决权,并确定特别表决权股份的持有人。笔者认为,众多证券交易所将采用差异化表决权安排的时间限定为首次公开发行上市前是较为合理的。一旦同意公司基于增加特别表决权股东的表决权份额的目的,在首次公开发行后将已发行的普通表决权股份转化为特别表决权股份,则普通股股份转化前的原有股东利益将受到较大威胁。

概言之,由于资本市场环境的差别,各个国家(地区)对于采用差异化表决权安排公司的准入标准规定并不相同。对于资本

---

① 申请人上市时市值不少于 400 亿港元,或上市时市值不少于 100 亿港元,且经审计的最近一个会计年度收益不少于 10 亿港元。

② 商业模式要求具备谋求高速发展的长期规划设计,既往业绩包括经营业绩也包括公司治理的业绩。

市场发育较为成熟与制度实施经验较为丰富的美国而言，充分尊重公司意思自治，减少对资本市场的干预，放宽对准入条件的限制，将最大限度地刺激经济的发展。与之相反，如中国香港地区、新加坡等较近时期引入差异化表决权的国家和地区，通常会在准入公司的行业限定、市值要求、时间设置等方面加以管制，以渐进步伐展开法律规制的进一步探索。

(二) 特别表决权股东的资格限制

差异化表决权的核心功能在于提供给特别表决权股东绝对的话语主导权。控制权的取得将对公司经营战略与发展方向起到决定性影响。特别表决权股东的身份取得一般与对公司作出特殊贡献或发挥重要影响密不可分，易言之，特别表决权具有一定的人身依附性，有必要对特别表决权股东的资格进行严格限定。不同类型的股东在个人能力上与利益追求上都存有一定差别。以公众投资者和机构投资者为主的投机性股东偏重关注短期内股票的溢价，以发起人和创始人为主的投资性股东更偏重关注公司的长远发展。此外，在进行公司治理的能力与获取信息的能力方面，公众投资者与创始管理层存在较大差距。公众投资者目光的短视性、信息获取途径的偏狭与信息收集成本的高昂都制约其参与公司治理的可能性，因此，赋予对公司发展持有特质愿景的创始人与具备专业公司治理能力的管理层为特别表决权股东是适恰与妥当的。在域外法的规定之中，美国的公司法律制度并未对特别表决权股东的资格进行限定。但在实践中，一般常见的特别表决权股东不仅限于公司创始人，还包括董事以及家族企业的家族成员。① 新加坡与中国香港地区的交易所上市规则中限定特别表决权股份的持有人应当具有公司董事的身份。总体而言，在股东异质化理论与实践的表达上，对特别表决权股东的资格进行必要限定有利于差异化表决权的功能实现。

二、差异化表决权的运行规则

差异化表决权设置前提明确后，运行规则的实施将影响到整体机制的功能表达。具言之，差异化表决权的运行规则包括特别表决权行使范围的规则、特别表决权表决倍数的规则、类别股东大会与类别表决的规则、特别表决权的存续规则四个方面。

（一）特别表决权的行使范围规则

一定程度上讲，特别表决权股东是非特别表决权股东在公司经营管理层面的代理人。差异化表决权的适用进一步加剧了表决权与收益权的分离，代理链条进一步增长，更易引发特别表决权股东代理权力的滥用，故而，针对权利的行使范围进行必要的限制是较为妥当的，在涉及表决全体股东重大利益的具体事项时，才可以启动恢复不同表决权倍数的转换机制，以此进行非特别表决权股东的利益保障。虽然美国各大交易所的上市规则以及联邦与各州的公司法律规范都未对一股一权的内容进行强制性规定，但在美国上市的公司的具体实践中，如果涉及全体股东重大利益的事项，采用表决权特殊结构的公司一般都会将特别表决权股份

---

① 郭雳、彭雨晨：《双层股权结构国际监管经验的反思与借鉴》，载《北京大学学报（哲学社会科学版）》2019年第2期，第140页。

表决倍数的恢复机制进行强制性规定，将一股一权表决设置为恢复目标，例如，公司合并、解散、分立与清算等情形。此外，公司在治理活动的实践中也存在将一定比例的董事选举权赋予股东所有的情形，例如，30%的董事会席次可以由某一类别股东通过选举产生，这种规定可以出现在公司章程之中。强制要求进行一股一权事项表决的内容在香港证券交易所的上市规则中包括变更公司章程、变更类别股东权利的内容、对非执行董事的任免等事项。并明确针对公司的所有表决事项，如果突破股权行使范围而形成的决议的法律效力是无效的。关于强制性进行一股一权表决的事项，类似的规定也存在于新加坡证券交易所之中。概言之，差异化表决权的设计立足于维护创始人对公司发展的特质愿景与经营战略制定的需要。所以，特别表决权的行使只有涉及公司经营发展相关的事项时才会发生相应的法律效果，与全体股东切身利益有密切关联的重大事项应当纳入不同表决权股份恢复一股一权的强制性表决之中。

（二）特别表决权的表决倍数规则

在差异化表决权中表决权与收益权高度分离，非比例性配置的外观呈现显著，附着在特别表决权股份上的表决权数量与附着在普通股股份上的表决权数量差异越大，差异化表决权结构的风险与股权利益的相隔程度就越高，随之而来的是代理成本不断升高，拥有低表决权的股东利益受损的可能性会加大。故而，应当对附着在每一份特别表决权股份上的表决权数量上限进行规定。新加坡证券交易所与香港证券交易所都将特别表决权股份与普通股股份的表决权倍数的最高差异限定在10倍之内。美国公司法律制度并未对特别表决权股份中的表决权作出最高倍数差异的强制性规定。实践中，在美国上市的采用差异化表决权安排的中国公司，所采取的特别表决权倍数设定值得关注。① 借鉴域外表决权倍数差异的规定以及我国公司在美国的具体探索对我国大有裨益。

(三) 类别股东大会与类别表决机制

平等原则有强式意义上的平等对待与弱式意义上的平等对待。强式意义上的平等对待要求每一个人具有同等的权利，即一股一权，弱式意义上的平等对待要求按照一定标准进行分类，每一类别之中的人应当具有平等的份额。既意味着平等对待，又表现着差别对待。② 类别股东大会与类别表决机制的设立就是平等原则在弱式意义上的体现。特别表决权股东在差异化表决权中滥用控制权支配地位的可能性升高，逐取私利的动机强化后，非特别表决权股东利益受损的风险大幅提升。类别股东大会与类别表决机制的确立，使非特别表决权股东有权对可能损害其正当利益的决议事先进行否决，从而有效管控利益受损的风险。当公司决议涉及不同表决权股东的切身利益时，不同类别的股东可以自行组成类别股东大会，针对涉及自身利益的决议进行表决，只有在不同类别股东大会一致通过相关决议时才能生效。类别股东大会

---

① 在美国上市的采用差异化表决权安排的中国公司中，附着在特别表决权股份上的表决权倍数主要有 20 倍、15 倍、10 倍、5 倍，最为常态的是以 10 倍的表决权倍数差异，当当网、百度、知乎、迅雷、贝壳、58 同城等多家公司均设置了 10 倍差异化表决权的具体规则，见本书表三（在美国上市并采用差异化表决权结构的中概股公司）。参见王长华、卞亚璇：《科创板差异化表决权安排制度略论》，载《金融发展研究》2020 年第 4 期，第 75 页。

② 王利明主编：《民法》，中国人民大学出版社 2020 年版，第 40 页。

与类别表决机制便是公司兼顾协商原则与决策效率的体现。① 各国（地区）依据自身情况对类别表决机制的立法模式、启动条件、生效要件、召集程序及表决程序作出了相应规定。

首先，关于类别表决机制适用范围的立法模式。全球主要存在概括式与列举式两种，采取抽象概括式立法的国家有新加坡、英国、澳大利亚等。采取具体列举式立法的国家有美国、日本、韩国等。概括式立法模式灵活度高、适用弹性大，但抽象性增加了实务操作的难度。如英国《公司法》第 630 条规定依附于类别股份的权利如需变动应召开类别股东大会适用类别表决机制进行表决。列举式立法模式对类别表决事项作出了明确规定。如日本《公司法》第 322 条将 13 种适用类别表决机制的情形进行规定，②

---

① ［澳］斯蒂芬·波特姆利：《公司宪治论——重新审视公司治理》，李建伟译，法律出版社 2019 年版，第 88 页。

② 第 322 条（有可能对某类类别股东造成损害时的类别股东大会）类别股份发行公司实施下列行为，且有可能对某类别股份的类别股东造成损害时，该行为未经由该类别股份的类别股东组成的类别股东大会（有关该类别股东的股份类别有 2 种以上的，为由该 2 种以上股份的不同类别股份的类别股东组成的各类别股东大会。本条中以下相同）决议的，不发生效力。但在该类别股东大会上不存在可行使表决权的类别股东的情形除外：（一）有关下列事项的章程修改（第 110 条第 1 款或第 2 款规定的事项除外）：1. 股份类别的追加；2. 股份内容的变更；3. 授权股份总数或授权类别股份总数的增加。［（一）之二］第 179 条之三第 1 款的同意。（二）股份合并或股份分拆。（三）第 185 条规定的无偿配股。（四）该股份有限公司股份认购人的募集（限于规定第 202 条第 1 款各项所列事项的募集）。（五）该股份有限公司新股预约权认购人的募集（限于规定第 241 条第 1 款各项所列事项的募集）。（六）第 277 条规定的新股预约权的无偿分配。（七）合并。（八）吸收分立。（九）因吸收分立承继其他公司有关其事业的全部或部分权利义务。（十）新设分立。（十一）股份交换。（十二）因股份交换取得其他股份有限公司已发行的全部股份。（十三）股份转移。作为某类别股份的内容，类别股份发行公司可通过章程规定无须依前款规定的类别股东大会决议的意旨。对有依前款规定章程内容的由类别股份的类别股东组成的类别股东大会，不适用第 1 款的规定。但进行第 1 款第 1 项规定的章程修改（有关单元股份数的章程修改除外）的情形除外。某类别股份发行后，通过章程修改拟对该类别股份设置第 2 款规定章程内容的，须取得该类别股份的全体类别股东的同意。吴建斌：《日本公司法》，法律出版社 2017 年版，第 171—172 页。

在类别表决法定化的基础上，第 323 条明确授权公司章程可以自主约定其余的类别表决事项。① 列举式立法中关联的类别表决事项都与各类别股东的切身利益密切相关。

其次，关于类别表决机制的启动条件。以美国公司法律规范为例，类别表决机制的启动条件在于公司章程修改时涉及类别股股东权利的不利变动则应赋予类别股股东对不利变动的事项享有表决权。见于《美国示范公司法》第 10.04 节第（a）小节之规定，一旦公司公开发行的股票类型超过一种，在此背景下如果公司章程的修改给类别股股东的权利带来影响，则类别股股东有权以集合表决团体的方式对公司章程修改的事宜进行表决。同时，第（d）小节还规定了无表决权股份恢复表决权的内容，在任何涉及无表决权股东权利不利变动的情况下，无论公司章程的规定如何，无表决权股东均具有表决权。此外，《特拉华州普通公司法》《纽约州商业公司法》《加利福尼亚州公司法》都有关于类别表决机制的规定。②

---

① 第 323 条（规定有必要经类别股东大会决议意旨的情形）在类别股份发行公司中，作为某类别股份的内容，对应经股东大会（董事会设置公司的，为股东大会或董事会；第 478 条第 8 款规定的清算人会设置公司的，为股东大会或清算人会）决议的事项，规定除经该决议外还须经由该类别股份的类别股东组成的类别股东大会决议的意旨的，该事项未按该章程的规定，在股东大会、董事会或清算大会决议外经由该类别股份的类别股东组成的类别股东大会决议的，不发生效力，但该类别股东大会上可行使表决权的类别股东不存在的情形除外。吴建斌：《日本公司法》，法律出版社 2017 年版，第 172 页。

② 《特拉华州普通公司法》第 242 条第 2 款第（2）项规定，若公司章程的修正案可能对某一类别股份股东造成不利影响，则不论该类股东是否有权行使表决权，持有该类股票的股东都有权作为一个类别进行表决。《纽约州商业公司法》第 614 节以及第 617 节也规定了类别表决机制，其规定的特点在于将类别股东的投票权交由上市公司章程进行规定，上市公司章程规定有投票权的股东方可作为一个类别对某些交易或者是公司的某些决议进行表决。此外，该州公司法第 804 节对类别股东的权利进行了刚性规定，于其内容为公司对章程中涉及类别股东权利变更的事项，类别股东有权行使表决权。《加利福尼亚州公司法》第 903 条对类别表决机制进行了类似的规定。

再次，关于类别表决机制的生效要件。各国（地区）从类别股东大会的出席人数、表决程序、通过比例等方面进行了限定。日本与韩国的规定较具代表性，特别决议、特殊决议与普通决议共同构成日本类别股东大会决议的主要类型。特别决议适用于日本《公司法》第322条中规定的13种法定化的类别表决事项，特殊决议适用于日本《公司法》第323条中章程约定化的类别表决事项，类别股东大会针对特别决议与特殊决议的表决均需半数以上该类别股东大会股东出席，并经出席该股东大会股东2/3以上多数表决权通过。普通决议的适用范围即是除特别决议与特殊决议之外的其他事项，出席该类别股东大会人数在半数以上，并经出席股东大会半数以上的表决权同意即可生效，① 即遵循双半原则。此外，韩国《商法典》第435条将类别股东大会决议的生效法定化，类别股东大会决议的生效须经可在该类别股东大会上行使表决权股东总数的2/3以上出席，并经出席股东人数中1/3以上表决权同意，公司章程不能变更法定化的通过比例要求。②

最后，各国（地区）一致规定违反类别表决程序性与实体性规则的决议自始无效。只有在通过各个类别股东组成的类别股东大会一致同意后，适用类别表决机制的事项才可生效。值得一提的是，类别股东大会的召集与召开等程序因与股东大会的程序性相似，所以公司章程中关于股东大会的程序性规定可以直接适用于类别股东大会。③

---

① 吴建斌：《日本公司法》，法律出版社2017年版，第173页。
② [韩]郑燦亨：《韩国公司法》，崔文玉译，上海大学出版社2011年版，第279页。
③ 雷兴虎、薛波：《公司法现代化背景下我国类别股制度之建构》，载朱慈蕴主编：《商事法论集（第28卷）》，法律出版社2016年版，第255页。

(四) 特别表决权的存续规则

差异化表决权设置的目的在于实现创始人获取控制权与股权融资需求的统合，以便保持公司经营方针与发展战略的稳定。但永久性的设置差异化表决权的存在并没有进行合理性证成，当创始人独特的人力价值淡化或公司发展至一定规模时，应当对普通股股份与特别表决权股份相互转换的一系列情形进行明确，这些情形扮演着触发性条款的角色，可称之为日落条款。日落条款是指在发生某些特定事件或预先指定的日期时，全部或部分超额表决权股份转换为普通股股份，有效地消除差异化表决权法律风险的规则。[①] 根据触发转换原因的区别，可划分为时间型日落条款与事件型日落条款。[②] 事件型日落条款根据触发事件类型的不同，可以分为移转型、稀释型、失格型（死亡和丧失能力）、撤资型、绩效型等类型。而时间型日落条款是通过法律或公司章程预先安排差异化表决权具体失效的时间点，特别表决权股份首次公开发行之后，强制性以普通股股份为目标将特别表决权股份进行转换，这是在差异化表决权预先安排的时间点之上。时间型日落条款的争议性在于其价值衡量的不稳定表现。一方面，退出时间的明确性是时间型日落条款典型表征，这一表征受到了以短期投资

[①] 吉尔·费希、史蒂文·戴维多夫·所罗门：《日落条款问题》。Jill Fisch & Steven Davidoff Solomon, The Problem of Sunsets, 99 B. U. L. Rev. 1057, 1078 (2019).

[②] 事件型日落条款在实践中应用的范围与适用的场景最为广泛，而适用场景之于时间型日落条款而言是存有一定争议的。事件型日落条款一般是在公司章程或法律规定预先设计之下的特定情形呈现，如果这些情形被特别表决权股东触发，高表决权股份转换为低表决权股份的时间节点便与事件的发生之时重合。

为主要目的的投机性股东的青睐，在差异化表决权预先安排的失效时间节点之后，普通股股份或无表决权股份之于非特别表决权股东而言，都将与高表决权股份共同恢复至同股同权的基本设定。另一方面，对准投资者与特别表决权股东而言，预先安排的失效时点之于差异化表决权一旦临近，便会产生诸多未知影响，公司的长远发展会被中断，这一中断可能会反映在股价上，持续性利益取得可能会受到损害，对中断差异化表决权安排公司的收购将变得容易。[①] 所以在时间型日落条款的价值衡量上，并未有明确的结果。香港证券交易所与新加坡证券交易所都没有将时间型日落条款纳入其上市规则。

香港证券交易所与新加坡证券交易所均从董事身份的角度对移转型日落条款与失格型日落条款进行规定。在移转型日落条款之下，特别表决权股份在特别表决权股东进行移转时转换为普通表决权股份。差异化表决权生成的必要条件在于特别表决权股东具有特殊的人力资本价值并专注于公司的长期发展，所以在特别表决权股东因出现丧失行为能力、离任、从事违法行为乃至死亡情形而导致失格时，特别表决权股份便失去了存在的意义。应当将特别表决权股份自动转换为普通表决权股份，此即失格型日落条款。稀释型日落条款是指在章程中预先设定特别表决权股份占总发行股份的最低比例，当特别表决权股份所占总发行股份比例低于该最低限度时，特别表决权股份自动转化为普通表决权股份。在美国推行差异化表决权的公司中，多数将10%设置为最低

[①] [美] 肯特·格林菲尔德：《公司法的失败——基础缺陷与进步可能》，李诗鸿译，法律出版社2019年版，第39页。

比例，一旦触发这一最低比例时，特别表决权股份将自动转换为普通表决权股份。稀释型日落条款最低比例的设计理由是类别股东大会的召开需要某类别表决权股份满足公司股份总数的一定比例要求，如果该类别股东未能达到股份总数的一定比例，则该类别股东难以提议召开相应的类别股东大会。

总的来说，在公司进行首次公开发行的短暂期间内，公司股票出现较大溢价的目标会在差异化表决权推进过程中得以实现。随着公司治理程度的不断深化，制度实践所消耗的成本会不断增加，制度实践所实现的收益会不断降低，整体上溢价效果会最终归于消失，损益比值会趋向于负向。将日落条款纳入差异化表决权规则体系化的架构之中有利于差异化表决权溢价功能最大限度发挥（见表一）。

表一　日落条款及具体类型规定的年度①

年份	无日落条款	时间型日落	稀释型日落	撤资型日落	时间与稀释型日落	时间与撤资型日落	总计
2000前	28		8	7		1	44
2001	1						1
2002	2			1			3
2003			1	1			2
2004	4				1		5
2005	5		1				6
2006			1				1

---

① 安德鲁·威廉·温登：《日出，日落：双类股票结构的经验与理论评估》。Andrew William Winden, Sunrise, Sunset: An Empirical and Theoretical Assessment of Dual-Class Stock Structures, 2018 Colum. Bus. L. Rev. 852, 870 (2018).

续表

年份	无日落条款	时间型日落	稀释型日落	撤资型日落	时间与稀释型日落	时间与撤资型日落	总计
2007	1		1				2
2008	2						2
2009			1				1
2010	2	1		1	1		5
2011	3	1	2				6
2012	1	1	2		2		6
2013	3	2	1	2	1		9
2014	2		4	1		1	8
2015	3	2	7		1		13
2016	2	1	2	1	1	1	8
2017	3	2	5	2	5		17
总计	62	10	36	16	12	3	139

通过表一的数据可以发现在纽交所和纳斯达克上市的 139 家公司中有 62 家的章程中没有日落条款，伴随着时间不断进展与持续性推进，特别是在金融危机于 2008 年爆发之后，日落条款对于公司在章程而言越来越多地被加入，可见采用差异化表决权安排的公司对日落条款有更现实的需求得以证实。

三、差异化表决权的配套规则

差异化表决权的配套规则是和差异化表决权的设置规则与运行规则相衔接的内容，差异化表决权配套规则的设置是为充分发挥差异化表决权的功能，更为重要的是保护非特别表决权股东的合法利益。信息披露规则、独立董事规则、诉讼救济规则都是围绕着非特别表决权股东的合法利益保护而展开。

(一) 健全的信息披露规则

公司控制权因差异化表决权发生了聚集,特别表决权股东占据了更为丰富的信息资源优势,由此信息不对称的现象在特别表决权股东与非特别表决权股东之间也日益加剧,较大的隐忧性对于公众投资者是不言而喻的。为了消减与缩限信息不对称所造成的不利后果,使公众投资者的合法权益得到更为充分的保护,一些资本市场发达的国家(地区)均在合法化差异化表决权的前提下进行设置标准之于信息披露规则的强化。早期阶段的信息披露规则探索主要是美国在进行推动,禁止选择性披露被作为《公平披露规则》的核心内容在2000年10月正式生效,该规则要求所有市场参与者应当知悉与公司经营决策有关的重大事项内容,积极倡导公开性披露,由此进一步强化了公平披露作为资本市场发展基石的作用。在上市前后的任何阶段,采用差异化表决权安排的公司都应当持续性履行信息披露所规定的相应义务,并在法律规制层面明确违法进行信息披露的相应法律责任。采用差异化表决权安排的公司如在新加坡证券交易所上市,应在公司章程、招股说明书、备忘录等显著位置标注该机制的安排,并提示适用风险、合理性安排与强制表决事项等具体规定。香港证券交易所不仅强调公司应在所有的上市材料的首页之中进行不同表决权股份信息的显著标识,这些上市材料包括公司的定期财务报告、通知、文件、通函、公告,还要求在超额表决权股份名称的结尾处标识"W"字样。周严的信息披露规则设置可以有效防范虚假性信息的传播,进一步保障采用差异化表决权安排的公司中非特别表决权股东的利益,从而实现证券市场的有序、稳定与健康运行。①

(二) 完善的独立董事规则

同股不同表决权在公司中的推行会引发治理结构上呈现出失衡的状态,进一步增大上市公司的运行风险是失衡的治理效果所导致的,利益受损的情形对于非特别表决权股东而言亦将不断发生。董事职务在上市公司中可以由独立董事进行担任,且与公司无任何利益关系,故而能对差异化表决权的法律风险进行适当的管控与约束。② 独立董事规则的较为完备设置是针对特别表决权股东滥用控制权的行为进行限制的重要方式,这些举措在发达的证券市场多有采用,以此实现公司内部治理结构的平衡。关于上市公司中独立董事人数的规定,不得少于两名人员的底线型要求是美国纳斯达克与纽交所共同规定的内容,且审计委员会的组成成员都应当是独立董事。③ 自主性与独立性作为典型特征是独立董事实施经营决策行为的重要外观,保证专门委员会决策的客观性与公正性,可以通过提高独立董事在上市公司专门委员会中的占有比例来实现。新加坡证券交易所规定的薪酬委员会、审计委员会、提名委员会的绝大多数成员都应保持自主性与独立性。同

---

① 李东方:《证券监管法论》,北京大学出版社2019年版,第263页。
② 朱慈蕴:《公司法原论》,清华大学出版社2011年版,第311页。
③ 沈四宝:《最新美国标准公司法》,法律出版社2006年版,第260页。

样地，对于上市公司各专门委员会中独立董事的比例要求，在香港证券交易所的上市规则之中也有表述，一股一权表决机制的强制性要求适用于选任独立非执行董事的事项之中。完善的独立董事规则可以形成良好的内部治理激励机制，将特别表决权股东纳入公司治理的有效监督之中，防范其将自身利益置于非特别表决权股东与公司的整体利益之上。

（三）有效的诉讼救济规则

权利的真正实现在于救济规则的充分保障，凡非特别表决权股东的权利无规则之保障，公平与平等的法律理念便会受到质疑。在进行股票发行时，采用差异化表决权安排的公司具有典型的公开性，非特别表决权股东限于话语声量低微与所处境地的不同，进行诉讼维权的难度陡增。美国的集团诉讼在保障公众投资者权利方面发挥着重要的作用，当公众投资者因为信息披露瑕疵或内幕交易的行为遭受利益损失时，可以直接进行集团诉讼。在集团诉讼的法律效果涵摄下，法院在部分诉讼代表进行维权行为之后所做出的判决后果，全部集团诉讼的成员将以默认的方式被强制性适用，除却明确退出的表意对于个别股东之外。易言之，在取得胜诉时进行相应的赔偿领取，对于没有明确声明退出的股东而言都是适用的。作为原告一方承担的举证责任是较为宽松的，只需能证明被告方在交易中存在欺诈行为即可。此外，风险代理是集团诉讼律师费用的收取方式，为了降低公众投资者的诉讼维权成本，在诉讼程序终结前不会收取任何相关费用，以提高公众投资者进行诉讼维权的积极性。有效的诉讼救济规则的提供对我国非特别表决权股东的利益保护具有一定的启示性。

第四节　差异化表决权法律规制的借鉴空间

差异化表决权自生成与发展以来，围绕其形成的具体法律规制措施日渐清晰。我国作为后发型国家，资本市场具有新兴市场的特点，发展进程较快与发展基础相对薄弱并存，借鉴域外差异化表决权法律规制的有益经验实为必然，但"南橘北枳"的现象意味着同样的法律规制措施在不同的国家（地区）可能会有差异性的发展，故而有必要对差异化表决权法律规制的借鉴空间进行探讨。

一、差异化表决权法律规制的可借鉴性探讨

差异化表决权法律规制的借鉴蕴含着机制生成的共同性原理与普遍性秩序的共同追求，在本土化的进程中需要关注规则的地方性与秩序断裂的风险。

（一）新经济公司在全球资本市场的实践

近年来，在新一轮科技革命浪潮的推动下，科技创新型公司逐渐引领着世界经济发展的新趋向，信息技术与互联网科技的不断推动使世界产业格局发生了重大变化。截至 2021 年 7 月 11 日，全球市值排名前十的企业中，互联网及科技创新型企业占据八席

之多，美国苹果、微软、亚马逊、谷歌、脸书、特斯拉①公司以及我国的腾讯公司与阿里巴巴公司均榜上有名，而传统行业公司仅剩沙特阿美以及伯克希尔·哈撒韦两家。②虽然全球范围内科技创新型公司正在蓬勃发展，但是我国资本市场对科技创新型公司的吸引力却十分有限，例如腾讯公司与阿里巴巴公司都没有在我国主板上市，而是分别选择在我国香港地区和美国上市。在科创板设立之前，从我国多层次资本市场的体系来看，主板、中小板与创业板市场发行上市的门槛相对较高，对上市公司盈利能力的要求导致很多科技创新型公司难以满足。虽然针对以上的问题，我国尝试针对拟上市公司不再设置硬性财务指标，仅在经营能力上作出规定，借此在2013年推出新三板市场。但上市门槛的相对偏低又导致了在新三板上市的公司数量剧增但质量参差不齐的尴尬境地，科技创新型公司的入市积极性又受到一定影响。科技创新型公司正是在现有的多层次资本市场体系中难以实现融资需求的满足，才使得科创板的落地成为可能。

科创板的设立为科技创新型公司提供了全新且广阔的高品质发展平台，科创板符合全球资本市场的变革潮流，迎合了新经济公司的发展需求，科创板不是对主板市场的简单复制，科创板重点关注与支持的行业将是我国未来新经济的发展方向。大部分科

---

① 特斯拉软件方面的研发能力与发展方向，很少与福特汽车和通用汽车等老牌车企相比，而是常和苹果和亚马逊等科技巨头相提并论，特斯拉更像是一家制造汽车的科技企业。《特斯拉究竟是汽车公司还是科技公司？马斯克回应了》，载腾讯网，https://xw.qq.com/amphtml/20200622A08EPW00，最后访问时间：2021年7月25日。

② 《2021全球市值100强上市公司排行榜》，载搜狐网，https://www.sohu.com/a/476753880_120702933，最后访问时间：2021年7月25日。

技创新型公司在初创发展期具有轻资产、高风险与高成长性等特点,由于面临技术创新前景不确定、技术更迭换代速度快、前期投入成本高、资金回流速度较慢等风险,科技创新型公司通常需要进行多轮融资以维持前期的人才成本投入与技术研发,后期的市场拓展投入与产品技术升级同样需要大量资本投入。尤其是在赢者通吃的互联网行业,充分大量地进行融资"烧钱"才有可能在激烈的市场竞争中把握有限的机遇生存并成长。所以在科技创新型公司中,差异化表决权可以使创始人在实现融资需求的同时保有公司的实际控制权,维持公司在发展航向上的稳定。科创板允许具有表决差异化安排的公司上市,为该类公司拓展了融资渠道,进而促进公司获得持续创新发展的经济动力,借助科创板推动资本不断进入人工智能、信息技术、生物医药、节能环保等高新技术领域。新经济公司在全球资本市场的实践意味着差异化表决权法律规制的借鉴具有共同的现实主观条件。

(二) 资本市场普遍性价值的共同追求

效率、公平、秩序等普遍性的价值追求是资本市场全球化发展的共同追求。差异化表决权的法律规制承载着效率、公平、秩序等普遍性的价值追求,对公司治理效率的关注,对公平保障不同类型股东的需求,对稳定秩序安排的期待使得差异化表决权的法律规制要满足逻辑上的严谨、体系内的自洽与法理上的殷实。逻辑、体系与法理维度的衡量是法律全球化借鉴考量的基本要素。以辩证唯物主义的哲学视角来看,普遍性与特殊性孕育于任何一个存在的事物之中,法律亦不例外。虽然不同国家(地区)

的法律制度生成与发展在不同的环境之中，具有各国（地区）特有的历史、文化、社会条件，同时在一定程度上是统治阶级意志力的反映，但这些法律制度的生成与发展还会存在一些超越时空状态、文化背景、宗教信仰与种族构成之外的共同价值。效率、公平、秩序等普遍性的价值便是体现。法的本质属性就嵌入在效率、公平、秩序等普遍性的价值之中。易言之，法律作为普遍性的内容，必将突破不同国家（地区）界限的隔阂，对其他国家（地区）产生影响。时代的整体性进步是建立在互相借鉴与学习不同国家（地区）法律思想、法律文明、法律建设之上的。虽然逆全球化有一定程度的抬头，但全球化的总体发展不会转向，全球关于法律文化交流的领域日益广泛，共同性的法律规则也会逐渐增多，法律借鉴的客观条件形成。各国（地区）资本市场的竞争力的提升都是建立在效率、公平、秩序等普遍性价值的追求之上，这些因素都是法律借鉴的重要基础。差异化表决权法律规制的借鉴应关注资本市场普遍性价值的共同追求，进而展开具体规则的安排。

(三) 规则地方性与秩序断裂的风险

各国（地区）之间借助全球化联系的日益密切，使彼此的依赖度逐渐增强。但普遍性价值的共同追求并不意味着所有法律制度的同质性与单一化。[①] 事实上，全球化本就是一个充满着对立与矛盾的过程，分裂化的倾向与一体化的趋势共同存在于全球化

---

① 张康之：《全球化中的合作与和谐》，载《中央民族大学学报（社会科学版）》2006年第2期，第16页。

的进程之中。这些过程经常产生冲突、发生矛盾、充满着不和谐的因素。① 所以在全球化背景下的法律借鉴过程充满着普遍性知识与本土性资源的基本对抗。从文本出发审视法律上的"本土资源",是指在本国(地区)土生土长的法律、习惯等渊源。现实生活中,除却正式制度对人们行为的影响之外,非正式的制度例如乡规民约、民间习惯也发挥着影响。法律本土论者基本上主张利用本土资源进行法治建设,原因在于从本土资源中挖掘与汲取出的法律内容更容易获得民众的认可与接受,且更便于实施,国家强制干预的事项减少,整个社会运转的交易成本随之降低,稳定的社会预期便由此形成。② 所以任何一项规则作为借鉴的对象来看在本土化的进程中会表现出规则的地方性色彩,如果不能妥善地把握借鉴的进度与节奏,充分认识到本土化的特殊性,那在法律规范的借鉴进程中可能会出现异化的情形,应然形成的某种法律秩序与实然呈现的某种法律秩序之间便会出现断裂。故而,差异化表决权在法律规制的借鉴方面要充分关注不同语境下根植的条件差异。

二、差异化表决权法律规制借鉴的关注事项

差异化表决权在法律规制的借鉴方面要充分关注我国证券市场与规范设置上的特点,具体应聚焦证券监管能力、投资者保护基础、控制性股东义务规范、诉讼程序保障四个方面。以下将重点以美国为代表进行分析。

---

① [英]安东尼·吉登斯:《超越左与右》,李惠斌、杨雪冬译,社会科学文献出版社2000年版,第5页。
② 苏力:《法治及其本土资源》,中国政法大学出版社2004年版,第14页。

（一）证券监管能力的差异

发达国家证券市场的监管制度基本都是围绕着信息披露为中心的构建，投资者的知情权依赖于全面、及时、准确的信息披露规范。同时，发达国家的证券投资者基本上都是经过一定投资培育，具有一定投资能力的专业投资者。所以对投资信息的辨识能力得到基本保障，个人需求与信息识别后的有效衔接将有利于投资决策的产生。一股一权的单层表决权模式中不会存在不同的类别表决权股东，但是公司采用差异化表决权安排之后，类别表决权股东的冲突与矛盾会出现，所以我国对差异化表决权借鉴之时应强化证券监管功效。虽然当前美国证券交易委员会实施的证券监管措施总体呈现宽松的状态，但这种宽松的状态并不是长期存在。与之相反，严苛的监管立场使得美国证监会获得了极高的社会地位，并一直影响至今。1929年受到经济危机的影响，纽交所的股票总市值下跌了83%，美国经济不断探底，约有1/4的人口在1934年失业。所以同年美国证券交易委员会制定了《证券交易法》，一改以往自由发展的市场经济理念，将投资者保护作为经济发展的核心内容，并对证券市场采取十分严格的监管态度。在证券市场逐渐成熟与稳定之后才慢慢开始放松监管。我国的证券市场与发达国家的证券市场相比，在信息披露方面存在一定的差距，虚假披露的情形时有发生。[①] 对于我国的证券监管而言，信息披露规范效果的不足与证券市场发展阶段的不充分将影响到

---

① 黄臻：《双层股权结构有效运作的条件——基于美国与中国香港地区的实证研究》，载《上海金融》2015年第6期，第65页。

证券市场整体监管的功能实现，正视我国与一些发达国家（地区）在监管能力上的差异将有助于差异化表决权法律规制具体措施的生成。

（二）投资者保护基础的差异

投资者保护基础的不同会影响到投资者保护方式与保护力度层面的差异。将成熟的法律体系与监管规范借鉴到发展基础相对薄弱的证券市场中，通常会产生"南橘北枳"的结果。一方面，在成熟的证券市场下才能形成良好的证券投资者保护基础，两者呈现出显著的正相关关系。同时，证券投资者保护基础的薄弱是反映证券市场成熟度的重要标志。另一方面，成熟的证券监管与证券投资者保护之间呈现出显著的负相关关系，证券投资者保护基础的薄弱将引发证券市场监管强度的增强，这便是证券投资者保护受到广泛关注的原因。机构投资者作为美国证券市场资深的投资者主体，形塑了投资者基础的专业性，多数小额的散户型投资者所占的比重仅为10%。机构投资者的专业性与散户投资者的比例有限性使得美国证券监管的整体强度与表现方式上都较为宽松。截至2019年4月，在我国的证券市场中，所有投资者的总体数量已达1.96亿，其中个人投资者占据的比例达到了97%，人数已突破1.9亿。[①] 平稳有序的证券市场运行不仅有赖于外部市场机制的完备，更需要专业、成熟、理性的投资者参与。我国的

[①] 《个人投资者突破1.9亿，持股50万元以下投资者占97%》，载新浪新闻，https://news.sina.cn/kx/2021-09-24/detail-iktzqtyt7746762.d.html，最后访问日期：2021年9月24日。

散户普遍存在风险意识淡漠、投机心理浓厚、非理性行为突出等特点,证券投资者的整体成熟度较发达的欧美等国而言仍有不小的差距。[1] 所以在专业投资者占据主体地位的美国,美国证监会无需承担繁重与紧张的监管压力,上市公司只需要全面、及时、准确地完成信息披露的义务即可。证券投资者在掌握充分、稳定信息来源的情形下可以正确评估与衡量其可能遇到的投资风险,所以投资者保护基础的培育就显得尤为重要。

(三) 控制性股东义务规范的差异

在采用差异化表决权安排的公司中,特别表决权股东因拥有超额表决权股份成为控制性股东。权利与义务是统一的,差异化表决权赋予特别表决权股东控制权,必然会附随相应的义务,义务是权利的行使前提与边界所在。特别表决权股东作为控制性股东不仅能够影响公司的人事选任、交易情况、分红事宜等内容,还会在公司治理层面发挥重要作用。控制性股东的义务集中于信义义务规范的体现,控制性股东的信义义务在美国联邦最高法院的 Southern Pacific Co. v. Bogert (1919)[2] 案件中进行了创设。美国联邦最高法院认为当控制性股东享有控制权时,控制性股东就应当像公司管理层对股东负有信任的义务一样对非控制性股东负有义务,美国联邦最高法院关于控制性股东信义义务的观点逐渐被其他

---

[1] 彭倩、李建勇、宋明莎:《金融教育、金融素养与投资组合的分散化行为——基于一项投资者金融教育调查的实证分析》,载《财经科学》2019 年第 6 期,第 14 页。

[2] 南太平洋公司诉博格特。Southern Pacific Co. v. Bogert, 250 U.S. 483, 39 S. Ct. 533.

法院广泛认可。例如 Jones v. H. F. Ahmanson & Co.（1969）[①] 一案中，加州最高法院也认为控制性股东不能借助其掌握的权利影响公司的活动，进而以损害非控制性股东利益的方式使得自己获取利益。公司与非控制性股东成为控制性股东信义义务规范的主要指向对象。[②] 依据我国《公司法》第 21 条、第 147 条、第 148 条、第 149 条的规定，董事与高级管理人员是信义义务的主体。[③] 所以在现行法框架下我国并未将非控制性股东纳入信义义务的主体之中。在差异化表决权渐次适用与推广的背景下，控制性股东在义务规范设计上的差别可能会影响到非控制性股东的利益保护。

（四）诉讼程序保障的差异

差异化表决权的适用与配套制度的完备程度有着紧密关联。差异化表决权在美国的广泛应用与集团诉讼严密的制度密不可分。虽然对于集团诉讼的定义有着不同的理解，但是群体性纠纷救济功能的体现足以彰显保障非控制性股东利益的底线作用。设计起因之于证券集团诉讼便可体现这一制度功能。[④] 在通常情形下，公司经营

[①] 琼斯诉艾曼森公司。Jones v. H. F. Ahmanson & Co., 460 P. 2d 464 (Cal. 1969).

[②] 张赫曦：《特别表决权股东信义义务构建》，载《中国政法大学学报》2021 年第 3 期，第 160 页。

[③] 周春光：《董事勤勉义务的司法审查标准探究——以实证与比较分析为视角》，载《光华法学》第 11 辑，法律出版社 2019 年版，第 164 页。对应新《公司法》第 22 条、第 179 条至第 188 条。

[④] 证券集团诉讼的设计起因是上市公司或内部控制人员的侵权行为造成投资者受到利益损失，提起诉讼的主体是利益受损投资者中的一人或数人，明示或默示的方式是其他投资者进入诉讼的路径，最终获得的诉讼结果适用于所有被代表的投资者。参见石晓波：《国外证券集团诉讼制度比较研究及启示》，载《国外社会科学》2012 年第 6 期，第 102 页。

管理层滥用控制权导致股东整体性利益受损的数额虽然较大,但是落实到每一个投资者身上的损失十分有限。所以从经济理性人角度出发,单个投资者一般不会对公司经营管理层滥用控制权的行为提起诉讼,但是众多投资者进行联合起诉是有可能的。便利的诉讼条件与规则配套使得证券集团诉讼的发生频率较高,[1] 对比美国证监会针对证券市场违法违规行为展开的执法活动所损耗的成本,证券集团诉讼显然是十分经济与适用的。[2] 诉讼活动的进行与民事责任的承担关系密切,民事责任在责任体系中的重要性不言而喻,[3] 我国在证券诉讼程序的保障与民事责任的实现方面还有较大的进步空间。虽然我国《证券法》在 2019 年修订之时加入了集团诉讼的内容,[4] 但仍存在投保机构的职责与性质不够明确、缺乏程序性制度的相应设计、集团诉讼中律师的定位与角色不清晰等问题。[5] 可见,诉讼程序保障上的差异也是需要关注的问题之一。

三、差异化表决权法律规制借鉴的思路与理念

"我国公司制度是在自上而下的强制性制度变迁和法律借鉴

---

[1] 邱永红:《中国企业赴美国上市的法律风险和对策》,载《法学论坛》2012 年第 2 期,第 46 页。

[2] 王一:《我国证券法律责任实现机制研究》,载《中国证券期货》2019 年第 4 期,第 78 页。

[3] 易继明:《民法之学:关于权利的学问》,载《法学》2004 年第 4 期,第 30 页。

[4] 第 95 条第 3 款:投资者保护机构受五十名以上投资者委托,可以作为代表人参加诉讼,并为经证券登记结算机构确认的权利人依照前款规定向人民法院登记,但投资者明确表示不愿意参加该诉讼的除外。

[5] 黄江东、施蕾:《中国版证券集团诉讼制度研究——以新〈证券法〉第 95 条第 3 款为分析对象》,载《财经法学》2020 年第 3 期,第 132—134 页。

的共同驱动下产生和发展起来的。"① 从整体视角而言,"润物细无声"的制度变革历程可能是较为适恰的,差异化表决权法律规制的借鉴可采取循序渐进、由点及面的生成与扩展思路。将严格约束控制性股东的行为与强化非控制性股东的权益保护作为规范展开的理念基点。

(一) 循序渐进的法律规制生成

法律借鉴本身具有复杂性与长期性的特征,法律借鉴的内容不仅包括正式制度也包括非正式制度,这决定了法律借鉴的内容庞杂。差异化表决权法律规制的借鉴应当是循序渐进的,不能将所有涵摄差异化表决权法律规制的内容全部借鉴到我国,这一过程应当依循分阶段、差异化的方式进行。此外,一项法律制度的引入可能在短期内不会发挥预期的功效,但从长期发展审视,可能会在未来的某一个阶段实现其制度功效的预期,所以要充分意识到制度借鉴的长期性表现。法律借鉴行为对于我国证券市场而言,路径依赖制约是比较难摆脱的重要现实情况。差异化表决权的法律借鉴会带有大陆法借鉴的法律轨迹与政府强制主导的色彩,妥善处理好西方法律资源与法治本土意识的关系,兼顾好制度创新与技术创新的统合,以渐进性转化的方式推动资本市场法律借鉴的进程。② 循序渐进的法律规制是在认识到社会转型的渐

---

① 冯果:《整体主义视角下公司法的理念调适与体系重塑》,载《中国法学》2021 年第 2 期,第 61 页。
② 李安安:《资本市场法律移植的制度反思与变革》,载《证券法苑》2015 年第 1 期,第 101 页。

进性与法治理念的兼容性下形成的，具体规则的最终呈现是法律继承、法律借鉴与法律创新之间互相融合的结果，循序渐进的整体性思路符合法律借鉴复杂性与长期性的表现，要关注食洋不化的风险，渐进扩展中的不断修正实为不二选择。在经济转型变革的时代背景下这种渐进式的扩展也是诱致性与强制性互动演进的结果。①

（二）由点及面的法律规制扩展

考虑到我国多层次资本市场的体系构成，差异化表决权的法律借鉴应当遵循由点及面的扩展进路，我国法律规则事实上的推进也采取了由点及面的思路。2018年9月18日，允许"同股不同权"的公司治理结构在《国务院关于推动创新创业高质量发展打造"双创"升级版的意见》中明确指出，由此科创板中表决权差异化安排的规则有了鲜明的规范基础。随后，《关于在上海证券交易所设立科创板并试点注册制的实施意见》由中国证监会正式发布，其中明确科创板的设立，并允许采取表决权差异化安排的公司在科创板上市。科创板以上海证券交易所作为根据地，上海证券交易所在2019年3月1日发布了《科创板上市规则》，其中第四章第五节当中全面系统地对表决权差异化安排作出了规范。最高人民法院为配合《科创板上市规则》的正式运行，出台《最高人民法院关于为设立科创板并试点注册制改革提供司法保障的若干意见》。《深圳证券交易所创业板股票发行上市审核规则》（深证上〔2020〕

---

① 李建伟：《股东知情权诉讼研究》，载《中国法学》2013年第2期，第97页。

501号)、《全国中小企业股份转让系统挂牌公司治理指引第3号——表决权差异安排》(股转系统公告〔2020〕270号)进一步将表决权差异化安排扩展至多层次资本市场之中。关于差异化表决权法律规制措施的推广印证逐层推进的可行性,科创板作为起点逐渐扩展至多层次资本市场便是由点及面思路的充分体现,未来规则的进一步深化也应固守由点及面的规制思路。

(三) 严格约束特别表决权股东的行为

控制性股东对公司经营战略与发展方向的把握是借助差异化表决权的功能得以实现的。公司的公众投资者与创始管理层之间存在较大的治理能力差距,因此,特别表决权的持有人资格通常被限定为对公司发展具有长远特质愿景的创始人或具备较高公司治理能力与专业理论知识的管理层,美国公司法律没有强制性对控制性股东资格进行规定。美国实践中,常见的控制性股东除公司创始人外,还包括家族企业的家族成员与董事。[①] 香港证券交易所与新加坡证券交易所的上市规则都规定特别表决权股东必须担任公司董事。在采用差异化表决权安排的公司中,高度分散的股权结构是差异化表决权的生成环境,公司经营管理层与股东的主要矛盾在差异化表决权的推行下会逐渐让位于控制性股东与非控制性股东之间的矛盾。控制性股东大多兼具股东与董事的双重身份,由于差异化表决权是在股权结构高度分散的环境中生成,所以对公司经营管理层与股东之间矛盾的关注尤甚,对于控制性

[①] 郭雳、彭雨晨:《双层股权结构国际监管经验的反思与借鉴》,载《北京大学学报(哲学社会科学版)》2019年第2期,第140页。

股东的身份关注不足。基于控制性股东享有超额表决权具有一定的人身依附性，同时存在扩张差异化表决权法律风险的可能，所以在采用差异化表决权安排的公司中应严格约束控制性股东的行为。

(四) 强化非特别表决权股东的利益保护

严格约束特别表决权股东的行为与强化非特别表决权股东的权益保护都是规范展开的理念基点。在单一的股权结构中，包括中小股东在内的所有股东都有权利批准公司的股东会决议以及选举董事会。易言之，即使非特别表决权股东不能够直接控制公司，但是其至少可以一定程度地参与公司治理的过程，以公司利益最优为指引选举产生董事会，进而由董事会产生经理层。然而差异化表决权的推行使非特别表决权股东丧失了参与公司治理进程的权利，股东的提案权、股东大会召集权、董事选举权等权利都将被剥夺。虽然非特别表决权股东所持有的股票所对应的表决权相较于超额表决权的比例而言是微小的，以至于非特别表决权股东的权利在一般情况下都可以被否决。但是股东的提案权、股东大会召集权、董事选举权等权利背后代表的是一种公司章程建立起来的问责机制，限制或剥夺事前权利将使非特别表决权股东的合法利益难以得到保障。此外，非特别表决权股东会成为采用差异化表决权安排而引发的财务风险的承担者，显然背离了权利义务的一致性原则。股东代表诉讼与直接诉讼等事后权利受限于行使成本高昂也被束之高阁。最终公司下跌的股价便会成为非特别表决权股东权益保护不力的典型特征。非特别表决权股东难以保持稳定的声量维护自身的权利，加之自利性行为对于特别表决权股东而言具有极高的发生性，不同表决权股东的利益天平会呈现失衡状态，所以需要强化对非特别表决权股东的利益保护。

第四章　差异化表决权在我国的立法演变与实践考察

差异化表决权自身兼具利弊，从宏观的立法态度审视，我国对待差异化表决权的立法安排经历了从相对模糊到逐渐认可的观点变迁。实践的探索先于立法的回应，以此彰显立法进行充分回应之必要。在借鉴域外成熟制度经验的基础上，科创板正式引入差异化表决权，并不断向多层次资本市场的其他板块扩张。故而，我国需要对现行差异化表决权法律规制存在的问题予以梳理，进而针对性地分析法律规制的立场选择与利益冲突防范的策略认知。

第一节　差异化表决权在我国的立法生成

差异化表决权在我国的立法演变主要包括立法态度的变迁过程以及演变的成因与路径分析。从相对模糊到逐渐认可的立法态度变迁与中概股公司在境外上市热潮的刺激性作用有关，域外制度经验的借鉴对于推进差异化表决权的本土化生成的作用显著。故而，从相对模糊到逐渐认可的立法态度变迁内蕴了公司实践的动态与域外制度借鉴的过程。

一、从相对模糊到逐渐认可的立法态度变迁

我国对待差异化表决权的态度经历了从相对模糊到逐渐认可的过程演变，这一演变是渐次进行的，背后反映了我国对待财产权型类别股与表决权型类别股的差异化认知，审慎与稳健的立场将进一步指引差异化表决权在我国证券市场的深化发展。

(一) 相对模糊态度的规范审视

在规范法学的学科演进与整个法学学问内涵的不断丰富中，规范分析方法一直发挥着至关重要的作用，可以说，规范分析方法是整个规范法学乃至法学学问的核心研究方法。法律规范分析的核心内容在于对法律权利与法律义务两大组成部分的逻辑性与清晰性进行的有效梳理。[1] 规范分析的对象是制度事实，制度事实产生的前提是法律规范，没有法律规范的存在，制度事实便无存在之意义。在法律规范的前提下，不同的法律主体采取的交往行为会形成社会事实，社会事实在法律规范的重塑下会产生一定的法律意义，由此，社会事实便转换为制度事实。规范体系、运行效果、价值载体三者共同构成制度事实的内涵要素，具体的表现形式有正式的法律解释表现、司法实践对法律适用的表现、法律组织设施的安排表现以及法律规范的具体设定表现。所以对差异化表决权的考察首先应从我国法律规范文本的内容入手。

---

[1] 谈萧:《规范法学的方法构成及适用范围》，载《法律科学（西北政法大学学报）》2012年第4期，第37页。

我国《公司法》与差异化表决相关的条款集中反映在第 65 条、第 116 条、第 143 条与第 144 条之中。其中《公司法》第 65 条[①]是关于有限责任公司表决权行使依据的规定，基于有限责任公司人数的上限规定以及股权凭证（出资证明书）流通性的不足，所以封闭性与人合性的特征便嵌入有限责任公司之中。其中，封闭性之于有限责任公司是人合性的结果，易言之，封闭性之于有限责任公司的设定是为了保护人合性的效能不被减损，有限责任公司股东对公司以外第三人转让股权的限制便是保护人合性不被减损的目的所致。所以高度的人身信赖关系使得股东之间可以通过自治协商的方式进行公司内部治理事项的选择。考虑到有限责任公司封闭性与人合性的设定，《公司法》一般不会强制性干预有限责任公司内部治理规则的设置，所以关于有限责任公司都有"公司章程另有规定的除外"之类的表述，多见于《公司法》涉及有限责任公司的条款之中。

《公司法》第 65 条顺承着公司章程另有规定除外性条款的精神，表明股东的出资比例并不是股东行使表决权的唯一依据，有限责任公司的章程可以将股东行使表决权依据交由股东自行安排，所以，对于差异化表决权的设计与推行可以由股东之间自主约定。由于股份有限公司具有资合性与开放性的特征，最为典型的代表是上市公司，所以包括上市公司在内的股份有限公司的诸多条款都是由《公司法》进行强制性规定。而对于股份有限公司是否存有采用差异化表决权安排的空间，《公司法》既没有直接

[①] 第 65 条：股东会会议由股东按照出资比例行使表决权；但是，公司章程另有规定的除外。

允许，也没有明文禁止，呈现出一种相对模糊的立法态度。《公司法》第 116 条第 1 款①是关于"一股一权"规定的表述，《公司法》第 143 条②是关于"同股同权"规定的表述。换言之，对于公司股权结构与股份类别的设置与安排，从我国《公司法》层面来看，长期推行的"一股一权"与"同股同权"原则仍然被稳定固守着。由上可知，我国《公司法》并未对公司设置差异化表决权予以明文规定，同时，我国资本市场长期将"法无明文规定即禁止"奉为圭臬，所以差异化表决在我国法律文本的规范分析上存在合法性推演的现实障碍。

另外，从理论上讲《公司法》第 143 条仅强调相同类别的股份应当具有相同内容的权利，但对于多种类别股的形式并不禁止存在，故而，可以认为无表决权股、限制表决权股、特别表决权股在我国存有一定的制度空间。有学者也曾提到：第 143 条重点表明了同一类别的股份在所包含的股份权能上应当相同，同时也强调了同一类别的股份如果发行时是同一次，那么每一股份的发行价格与发行条件应当一致，这两层含义是第 143 条的集中反映。进一步来看，这是否意味着同一公司可以发行不同类别的股份，只要同一类别的股份满足一致的价格与权利内容即可呢？③

---

① 第 116 条第 1 款：股东出席股东会会议，所持每一股份有一表决权，类别股股东除外。公司持有的本公司股份没有表决权。

② 第 143 条：股份的发行，实行公平、公正的原则，同类别的每一股份应当具有同等权利。同次发行的同类别股份，每股的发行条件和价格应当相同；认购人所认购的股份，每股应当支付相同价额。

③ 参见朱慈蕴、［日］神作裕之、谢段磊：《差异化表决制度的引入与控制权的本权制的创新——以中日差异化表决权实践为视角》，载《清华法学》2019 年第 2 期，第 18 页。

我国《公司法》第 144 条①进一步为采用差异化表决权安排提供了空间，公司可以按照公司章程的规定发行类别股。

（二）逐渐认可态度的规范进展

类别股最早是以股权中的财产权类型调整为入口，早在 2013 年国务院便对优先股作出了明确规定，②而表决权类型的类别股形态扩张直到 2018 年才被国务院进行规定。③由此可见，我国关于差异化表决权的立法安排总体持审慎态度。笔者认为，从财产权型类别股过渡到表决权型类别股，并不是冒进式的改革方式，而是充分认识到了公司内部权利配置对公司治理效果影响之巨大。优先股至多属于财产权的范畴，多以分红与股息收益为表现，基本上是自益权的延伸结果。而差异化表决权属于表决权的分级化安排，属于共益权的延伸结果，但是涉及的权利并不仅限

---

① 第144条，公司可以按照公司章程的规定发行下列与普通股权利不同的类别股：（一）优先或者劣后分配利润或者剩余财产的股份；（二）每一股的表决权数多于或者少于普通股的股份；（三）转让须经公司同意等转让受限的股份；（四）国务院规定的其他类别股。公开发行股份的公司不得发行前款第二项、第三项规定的类别股；公开发行前已发行的除外。公司发行本条第一款第二项规定的类别股的，对于监事或者审计委员会成员的选举和更换，类别股与普通股每一股的表决权数相同。

② 2013 年 11 月 30 日国务院发布《国务院关于开展优先股试点的指导意见》（以下简称《指导意见》）。

③ 2018 年 9 月 18 日，国务院发布《国务院关于推动创新创业高质量发展打造"双创"升级版的意见》（以下简称《"双创"升级版意见》），其中第 26 条规定：拓宽创新创业直接融资渠道。支持发展潜力好但尚未盈利的创新型企业上市或在新三板、区域性股权市场挂牌。推动科技型中小企业和创业投资企业发债融资，稳步扩大创新创业债试点规模，支持符合条件的企业发行"双创"专项债务融资工具。规范发展互联网股权融资，拓宽中小微企业和创新创业者的融资渠道。推动完善公司法等法律法规和资本市场相关规则，允许科技企业实行"同股不同权"治理结构。（证监会、发展改革委、科技部、人民银行、财政部、司法部等按职责分工负责）

于股东的人身性权利，还会包括由表决权外溢的财产性利益，所以权利的内涵更为复杂，利益的纷争更为集中。所以，从财产权型类别股过渡到表决权型类别股的过程表现出"先财产，后人身"的特征，是符合全球视野下类别股演进的整体趋势的。

《国务院关于推动创新创业高质量发展打造"双创"升级版的意见》属于国务院规范性文件，符合《公司法》第144条立法机关授权的内容，是表决权扩张的类别股形态的先河之举。同时《国务院关于推动创新创业高质量发展打造"双创"升级版的意见》第26条也为证监会赋权，据此，证监会有权根据国务院的授权及其职责，制定科技企业"同股不同权"治理机制的相关规范。2018年11月5日，习近平主席在首届中国国际进口博览会发表演讲时提到，将在上海证券交易所设立科创板并试点注册制。① 证监会《关于在上海证券交易所设立科创板并试点注册制的实施意见》第5条："允许特殊股权结构企业和红筹企业上市。"随后在《科创板上市公司持续监管办法（试行）》与《上市公司章程指引（2019修订）》都有关于差异化表决的规定，在《科创板上市规则》第四章第五节当中全面系统地对表决权差异化安排作出了规范。最高人民法院为此出台了《最高人民法院关于为设立科创板并试点注册制改革提供司法保障的若干意见》。《深圳证券交易所创业板股票发行上市审核规则》、《全国中小企业股份转让系统挂牌公司治理指引第3号——表决权差异安排》进一步将差异化表决权扩展至多层次资本市场之中（见表二）。

---

① 《推动设立科创板并试点注册制》，载中国政府网，https：//www.gov.cn/zhengce/2019-02/28/content_ 5369226.htm，2019年2月28日。

表二　国内关于差异化表决结构的规范进程梳理

发布时间	规范名称	主要内容
2005年10月27日	2005年《公司法》第132条	国务院可以对公司发行本法规定以外的其他种类的股份，另行作出规定。
2018年9月18日	《国务院关于推动创新创业高质量发展打造"双创"升级版的意见》第26条	推动完善公司法等法律法规和资本市场相关规则，允许科技企业实行"同股不同权"治理结构。
2019年1月28日	证监会《关于在上海证券交易所设立科创板并试点注册制的实施意见》第5条	规定允许特殊股权结构企业和红筹企业上市，允许科技创新企业发行具有特别表决权的类别股份。规定存在特别表决权股份的上市公司章程的必备内容为：特别表决权股份的持有人资格、特别表决权股份拥有的表决权数量与普通股份拥有的表决权数量的比例安排、持有人所持特别表决权股份能够参与表决的股东大会事项范围、特别表决权股份锁定安排及转让限制。明确上市申请公司的信息披露与投资者保护等主体职责。
2019年3月1日	证监会《科创板上市公司持续监管办法（试行）》第7条第1款	规定存在特别表决权股份的上市公司章程的必备内容为：特别表决权股份的持有人资格、特别表决权股份拥有的表决权数量与普通股份拥有的表决权数量的比例安排、持有人所持特别表决权股份能够参与表决的股东大会事项范围、特别表决权股份锁定安排及转让限制、特别表决权股份与普通股份的转换情形等事项。

续表

发布时间	规范名称	主要内容
2019年3月1日	《科创板上市规则》	规定了"表决权差异安排"的各项具体措施，包括设置的时间和程序、特别表决权股份持有人的资格限制、特别表决权股份的比例及表决权倍数、转换规则、特别表决权股份表决事项上的限制、信息持续披露制度等。
2019年4月17日	证监会《上市公司章程指引（2019修订）》第15条	公司股份的发行，实行公开、公平、公正的原则，同种类的每一股份应当具有同等权利。存在特别表决权股份的上市公司，应当在公司章程中规定特别表决权股份的持有人资格、特别表决权股份拥有的表决权数量与普通股份拥有的表决权数量的比例安排、持有人所持特别表决权股份能够参与表决的股东大会事项范围、特别表决权股份锁定安排及转让限制、特别表决权股份与普通股份的转换情形等事项。公司章程有关上述事项的规定，应当符合交易所的有关规定。同次发行的同种类股票，每股的发行条件和价格应当相同；任何单位或者个人所认购的股份，每股应当支付相同价额。

续表

发布时间	规范名称	主要内容
2019年6月20日	《最高人民法院关于为设立科创板并试点注册制改革提供司法保障的若干意见》第6条	尊重科创板上市公司构建与科技创新特点相适应的公司治理结构。科创板上市公司在上市前进行差异化表决权安排的，人民法院要根据全国人大常委会对进行股票发行注册制改革的授权和公司法第一百三十一条的规定，依法认定有关股东大会决议的效力。科创板上市公司为维持创业团队及核心人员稳定而扩大股权激励对象范围的，只要不违反法律、行政法规的强制性规定，应当依法认定其效力，保护激励对象的合法权益。
2020年1月3日	《全国中小企业股份转让系统挂牌公司治理规则》	第19条 科技创新公司可以按照法律法规、部门规章、业务规则的规定，发行拥有特别表决权股份。特别表决权股份相关安排，应当经出席股东大会的股东所持表决权的三分之二以上通过，拟持有特别表决权股份的股东及其关联方应当回避表决。 第20条 持有特别表决权股份的股东应当为公司董事，且在公司中拥有权益的股份达到公司有表决权股份的10%以上。每份特别表决权股份的表决权数量应当相同，且不得超过每份普通股份的表决权数量的10倍。存在特别表决权股份的公司表决权差异的设置、存续、调整、信息披露和投资者保护等事项，由全国股转公司另行规定。 第21条 特别表决权仅适用于公司章程约定的股东大会特定决议事项。除前述事项外，持有特别表决权股份的股东与持有普通股份的股东享有的权利完全相同。

续表

发布时间	规范名称	主要内容
2020年4月9日	《全国中小企业股份转让系统挂牌公司治理指引第3号——表决权差异安排》	一、符合本指引有关规定的基础层、创新层挂牌公司可以按照指引规定的程序设置、运行表决权差异安排。 二、设有表决权差异安排的申请挂牌公司可以申请在基础层、创新层挂牌。申请挂牌时，公司设置的表决权差异安排应当符合本指引的有关规定。 三、设有表决权差异安排的挂牌公司可以申请向不特定合格投资者公开发行并在精选层挂牌。申请时，公司设置的表决权差异安排应当平稳运行至少一个完整会计年度。精选层挂牌公司不得新设表决权差异安排。
2020年6月12日	《深圳证券交易所创业板股票发行上市审核规则》第83条	表决权差异安排：指发行人按照《中华人民共和国公司法》第一百三十一条的规定，在一般规定的普通股份之外，发行拥有特别表决权的股份。每一特别表决权的股份拥有的表决权数量大于每一普通股份拥有的表决权数量，其他股东权利与普通股份相同。
2020年6月19日	《全国中小企业股份转让系统表决权差异安排业务指南》	（一）适用范围 申请挂牌公司、挂牌公司关于表决权差异安排的相关业务流程及操作要求等，适用本指南。《表决权差异安排指引》第五条所称"发行拥有特别表决权股份"，是指公司发行在外的股份可以拥有特别表决权。 （二）适用行业标准的认定 《表决权差异安排指引》第五条所称的"科技创新公司"是指符合国家统

续表

发布时间	规范名称	主要内容
2020年6月19日	《全国中小企业股份转让系统表决权差异安排业务指南》	计局《战略性新兴产业分类（2018）》划定的战略性新兴产业等标准的公司。"科技创新公司"的认定标准根据上述标准的调整而进行同步调整。 （三）关于机构投资者的认定 《表决权差异安排指引》第六条所称的"机构投资者"，是指《证券期货投资者适当性管理办法》第八条第一款第（一）至（四）项规定的专业投资者。 （四）特别标识 申请挂牌公司、挂牌公司具有表决权差异安排的，其股票特别标识为"W"；挂牌公司不再具有表决权差异安排的，该特别标识取消。特别标识"W"在市场行情及符合《证券法》规定的信息披露平台展示。挂牌公司应当在其披露公告的显著位置标明本公司拟设或设有表决权差异安排的情况。

由表二可知，我国关于差异化表决结构的规则体系总体呈现出"自上而下""由内而外""从整体到局部"的全方位、多维度格局安排，立法层面逐渐认可的态度已然明朗，关于差异化表决结构规范的立法层级也将不断上升。从近期来看，在刚公布的新《公司法》中，为了适应不同投资者的多元化投资需求，在第144条明确将优先股、劣后股、特殊表决权股与转让受限股等类别股类型予以包含，其中表决权差异化安排的股份类型赫然在列。这预示着未来关于差异化表决权的法律规制将进一步深化与完善。

二、从境外上市到境内上市的实践趋势

从境外上市到境内上市的实践趋势演变一方面反映了我国公司对差异化表决权需求的强烈,另一方面展示了我国立法态度变迁后对采用差异化表决权安排公司的吸引力提升。在解释我国立法态度变迁的直接原因时,也进一步为差异化表决权在我国立法的演进指明了方向。

(一) 境外上市的实践热潮

围绕旧制度的创新与突破是改革发生的实质性意义所在,法律制度的创新总是迟滞于改革的发生。关于经济实践的改革肇始于市场经济领域,再通过实践过程中产生的多样化经验进行规律性总结,从而再上升为法律层面的规定。美国作为差异化表决权的起源地,公司采用差异化表决权安排的实践十分普遍。在我国交易所尚未接纳差异化表决权之前,基于经济全球化的影响,国内的一些公司在较早的 2004 年便存在赴美国上市的情形。[①] 而后,有多家公司陆续参照艺龙旅行网的实例,纷纷采用差异化表决权安排在美国上市。截至 2019 年 3 月 1 日,[②] 笔者依据对搜狐财经、新浪财经、同花顺财经、东方财富网等财经网站关于"中

[①] 在 2004 年艺龙旅行网成为我国最早采用差异化表决权安排在美国上市的公司。依艺龙旅行网的公司章程规定,每一股特别表决权股份享有的表决权是每一股普通股股份享有表决权的 15 倍。

[②] 选定的时间是 2019 年 3 月 1 日是因为我国《科创板上市规则》是于当日颁布,具有一定的节点区分意义。

国概念股"① 相关信息的统计,结合万得(Wind)数据库筛选出217家中概股公司,进一步通过查询SEC官网②中披露的中概股公司上市文件和公司章程等公开信息,共发现63家公司采用了差异化表决权安排(见表三)。③

表三 在美国上市并采用差异化表决权结构的中概股公司④

证券名称	上市日期	上市交易所	表决权倍数	所属行业
百度	2005.08.05	NASDAQ	20倍	软件与服务
畅游	2009.04.02	NASDAQ	10倍	软件与服务
安博教育	2010.08.05	AMEX	10倍	消费者服务
搜房网	2010.09.17	NYSE	10倍	软件与服务
好未来	2010.10.20	NYSE	10倍	消费者服务
世纪互联	2011.04.21	NASDAQ	10倍	软件与服务
人人网	2011.05.04	NYSE	10倍	软件与服务
凤凰新媒体	2011.05.12	NYSE	1.3倍	软件与服务
欢聚时代	2012.11.21	NASDAQ	10倍	软件与服务
兰亭集势	2013.06.06	NYSE	3倍	零售业
58同城	2013.10.31	NYSE	10倍	软件与服务
500彩票网	2013.11.22	NYSE	10倍	消费者服务

---

① 中概股全称中国概念股,是指在海外注册和上市、但最大控股权(通常为30%以上)或实际控制人直接或间接隶属于中国内地的民营企业或个人的公司。本书探讨范围仅为在美上市中概股。李行健、李广子:《中概股退市的动机及其溢价来源研究》,载《经济科学》2017年第4期,第47页。

② https://www.sec.gov/.

③ 为便于概览本书以上市时间进行公司排序,纽约证券交易所简称NYSE,全美证券交易所简称AMEX,纳斯达克证券市场简称NASDAQ。

④ 数据来源:Wind数据库与SEC官网披露的相关信息整理。

续表

证券名称	上市日期	上市交易所	表决权倍数	所属行业
汽车之家	2013.12.11	NYSE	1倍	软件与服务
达内科技	2014.04.03	NASDAQ	10倍	消费者服务
微博	2014.04.17	NASDAQ	3倍	软件与服务
猎豹移动	2014.05.08	NYSE	10倍	软件与服务
途牛	2014.05.09	NASDAQ	10倍	零售业
聚美优品	2014.05.16	NYSE	10倍	零售业
京东	2014.05.22	NASDAQ	20倍	零售业
迅雷	2014.06.24	NASDAQ	10倍	软件与服务
阿里巴巴	2014.09.19	NYSE	1倍	零售业
一嗨租车	2014.11.18	NYSE	10倍	运输
陌陌	2014.12.11	NASDAQ	5倍	软件与服务
宝尊电商	2015.05.21	NASDAQ	10倍	软件与服务
国双	2016.09.23	NASDAQ	10倍	软件与服务
中通快递	2016.10.27	NYSE	10倍	运输
万国数据	2016.11.02	NASDAQ	20倍	软件与服务
信而富	2017.04.28	NYSE	10倍	多元金融
博实乐	2017.05.18	NYSE	20倍	消费者服务
百世集团	2017.09.20	NYSE	B股15倍 C股30倍	运输
寺库	2017.09.22	NASDAQ	20倍	零售业
趣店	2017.10.18	NYSE	10倍	多元金融
搜狗	2017.11.09	NYSE	10倍	软件与服务
拍拍贷	2017.11.10	NYSE	20倍	多元金融
简普科技	2017.11.16	NYSE	10倍	多元金融

续表

证券名称	上市日期	上市交易所	表决权倍数	所属行业
多尼斯	2017.12.20	NASDAQ	3倍	零售业
乐信	2017.12.21	NASDAQ	10倍	多元金融
爱点击	2017.12.22	NASDAQ	20倍	软件与服务
盛世乐居	2018.02.05	NASDAQ	10倍	消费者服务
华米科技	2018.02.08	NYSE	10倍	技术硬件与设备
尚德机构	2018.03.23	NYSE	B股7倍 C股10倍	消费者服务
格林酒店	2018.03.27	NYSE	3倍	消费者服务
哔哩哔哩	2018.03.28	NASDAQ	10倍	软件与服务
爱奇艺	2018.03.29	NASDAQ	10倍	软件与服务
AGM	2018.04.18	NASDAQ	5倍	软件与服务
虎牙直播	2018.05.11	NYSE	10倍	软件与服务
拼多多	2018.07.26	NASDAQ	10倍	零售业
极光	2018.07.26	NASDAQ	10倍	软件与服务
灿谷	2018.07.26	NYSE	20倍	零售业
蔚来	2018.09.12	NYSE	B股4倍 C股8倍	汽车与汽车零部件
1药网	2018.09.12	NASDAQ	15倍	食品与主要用品零售
趣头条	2018.09.14	NASDAQ	10倍	软件与服务
云米科技	2018.09.25	NASDAQ	10倍	零售业
流利说	2018.09.27	NYSE	10倍	消费者服务
触宝	2018.09.28	NYSE	25倍	软件与服务
小牛电动	2018.10.19	NASDAQ	4倍	汽车与汽车零部件
品钛	2018.10.25	NASDAQ	15倍	软件与服务

续表

证券名称	上市日期	上市交易所	表决权倍数	所属行业
微贷网	2018.11.15	NYSE	5倍	多元金融
团车	2018.11.20	NASDAQ	15倍	零售业
蘑菇街	2018.12.06	NYSE	30倍	零售业
腾讯音乐	2018.12.12	NYSE	15倍	媒体业
360金融	2018.12.14	NASDAQ	20倍	多元金融
知临集团	2018.12.18	NASDAQ	10倍	制药、生物科技与生命科学

由表三可知，这些公司遍及互联网、金融、教育、医疗、媒体等行业，涉及的行业领域十分广泛，多以"互联网+为主"。尤其从2015年起呈现出显著增长之势，可见，国内公司对于差异化表决权的需求是十分强烈的，美国证券市场提供了多元化的融资体系设计具有巨大的市场吸引力，也使得中概股公司掀起了在境外实践差异化表决权的热潮。

(二) 境内上市的实践萌生

差异化表决权境内的实践萌生从制度变革开始。最早是在2018年的证券监管会议上，证监会表示，要改革上市发行制度，稳步推进股票发行制度改革，增加制度的包容性和适应性，加大对新技术、新产业、新业态、新模式的支持力度，加快完善支持科技创新的资本形成机制。① 2018年3月30日，证监会发布《关

---

① 《证监会系统2018年工作会议：改革发行上市制度增加包容性和适应性》，载中证网，https://www.cs.com.cn/xwzx/201802/t20100201_5694185.html，2018年2月1日，最后访问日期：2018年3月15日。

于开展创新企业境内发行股票或存托凭证试点若干意见》，规定对于那些已经在境外上市的大型红筹企业，以及尚未在境内上市的创新企业，可以申请在境内资本市场发行存托凭证①上市。这意味着，未来通过发行存托凭证的方式，境外差异化表决权公司发行的股份即可以在我国上市交易。存托凭证作为一种金融衍生工具②为境内投资者与境外融资公司搭建了跨境资本流动的桥梁。2018年6月11日，证监会披露《小米集团公开发行存托凭证招股说明书》，小米集团成为首个在我国境内发行存托凭证招股说明书的公司。随后，在2018年6月15日，上海证券交易所与深圳证券交易所同时发布了各自交易所具体的实施办法。以上说明差异化表决权公司虽然没有获得直接在我国境内上市的依据，但证监会已经开始考虑制定"同股不同权"的法律规则。③ 在2020年3月1日起正式实施的《证券法》中，存托凭证被纳入到法定的证券种类。④ 此外，在2018年9月，国务院发布了《关于推动创新创业高质量发展打造"双创"升级版的意见》第26条提出推动完善公司法等法律法规和资本市场相关规则，允许科技企业实行"同股不同权"治理结构。2019年3月1日《科创板上市规则》中正式规定了"表决权差异化安排"的内容，为实践的展开

---

① 存托凭证是指由存托人签发、以境外证券为基础在中国境内发行，代表境外基础证券权益的证券。见《存托凭证发行与交易管理办法（试行）》第2条第1款。
② 薛晗：《中国存托凭证制度的规制逻辑与完善路径》，载《中国政法大学学报》2019年第2期，第96页。
③ 高菲：《新经济公司双层股权结构法律制度研究》，法律出版社2019年版，第106页。
④ 《证券法》第2条第1款：在中华人民共和国境内，股票、公司债券、存托凭证和国务院依法认定的其他证券的发行和交易，适用本法；本法未规定的，适用《中华人民共和国公司法》和其他法律、行政法规的规定。

提供了明确的法律依据。

笔者查询上海证券交易所中科创板股票发行上市审核中披露的相关信息，截至2022年3月27日，合计在科创板申请上市的公司数量为715家，通过逐一查阅这715家上市公司的《招股说明书》，围绕《招股说明书》中公开披露的关于差异化表决权安排的信息，可以发现有15家上市公司采用了差异化表决权安排（见表四）。

表四　科创板中采取差异化表决权的公司概况[①]

公司名称	最新审核状态	时间	表决权倍数
优刻得科技股份有限公司	注册生效	2019.12.20	5倍
九号有限公司	注册生效	2020.09.22	5倍
深圳市柔宇科技股份有限公司	终止	2021.02.10	4倍
上海禾赛科技股份有限公司	终止	2021.03.11	5倍
京东数字科技控股股份有限公司	终止	2021.04.02	10倍
依图科技有限公司	终止	2021.06.30	6倍
华勤技术股份有限公司	已问询	2021.07.15	2倍
奥比中光科技集团股份有限公司	已问询	2021.07.22	5倍
四川汇宇制药股份有限公司	注册生效	2021.08.03	5倍
云从科技集团股份有限公司	提交注册	2021.08.04	6倍
精进电动科技股份有限公司	注册生效	2021.09.01	10倍
旷视科技有限公司	上市委会议	2021.09.09	10倍
思特威（上海）电子科技股份有限公司	提交注册	2021.12.03	5倍

---

① 数据来源：上海证券交易所科创板股票审核项目动态资料，http://kcb.sse.com.cn/renewal/。

续表

公司名称	最新审核状态	时间	表决权倍数
浙江太美医疗科技股份有限公司	已问询	2022.01.22	8倍
北京经纬恒润科技股份有限公司	注册生效	2022.02.15	6倍

通过表四可以发现，自《科创板上市规则》中确立了差异化表决权的合法地位之后，涉及医药、新能源、新材料、信息技术等行业的公司都有采用差异化表决权的实践，呈现出较为显著的增长态势，由此可以认为在境内上市采取差异化表决权的公司渐有兴起之势。[①] 未来会随着差异化表决权深入到多层次资本市场的步伐，进一步实践于多层次资本市场之中。

三、从域外借鉴到本土化生成的制度回应

差异化表决权本土化规则的生成主要是借鉴域外的成熟经验，以此可以回应我国公司对差异化表决权的急迫需求，也将差异化表决权在我国立法演变的路径选择成因予以体现。

（一）域外经验形成的总体概览

随着经济全球化和国际经济一体化的发展，法律借鉴的范围更加广泛。大部分法律借鉴的首要原因可以归结为经济因素，因此早期法律借鉴的内容也主要集中在民法、商法等私法领域。[②]

---

① 其中需要说明的是，4家终止在科创板上市的公司均是因发行人撤回发行上市申请或者保荐人撤销保荐，上交所根据《审核规则》第67条（二）终止了这4家公司的发行上市审核。

② 何勤华：《法律移植论》，北京大学出版社2008年版，第233页。

时至今日，民商事领域的规则在法律借鉴层面仍占有较大比例。差异化表决权是市场竞争需求下的公司治理创新，对于差异化表决权的态度，一些国家和地区具有较大的差异。差异化表决权源起于美国，曾在20世纪初有着广泛应用，但由于存在较大的争议，纽交所曾经一度禁止差异化表决权在上市公司的适用。20世纪80年代起，差异化表决权作为预防敌意收购的重要手段，再次在上市公司中掀起实践热潮。纽交所与纳斯达克先后又允许了差异化表决权的存在。近年来，在世界各地证券交易市场"朝底竞争"的态势下，一些新兴国家和地区的资本市场逐渐开始修改关于"一股一票"的法律规则。总的来说，这些国家和地区对于差异化表决权的规定可以分为四种情形：首先，公司法允许公司采取双层股权结构，上市规则允许其上市。例如美国、瑞典、加拿大、日本、英国、新加坡、中国香港地区均在此类。其中，日本、英国、新加坡和中国香港地区是近期才进行的规则修改。2014年3月，日本东京证券交易所第一家双层股权的差异化表决权的赛百达因（Cyberdyne）公司上市。同年5月，英国伦敦证券交易所修改上市规则，允许差异化表决权公司上市。[1] 2018年6月，新加坡证券交易所（SGX）颁布了上市规则修正案，允许双层股权的差异化表决权公司上市。2017年，港交所发表概念性文件，提出在中国香港地区主板市场之外设立新板市场引进双层股权结构，得到香港证监会（SFC）的支持。最终中国香港地区自2018年4月起，允许双层股权结构公司上市。其次，一些国家

---

[1] 朱翔宇、柴瑞娟：《双层股权结构时间型"日落条款"研究——以证券交易所竞争为视角》，载《上海金融》2021年第7期，第64页。

（地区）允许差异化表决权的公司存在，但禁止此类股权结构的公司上市，如澳大利亚。再次，一些国家（地区）在公司法和上市规则中禁止公众公司采用差异化表决权，如西班牙、德国。最后，一些国家（地区）在法律上强制性规定公司的股权结构仅为一股一票，这便意味着差异化表决权没有适用的空间。[①]

围绕对差异化表决权进行立法规定的国家和地区展开研究可以发现，差异化表决权的规则安排主要着眼于以下三个方面：其一，在设置上作出了一定的前置性要求。例如公司采用差异化表决权应在首次公开发行之前（IPO），多数国家和地区目前仅允许双层股权结构的表决权差异化安排，但在美国已经出现了三级表决权安排的公司。此外，科技创新型公司对于差异化表决权的制度需求较大，与资本密集型公司存在一定的发展进程与向度差异。其二，在运行进程上有着较为详尽系统的规则安排。首先，在特别表决权股东的主体资格限定方面。对特别表决权股东的人力资本权衡与智识能力考察是判断公司特质愿景是否掌握在其手中的重要依据，特别表决权股东所持有的股份数量代表着表决权与收益权的分离程度，持有的股份越少，公司的代理成本就越高，所以对特别表决权股东所持有的股份数量占总发行有表决权的股份的比例也有所规定。其次，在特别表决权股东持有的特别表决权股份的限定方面。特别表决权股份与普通股股份在表决权层面的倍数差异，大多数国家和地区是有规定的，出现无表决权的情形实属少数。此外，在收益权方面，特别表决权股东与普通

[①] 于莹、梁德东：《我国双层股权结构的制度构造》，载《吉林大学社会科学学报》2021年第2期，第68页。

股股东、无表决权股东均无差异。还有对特别表决权股在证券二级市场禁止交易的规定。再次,特别表决权股份转换为普通表决权股份的规定(日落条款)。转让型日落条款、事件触发型日落条款、固定期限日落条款、稀释型日落条款均是其具体表现。最后,对应当恢复"一股一票"表决的重大事项范围进行规定。主要是涉及公司的重大事项以及与特别表决权股份相关的决议。其三,在投资者保护方面有着专门的规定。关于普通表决权股东与无表决权股东保护的内容主要是聚焦公司治理制度中的特殊规定。尤以信息披露制度为关键,怎样将采用差异化表决权公司的信息及时、准确、完整地传递给投资者十分重要。此外,类别股东大会的设计会有力地保护投资者的利益,投资者的诉讼路径也将提供最后的权利救济方式。概言之,设置要求作为前置性规范,可以明确市场准入门槛,为运行规则的展开提供制度前提。运行规则作为差异化表决权法律规制的核心,是一种动态调整机制,与投资者保护密切相关。投资者保护作为落脚点,强化了对内部公司治理与对外信息披露的路径保障。

(二) 本土制度形成的具体呈现

对差异化表决权的域外经验借鉴集中反映在《科创板上市规则》之中。我国新《公司法》虽然对差异化表决权有着明确的入法态度,但是暂未对差异化表决权进行完整的法律规范设计与配套机制改革。故而,下文将以经过运行的《科创板上市规则》中的表决权差异安排一节为主要分析对象,如此更具现实意义与研讨深度,在此基础上兼顾新《公司法》相关规范的表达,进而对我国本土制度形成的具体规则进行整体呈现与说明。

梳理科创板中差异化表决权的法律规则安排可以明晰三方面的设计思路：一是明确准入标准、严格适用范围，仅允许部分隶属于国家重扶持的行业领域、突破核心技术、创始人发挥主导作用的科技创新型公司设置；二是严格管控风险，配套系统举措规范和保障制度运行，避免特别表决权股东权利的滥用；三是强化投资者权益的保护。以管理层决策程序与普通表决权股东保护机制为切入点，重点关注信息披露与公司治理的动态效果等内容。

科创板差异化表决权的法律规制主要包含设置要求、运行规则、投资者保护三个维度。一是设置要求方面，对行业和财务指标、特殊安排方面作出了明确规定：（1）行业限制：要求申请公司应属于科技创新型企业；（2）财务要求：以市值为标准。此外，还包括一些特殊规则配套。二是运行规则方面，具体关注四个问题：特别表决权股东主体资格的取得条件；特别表决权股份的限制性规定；日落条款，[①] 即特别表决权股份转换为普通表决权股份的情形；应恢复"一股一权"表决的重大事项范围。三是投资者保护方面，对公司治理和信息披露作出了规定。科创板差异化表决权的法律规则（见图一）。

[①] 根据国外最新的理论发展，在彻底禁止差异化表决机制和允许发行者自由采用差异化表决机制之间，产生了一种折中立场，即提出了所谓的"日落条款"。日落条款是指在某些预先指定的日期或发生特定事件时，全部或部分高表决权股票转换为低表决权股票，有效地消除了差异化表决机制的历时性风险敞口。吉尔·费彻、史蒂亢·戴维多夫·所罗门：《日落条款问题》。See Jill Fisch & Steven Davidoff Solomon, The Problem of Sunsets, 99 B. U. L. Rev. 1057, 1078 (2019)。

图一　科创板差异化表决结构的法律规则

科创板差异化表决结构的法律规则

- **设置要求**
  - **行业领域** — 科技创新型公司
    1. 国家重点支持行业
    2. 突破关键核心技术
    3. 市场认可度高
    4. 创始人发挥重大作用
  - **财务指标** — 以市值为准
    1. 预计市值不低于人民币100亿元
    2. 预计市值不低于人民币50亿元，且最近一年营业收入不低于人民币5亿元

- **运行规则**
  - **特殊安排**
    1. 表决权差异安排应当稳定运行至少1个完整会计年度
    2. 公司应在IPO前采用差异化表决结构的安排
  - **特别表决权股东主体资格**
    1. 对发行人发展或业务增长等作出重大贡献
    2. 在公司上市前及上市后持续担任公司董事的人员或者该等人员实际控制的持股主体
    3. 特别表决权股东在上市公司中拥有权益的股份合计应当达到公司全部已发行有表决权股份的10%以上
  - **特别表决权股份限制性规定**
    1. 每份特别表决权股份的表决权数量应当相同，且不得超过每份普通股份的表决权数量的10倍
    2. 除公司章程规定的表决权差异安排外，普通股份与特别表决权股份具有的其他股东权利应当完全相同
    3. 特别表决权比例不得超过90%，且公司上市后特别表决权比例不得因增发、回购等原因高于原有水平
    4. 特别表决权股份不得在二级市场进行交易
  - **特别表决权股份转换为普通表决权股份的情形（日落条款）**
    1. 不再符合《上市规则》关于特别表决权股东主体资格的规定和最低持股要求或丧失相应履职能力，出现离任、死亡等情形
    2. 实际持有特别表决权股份的股东失去相关持股主体的实际控制
    3. 持有特别表决权股份的股东向他人转让所持有的特别表决权股份，或者将特别表决权股份的表决权委托他人行使
    4. 公司的控制权发生变更
  - **应恢复"一股一权"表决的重大事项范围**
    1. 对公司章程作出修改
    2. 改变特别表决权股份享有的表决权数量
    3. 聘请或者解聘独立董事
    4. 聘请或者解聘为上市公司定期报告出具审计意见的会计师事务所
    5. 公司合并、分立、解散或者变更公司形式

- **投资者保护**
  - **公司治理**
    - 要求对普通表决权股东的股东大会表决进行单独计票并披露
    - 监事会应当在年度报告中对特别表决权机制的运行情况出具专项意见
      1. 持有特别表决权股份的股东是否持续符合《上市规则》规定的主体资格要求
      2. 特别表决权股份是否出现《上市规则》规定的永久转换情形并及时转换为普通股份
      3. 特别表决权比例是否一直符合《上市规则》的规定
      4. 持有特别表决权股份的股东是否存在滥用特别表决权或其他损害投资者合法权益的情形
      5. 公司及持有特别表决权股份股东遵守《上市规则》关于内部治理其他规定的情况
  - **信息披露**
    1. 年报披露实施及比例变化情况
    2. 公司对投资者权益的保护情况说明
    3. 监事会定期报告出具专项意见
    4. 保荐人、发行人、律师发表意见
    5. 公司对表决权的重大变化或调整说明

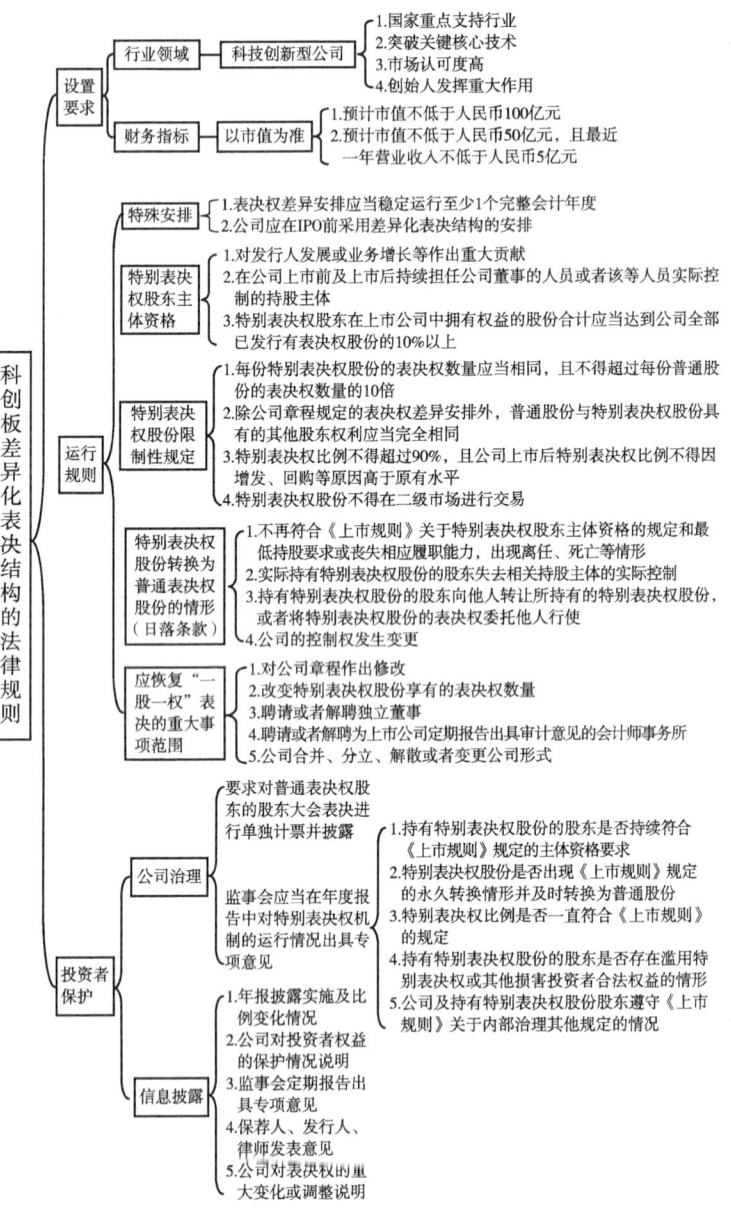

通过图一可知，针对科创板差异化表决权法律规制的设置要求、运行规则、投资者保护三个维度的划分是以平衡特别表决权股东与普通表决权股东的利益为主线厘定的。具体而言，设置要求与运行规则侧重于证券行政机关对上市与交易等市场外部规则的考量，以公司的实践阶段为切割依据。投资者保护更多反映了证券行政机关对公司治理与信息披露等内部规则的关注。设置要求作为前置性规范，对实践差异化表决权公司的行业领域、财务指标以及设置前提进行了严格要求，明确市场准入门槛。为运行规则的展开提供制度前提。运行规则作为差异化表决权法律规制的核心，是一种动态调整机制，与投资者保护密切相关。投资者保护作为差异化表决权法律规制的落脚点，强化了对内部公司治理与对外信息披露的路径保障。

总体而言，以设置要求、运行规则、投资者保护为科创板差异化表决权法律规制的线索展开，可以涵摄外部证券市场与内部公司治理的二元结构，以期实现特别表决权股东与非特别表决权股东利益平衡的价值追求。

此外，新《公司法》中涉及差异化表决权的规定主要在第95条[①]、

---

① 第95条 股份有限公司章程应当载明下列事项：（一）公司名称和住所；（二）公司经营范围；（三）公司设立方式；（四）公司股份总数，公司设立时应发行的股份数，发行面额股的，每股的金额；（五）发行类别股的，类别股的股份数及其权利和义务；（六）发起人的姓名或者名称、认购的股份数、出资方式；（七）董事会的组成、职权和议事规则；（八）公司法定代表人的产生、变更办法；（九）监事会的组成、职权和议事规则；（十）公司利润分配办法；（十一）公司的解散事由与清算办法；（十二）公司的通知和公告办法；（十三）股东会会议认为需要规定的其他事项。

第 116 条①、第 144 条②、第 146 条③。其中，第 95 条将类别股的股份数及其权利和义务作为股份有限公司章程的应载事项，由此可知，表决权的差异化安排也应作为股份有限公司章程的应载事项纳入其中。第 116 条法定化了类别股股东不遵循每一股份有一表决权的规定。第 144 条明确了公司可以按照章程的规定发行差异化表决权的股份。此外，公开发行股份的公司不得发行差异化表决权的股份，但公开发行前已发行除外的规定有着一定的边界与区分意义，实际上将非公开发行股份的公司作为发行差异化表决权股份的对象，体现出了立法者审慎与保守的态度，进一步来看，如何认识此规定与《科创板上市规则》之间的关系是十分必要的。第 146 条明确了遵循双重表决机制的启动条件在于公司决议可能存在对类别股股东的权利造成损害，不仅要通过出席会议的股东所持表决权的三分之二以上通过，还应当经出席类别股股东会的股东所持表决权三分之二以上通过，以此更为严格地保护

---

① 第 116 条 股东出席股东会会议，所持每一股份有一表决权，类别股股东除外。公司持有的本公司股份没有表决权。

股东会作出决议，必须经出席会议的股东所持表决权过半数通过。

股东会作出修改公司章程、增加或者减少注册资本的决议，以及公司合并、分立、解散或者变更公司形式的决议，必须经出席会议的股东所持表决权的三分之二以上通过。

② 第 144 条 公司可以按照公司章程的规定发行下列与普通股权利不同的类别股：（一）优先或者劣后分配利润或者剩余财产的股份；（二）每一股的表决权数多于或者少于普通股的股份；（三）转让须经公司同意等转让受限的股份；（四）国务院规定的其他类别股。公开发行股份的公司不得发行前款第二项、第三项规定的类别股；公开发行前已发行的除外。

③ 第 146 条 发行类别股的公司，有本法第一百一十六条第三款规定的事项，可能对类别股股东的权利造成损害的，除应当依照第一百一十六条第三款的规定经股东会决议外，还应当经出席类别股股东会的股东所持表决权三分之二以上通过。公司章程可以对需经类别股股东会决议的其他事项作出规定。

类别股股东的权益。

新《公司法》将非公开发行股份的公司作为发行差异化表决权股份的对象并不与《科创板上市规则》中发行差异化表决权股份的对象冲突。一方面在于新《公司法》与《科创板上市规则》之间存在一般与特殊的关系。新《公司法》是在公司法的整体视角下对发行差异化表决权股份的公司进行审视,从《公司法》的规定来看,非公开发行股份的公司即为以发起设立方式成立的股份有限公司,这是作为一般性规定存在的。《科创板上市规则》中对发行差异化表决权股份的对象限定为科技创新型公司,这是作为一种特殊性安排,是顺应证券市场整体发展趋势和提升资本市场竞争力现实的。《科创板上市规则》中允许采用差异化表决权安排的公司为公开发行的公司,并不会违反新《公司法》的主旨精神与设计理念,新《公司法》是从宏观视阈予以的厘定,《科创板上市规则》是从微观视阈予以的明晰,两者存在一般性表达与特殊性设置的关系。另一方面在于新《公司法》与《科创板上市规则》的功能协调设定。新《公司法》将非公开发行股份的公司作为发行差异化表决权股份的对象具有一定的填补功效,有限责任公司因本身具有高度的人合性,故而,在基于自身意思自治的前提下可以在公司章程中进行差异化表决权的设定。将非公开发行股份的公司明确作为采用差异化表决权安排的对象可以理解为一种赋权行为,在保持法律稳定性与适恰性的语境下对公司法具有一定的填补功效,《科创板上市规则》效力位阶更低,在强化资本市场竞争的导向下更具有创新性,所以才将科技创新型公司设定为发行差异化表决权股份的对象,规则的创新性与灵活性的表征相辅相成。简言之，新《公司法》与《科创板上市规则》在适用对象上的规定并不冲突，相反，将新《公司法》中涉及差异化表决权的规定与《科创板上市规则》涉及差异化表决权的规定进行总体审视来看，新《公司法》有宏观指引的功效，为差异化表决权规则体系的整体推进提供了方向，《科创板上市规则》有微观倒逼的功效，自下而上为差异化表决权规则体系的完善提供规范支撑。

总的来说，新《公司法》中涉及差异化表决权的规定主要有三个方面的积极意义：其一，反映出了立法者对差异化表决权入法的态度，为公司采用差异化表决权的实践提供了坚实的制度空间，也助推了理论研究的进一步深化；其二，对采用差异化表决权安排公司的类型进行了限定，在立足我国多层次资本市场的现实语境下，可以在满足现有公司经济发展需要的前提下审慎地推进差异化表决权的实践，在利益平衡中寻求规则的优化与前行；其三，关于类别股股东双重表决机制的确立，从表面上来看，关于类别股股东双重表决机制的确立在一定程度上增加了公司的治理成本，却可以起到更为严格地保护类别股股东合法权益的目的。虽然新《公司法》在涉及差异化表决权的规定方面存在一定的进步性，但整体上来看，新《公司法》中涉及差异化表决权的内容规定得较为简略粗疏，并未对新《公司法》嵌入差异化表决权之后可能出现的问题予以回应，关于差异化表决权的规范表达结构还不完整，缺少相应的抵御性配套制度的存在。

第二节　差异化表决权引入的价值明晰

差异化表决权在我国法律制度中的正式引入在理论规则与实践层面都有着积极的意义。在理论规则上便于对差异化表决权进行体系化审视，为今后公司法与证券法相关规则的修改提供理论支撑。在实践上有宏观与微观两方面价值的体现，具体表现在资本市场的全球化竞争与公司价值的自我提升的角度。

一、规则的体系化推进

现阶段，我国在立法层面与司法层面所出台的一系列有关差异化表决权的规范性文件，共同塑造了以差异化表决权公司为核心的规则网络，为差异化表决权在科创板的有序运行提供了较为全面的制度保障，更为今后从科创板"试验地"推行至全国的多层次资本市场提供了宝贵的规则借鉴。依据表二的内容可知，我国关于差异化表决权的规则体系总体呈现出"自上而下""由内而外""从整体到局部"的全方位、多维度格局安排，这是理论上体系化推进的基本表现。

（一）自上而下的贯穿性

该规则体系呈现出"自上而下"的贯穿性。2018年9月18日，《国务院关于推动创新创业高质量发展打造"双创"升级版的意见》明确指出允许"同股不同权"的公司治理结构，由此科创板中表决权差异化安排的规则有了鲜明的规范基础。随后，证监会发布《关于在上海证券交易所设立科创板并试点注册制的实施意见》，正式确定设立科创板并允许采取差异化表决权的公司在科创板上市。上海证券交易所作为科创板的根据地，紧随证监会之后发布了《科创板上市规则》，可见该规则体系呈现出鲜明的"自上而下"特征。

（二）由内而外的协同性

差异化表决权规则体系呈现出"由内而外"的协同性。目前的规则体系不仅包括国务院、证监会与上交所发布的规范性文件，还包括最高人民法院专门针对科创板出台的司法保障意见。[1] 充分反映了差异化表决权规则体系从立法层面到司法层面的协同性特征。

（三）从整体到局部的渗透性

差异化表决权规则体系呈现出"从整体到局部"的渗透性。先是在国务院的规范性文件中原则性地提出接受"同股不同权"的公司治理结构，指导规则的设计向度，进而再由证监会与上海证券交易所对存在特别表决权股份的上市公司章程的具体内容以及特别表决权股份设置的规则作出详尽的要求。在实务角度，最高人民法院再予以司法保障。如此由宏观到微观，由抽象到具体的渐进进展是渗透性的完整表现，从整体框架到具体细则也为差异化表决权的合法性与合理性提供了充分性保障。

---

[1] 最高人民法院2019年6月20日颁布《关于为设立科创板并试点注册制改革提供司法保障的若干意见》，该意见是最高人民法院历史上开先河为资本市场基础性制度专门制定的系统性司法文件。参见傅穹、卫恒卡：《表决权差异安排与科创板治理》，载《现代法学》2019年第6期，第92页。

二、实践的竞争力提升

实践的竞争力提升主要包括证券市场竞争能力的增强与公司自身竞争能力的提升两个方面。

（一）证券市场竞争能力的增强

实践上的竞争力提升具体表现在证券市场的全球化竞争与公司价值的自我提升的角度。2019年2月25日，习近平总书记在中央全面依法治国委员会第二次会议中作出"法治是最好的营商环境"这一重要论断。① "我国营商环境排名跃居全球第31位，较2018年上升15位，连续两年跻身全球优化营商环境改善幅度最大的十大经济体之中。"② 可见在激烈的全球竞争中，证券市场综合竞争力的提升对于优化营商环境有着不可替代的作用。完善的法治体系与良好的营商环境是公司健康发展的基础，科创板的设立以及差异化表决权法律规则体系的形成正是我国致力于优化营商环境的重要表现。在我国正式设立科创板之前，阿里巴巴、腾讯、京东等知名的科技创新型公司都无法选择在A股上市，而是选择了赴美上市，而且从我国设置科创板之前的证券市场板块来看，主板、创业板与中小板市场都有着相对较高的发行上市门槛，对于上市公司的盈利能力要求使得大量的科技创新型公司难

---

① 《法治是最好的营商环境》，载中国政府网，http://www.gov.cn/xinwen/2019-05/05/content_5388646.htm，最后访问日期：2019年5月5日。
② 何帆：《新时代中国特色社会主义司法制度优势转化为治理效能的实践路径》，载《中国应用法学》2020年第5期，第142页。

以企及。虽然在 2013 年我国推出了新三板市场，围绕拟上市公司不再设置具体的硬性财务指标，仅在经营能力上作出要求，[①] 但是相对偏低的上市门槛又容易引发数量剧增而质量良莠不齐的尴尬局面，科技创新型公司的入市积极性亦有所降低。正是由于科技创新型公司的融资需求与控制权保有在现有的板块规则中难以满足，才为科创板的设立创造了历史性条件。全球很多国家和地区证券市场的立法者、监管者以及司法人员都在积极地提升本辖区的营商能力、优化本辖区的营商环境，以此吸引全球资本与优质互联网公司、科技创新型公司的涌入。前文提及的英国、日本、新加坡、中国香港地区都是基于同样的原因才修改本国或本地区的相关法律及上市规则。证券市场竞争力提升表现在立法层面与实践层面，在立法层面，我国科创板规则中的表决权差异安排一节具有一定突破性，提供了更为丰富的表决权型类别股，满足了公司自身发展特点而产生的个性化股份需求；在实践层面，通过差异化表决权的设置可以有效提升我国证券市场对科技创新型公司的吸引力，也为上海致力于打造更为自由开放的国际金融中心提供了制度支撑。我国香港地区就是典型代表，香港证券交易所的新版《上市规则》在 2018 年 4 月 30 日正式生效，由此开启了允许公司采用差异化表决权安排的大门。小米集团在 2018 年 7 月 9 日作为在香港证券交易所上市的首家采取了差异化表决

---

① 2014 年新三板上市需要满足要求：1. 主体资格上市要求：新三板上市公司必须是非上市股份公司。2. 经营年限要求：存续期必须满两年。3. 新三板上市公司盈利要求：必须具有稳定的、持续经营的能力。4. 资产要求：无限制。5. 主营业务要求：主营的业务必须突出。6. 成长性及创新能力要求：中关村高新技术，企业，即将逐步扩大试点范围到其他国家级高新技术产业开发区内。

权安排的公司，首次公开发行的募资规模成为 2018 年港股市场第一，成为载入香港证券市场发展史册的里程碑式事件。

（二）公司自身竞争能力的提升

在微观层面，随着近年来新一轮科技革命浪潮的推动，信息技术产业和互联网科技的发展影响着世界产业格局的重大变化，科技创新型公司逐渐占据经济发展的主导地位。科创板的设立为科技创新型公司提供了全新的、更为广阔的高质量发展平台，科创板个是对主板市场的简单复刻，其整体定位切实符合当下市场新经济发展潮流，科创板重点支持的行业所代表的也正是我国未来"经济"之发展方向。以移动互联网为核心的新一轮科技革命热潮之下，互联网及科技创新型公司已然成为引领新经济发展的主力军。大部分科技创新型公司与互联网公司，在初创期具有轻资产、高成长、高风险等特点，由于面临技术更迭换代速度快、技术创新前景不确定、前期投入成本高而资金回流较慢等风险，[①]其往往需要寻求多轮融资以维持前期的人才成本和技术科研投入，以及后期的市场拓展和产品技术升级投入，特别是在互联网行业，因该行业具有赢家通吃的显著特征，所以在激烈的市场竞争中，只有通过积极融资烧钱的方式才能更为有效地把握生存与成长的发展机遇。[②] 所以在该类型公司中，差异化表决权成为创始人掌握公司实际控制权，在公司融资中保持股权不被过度稀释

[①] 高榴：《论科创板注册制试点制度革新：现实意义、经验借鉴与实践思考》，载《西南金融》2019 年第 10 期，第 38 页。

[②] 林海、常铮：《境外资本市场差异化表决权监管路径探究及启示》，载《证券法苑》2018 年第 24 卷，第 90 页。

并保证公司长期稳定的发展航向的重要公司治理结构设计。公司通过采用差异化表决权可以拓宽融资渠道，获得持续创新发展的经济动力，并通过科创板引导的新一轮资本进入人工智能、信息技术、节能环保、生物医药等高新技术领域。公司自身竞争能力的提升有赖于差异化表决权对公司治理的正向影响，在克服投资者干扰与外部敌意收购方面都有积极的作用，让公司管理层能专注于公司经营效益的提升。据学者研究表明，与单一的股权结构相比，差异化表决权安排的公司更有利于提升自身价值。差异化表决权为公司提供了新的治理模式，是一种符合效率的公司治理结构。[①] 故而，从最大化公司利益的角度考虑，我国也应当允许差异化表决权的公司上市。从而公司可以更好地参与全球化竞争，未来会产生更多进入世界经济 500 强的中国公司。

第三节 差异化表决权在我国的实践考察

差异化表决权在我国的实践考察集中于科创板场域之下展开，在对采用差异化表决权安排的公司进行整体概览的基础上，对具体的规则设计、防范风险的措施展开、规则设置的特点进行梳理，以便对差异化表决权在我国的实践外观予以呈现。

一、采用差异化表决权安排公司的整体情况

整体概览可分为采用差异化表决权安排公司的外观呈现与内

[①] 高菲：《新经济公司双层股权结构法律制度研究》，法律出版社 2019 年版，第 114 页。

在审视两个方面。就外观呈现来说，自从表决权差异安排的规则在上海证券交易所落地之后，同股不同表决权安排的公司在数量上表现出不断增长的趋势，这其中无论是在问询阶段、提交注册阶段还是注册生效阶段，都能反映出采用差异化表决权安排的公司数量变化的趋势。15家规定了差异化表决权的上市公司中大多是在2021年提交的材料，可见随着同股不同表决权安排实践的深化，加之在多层次资本市场的广泛扩张，未来存有同股不同表决权架构的公司数量也将越来越多。此外，采用差异化表决权安排公司主要分布在科技领域与医药领域，这也是差异化表决权前期推行的结果，一方面由于科技领域与医药领域符合《科创板上市规则》公司主体限定的领域；另一方面在于科技领域与医药领域的研发成本要求较高，所以对差异化表决权的需求更为强烈，以上为采用差异化表决权安排公司的外观呈现。就内在审视而言，采用差异化表决权安排公司的具体规则设计上具有趋同性，首先，在各自的招股说明书的重大事项提示方面，都对差异化表决权的安排进行明确的信息披露。其次，表明在某些特殊的场景之中，公司其他股东与实际控制人的利益可能会发生冲突，特别是不同表决权股东之间的利益分歧显著，所以，存在特别表决权股东损害其他股东利益的可能，尤以中小股东的利益为甚，故而对发行人特殊公司治理结构下保护普通股东权利措施进行了详尽规定。再次，在关于差异化表决权的安排上主要参照了科创板的规定，可见，科创板规则的统帅性与引领作用，公司章程中的规定都是在法律规范的边界之内进行的自由意思自治的结果，各公司关于差异化表决权安排的具体规则设计可以充分表明这一特点。最后，非特别表决权股东利益的保护与特别表决权股东的权利限制是硬币一体的两面，应当在尽可能提高公司治理效能的前提下，妥善处理好公司内部股东之间的关系，以此保证整个公司内部股东利益的均衡态势。

二、采用差异化表决权安排公司的规则安排

针对 15 家采用差异化表决权安排公司的招股说明书进行梳理，在涉及差异化表决权基本规则的内容上主要表现在特别表决权股东的主体资格、特别表决权安排的运行期限与表决权倍数安排、特别表决权股份的限制及锁定安排、特别表决权股份恢复一股一权的表决事项四个方面。

（一）特别表决权股东的主体资格

依据《科创板上市规则》第 4.5.3 条的规定，① 15 家公司均明确特别表决权股东主体资格取得的积极要件与消极要件。特别表决权股东主体资格的取得应满足两方面的积极要件：一方面，特别表决权股东应对公司业务增长或者总体发展等事项作出重大贡献；另一方面，因为公司权力归属于董事会是公司治理的常态表现，② 无论公司采取董事会中心主义还是股东会中心主义，在法律层面都是由董事会控制着公司的财产权，董事会具有执行股

---

① 《科创板上市规则》第 4.5.3 条：持有特别表决权股份的股东应当为对上市公司发展或者业务增长等作出重大贡献，并且在公司上市前及上市后持续担任公司董事的人员或者该等人员实际控制的持股主体。持有特别表决权股份的股东在上市公司中拥有权益的股份合计应当达到公司全部已发行有表决权股份 10% 以上。

② 梁上上：《公司权力的归属》，载《政法论坛》2021 年第 5 期，第 68 页。

东大会决议的同时拥有公司事务的自由裁量权,[①] 故而特别表决权股东需满足在公司上市前后具有实际控制人资格或持续性担任公司董事。对于特别表决权股东主体资格取得的积极要件进行检视也会发现两者的差异,对公司业务增长或者总体发展等事项作出重大贡献具有一定的主观性,而对实际控制人与董事资格的判断具有更强的客观性。所以在特别表决权股东主体资格取得的积极要件上兼具主观与客观的要素。在特别表决权股东主体资格取得的消极要件上,特别表决权股东持有的股份数量所占比例应满足公司已发行包含表决权股份的10%以上。进一步说,依据《科创板上市规则》的规定,仅有特别表决权股份与普通表决权股份,不包括无表决权股份,所以公司发行的股份都具有表决权,只是具体股份附着的表决可能存有倍数差异,简言之,特别表决权股东持有的股份数量占有总股份数的10%即可。明确以特别表决权股东持有的股份数量作为下限,低于10%的比例要求将自动失去特别表决权股东的资格。

(二) 特别表决权的运行期限与表决权倍数安排

特别表决权的设定是作为内容核心的存在,在已公布的15家实践同股不同表决权公司的招股说明书中可以发现,出席临时股东大会或股东大会的股东表决通过是进行特别表决权设定的必要程序,表决通过的程序是基于股东所持有的2/3以上表决权为下限,由此,依据公司章程与相关法律法规的规定,差异化表决权才能长期存续与运行。可见,在现实中表决权差异安排的永久

[①] 叶林:《董事忠实义务及其扩张》,载《政治与法律》2021年第2期,第16页。

性是存在的。对于普通股股份与特别表决权股份关于表决权倍数的差异性规定，依据科创板的明确规定，[①] 一方面，从股份内部审视，表决权数量在每份特别表决权股份之上是完全一致的。另一方面，附着在普通股股份之上的表决权数量为 1 倍，附着在高表决权股份之上的表决权数量至多不能超过 10 倍。依据表四中呈现的情况来看，表决权倍数之差为 10 倍的公司有 3 家（约 20%），表决权倍数之差为 8 倍的公司有 1 家（约 6.7%），表决权倍数之差为 6 倍的公司有 3 家（约 20%），表决权倍数之差为 5 倍的公司有 6 家（约 40%），表决权倍数之差为 2 倍的公司有 1 家（约 6.7%）。由此可以识别各公司关于表决权倍数差异的总体性安排。此外，值得一提的是盛美半导体设备（上海）股份有限公司，该公司 2021 年 8 月 17 日已在科创板注册生效，虽然发行人不存在特别表决权股份或其他类似安排，但是作为盛美半导体设备（上海）股份有限公司控股股东的美国盛美半导体设备（ACMR）在纳斯达克市场发行的股份中存在特别表决权股份的设计。美国 ACMR 关于特别表决权的安排自设立时的注册证书生效后运行，未明确约定运行期限。每一 B 类普通股拥有 20 倍表决权，每一 A 类普通股拥有 1 倍表决权。

（三）特别表决权股份的限制及锁定安排

特别表决权股份的限制与锁定安排在科创板之中进行了详尽

[①] 《科创板上市规则》第 4.5.4 条：上市公司章程应当规定每份特别表决权股份的表决权数量。每份特别表决权股份的表决权数量应当相同，且不得超过每份普通股份的表决权数量的 10 倍。

与明确的安排。① 特别表决权股份发行限制的核心要义是保证特别表决权的比例不高于发行时的原有水平，相同的锁定安排功效对于特别表决权股份是相同的。禁止表决权型类别股的交易是转让限制重点关注的内容。虽然在发行与转让方面特别表决权股份都受到一定程度的限制，但科创板明确规定②进行不同类型表决权互相转换的内容，可能会引发同股不同表决权架构终止的法律后果。通过对特别表决权股份转换为普通股股份的类型进行归纳与分析可知，特别表决权股东不再满足主体资格的积极要件与消极要件、公司的控制权发生变更都产生终止差异化表决权结构的法律后果，不同类型表决权股份转换的所有情形基本都可以包括在"事件型日落条款"之中。

关于《科创板上市规则》中第4.5.9条款产生的法律后果有

---

① 《科创板上市规则》第4.5.6条：上市公司股票在本所上市后，除同比例配股、转增股本情形外，不得在境内外发行特别表决权股份，不得提高特别表决权比例。上市公司因股份回购等原因，可能导致特别表决权比例提高的，应当同时采取将相应数量特别表决权股份转换为普通股股份等措施，保证特别表决权比例不高于原有水平。本规则所称特别表决权比例，是指全部特别表决权股份的表决权数量占上市公司全部已发行股份表决权数量的比例。

《科创板上市规则》第4.5.8条：特别表决权股份不得在二级市场进行交易，但可以按照本所有关规定进行转让。

② 《科创板上市规则》第4.5.9条：出现下列情形之一的，特别表决权股份应当按照1∶1的比例转换为普通股份：（一）持有特别表决权股份的股东不再符合本规则第4.5.3条规定的资格和最低持股要求，或者丧失相应履职能力、离任、死亡；（二）实际持有特别表决权股份的股东失去对相关持股主体的实际控制；（三）持有特别表决权股份的股东向他人转让所持有的特别表决权股份，或者将特别表决权股份的表决权委托他人行使；（四）公司的控制权发生变更。发生前款第四项情形的，上市公司已发行的全部特别表决权股份均应当转换为普通股份。发生本条第一款情形的，特别表决权股份自相关情形发生时即转换为普通股份，相关股东应当立即通知上市公司，上市公司应当及时披露具体情形、发生时间、转换为普通股份的特别表决权股份数量、剩余特别表决权股份数量等情况。

以下解释：

（1）特别表决权股东不再满足主体资格的积极要件时，就无法通过董事或实际控制人的身份去规划与实施自身对公司长期发展规划的追求，同股不同表决权赖以实践的条件不复存在，主体资格的消极要件不再被特别表决权股东满足之时，同股不同表决权的架构功效便无法得以体现。

（2）除了公司的董事和实际控制人可以拥有超额表决权之外，自然人作为持股主体也应当是允许的，前提是这些自然人的持股主体是由特别表决权股东实际进行的控制。[1] 有观点认为，法人不应当属于特别表决权股东之列。法人董事的存在会变相助长隐名股东的趋向，差异化表决权与金字塔结构[2]的叠加会进一步升高代理成本。[3] 特别表决权股东失去实际控制权便无法主导公司的经营管理事务，人力资本的价值无法彰显。

（3）特别表决权具有高度的人身依附性，特别表决权股东一旦发生离任、死亡的客观情形，人身依附性对于特殊的表决权设定将当然失去效果，不同表决权股份都将发生一股一权的均质化转换。但丧失相应的履职能力带有一定的主观判断性，需要厘清相应的客观标准。具体而言有四点，第一，特别表决权股东一旦

---

[1] 樊健、朱锐：《科创板上市公司双层股权结构中的日落条款》，载《财经法学》2021年第3期，第56页。

[2] 金字塔结构是指最终控制人通过间接持有较低层级公司的股权而形成的自上而下的控制结构，金字塔结构会导致控制权和现金流权的严重分离，最终控制人只需要少量的现金流权就获得公司的控制权。王超恩、张瑞君：《内部控制、大股东掏空与股价崩盘风险》，载《山西财经大学学报》2015年第10期，第83页。

[3] 朱慈蕴、[日]神作裕之、谢段磊：《差异化表决制度的引入与控制权约束机制的创新——以中日差异化表决权实践为视角》，载《清华法学》2019年第2期，第22页。

发生《公司法》第 178 条①规定的情形，应当认为丧失相应的履职能力；第二，如果特别表决权股东部分或全部丧失民事行为能力，应当认为丧失相应的履职能力；第三，如果公司所属行业对特别表决权股东的任职要求有专门性的规定，一旦规定的任职要求对于特别表决权股东是难以满足的话，丧失相应履职能力的法律后果便应当被承认；第四，如果中国证监会对特别表决权股东采取了禁止市场准入的行政监管措施或上海证券交易所认定其为不适当人选，应当认为丧失相应的履职能力。②

（4）特别表决权股东的表决权股份转让给他人或委托他人行使时紧密的人身关系随之打破，创始人本应是特别表决权股份之上意思的承载主体，一旦特别表决权股份向第三人发生移转，那么表决权附着的意志也会随之移转。当非创始人基于所享有的表决权进行意思表达时，特殊控制权之于创始人享有的结论便不能够得出。

（5）控制权在公司之中发生变更主要是由于普通股股份发行

---

① 第 178 条 有下列情形之一的，不得担任公司的董事、监事、高级管理人员：（一）无民事行为能力或者限制民事行为能力；（二）因贪污、贿赂、侵占财产、挪用财产或者破坏社会主义市场经济秩序，被判处刑罚，或者因犯罪被剥夺政治权利，执行期满未逾五年，被宣告缓刑的，自缓刑考验期满之日起未逾二年；（三）担任破产清算的公司、企业的董事或者厂长、经理，对该公司、企业的破产负有个人责任的，自该公司、企业破产清算完结之日起未逾三年；（四）担任因违法被吊销营业执照、责令关闭的公司、企业的法定代表人，并负有个人责任的，自该公司、企业被吊销营业执照、责令关闭之日起未逾三年；（五）个人因所负数额较大债务到期未清偿被人民法院列为失信被执行人。违反前款规定选举、委派董事、监事或者聘任高级管理人员的，该选举、委派或者聘任无效。董事、监事、高级管理人员在任职期间出现本条第一款所列情形的，公司应当解除其职务。

② 樊健、朱锐：《科创板上市公司双层股权结构中的日落条款》，载《财经法学》2021 年第 3 期，第 55 页。

数量的大幅增加，稀释性的发行效果会影响到特别表决权股东合计持有的表决权比例，如果公司一旦进行稀释性的发行，那么特别表决权股东即使借助自身持有的高表决权股份也难以实现控制公司经营与发展的目标，其他公众投资者可以通过购买普通股来获取公司控制权，从而主导公司的重大经营决策。[1]

（四）特别表决权股份恢复一股一权的表决事项

特别表决权股份恢复为一股一权的表决事项在科创板中的规定在第4.5.10条。[2] 第4.5.10条中的事项大体可以分为两类，一类是关系到公司生死存亡的重大事项。公司章程的修改以及变更公司形式、公司解散、分立、合并的决议都应当属于公司的重大事项，特殊决议的表决应当包含以上重大事项。资本多数决是公司重大事项的表决规则，特别表决权股东和普通股股东均作为公司的基本成员，应当在关乎公司生死存亡的重大事项上具有平等的表决权利与表决地位。另一类是直接紧密联结普通股股东切身利益的事项。普通股股东的话语声量会随着特别表决权股份表决权数量的改变而发生变化，在采用表决权差异安排的公司中，

---

[1] 樊健、朱锐：《科创板上市公司双层股权结构中的日落条款》，载《财经法学》2021年第3期，第57页。

[2] 《科创板上市规则》第4.5.10条：上市公司股东对下列事项行使表决权时，每一特别表决权股份享有的表决权数量应当与每一普通股份的表决权数量相同：（一）对公司章程作出修改；（二）改变特别表决权股份享有的表决权数量；（三）聘请或者解聘独立董事；（四）聘请或者解聘为上市公司定期报告出具审计意见的会计师事务所；（五）公司合并、分立、解散或者变更公司形式。上市公司章程应当规定，股东大会对前款第二项作出决议，应当经过不低于出席会议的股东所持表决权的三分之二以上通过，但根据第4.5.6条、第4.5.9条的规定，特相应数量特别表决权股份转换为普通股份的除外。

不同表决权股东之间的关系长期处于紧张状态，一旦高表决权股份包含的表决权数量发生变化，非特别表决权股东的利益便会随之受到影响。加强对特别表决权股东的监督力度可以从会计师事务所与独立董事入手，将为上市公司出具审计意见的会计师事务所与发挥中立监管职责的独立董事的聘请与解聘权都统合于非特别表决权股东手中。在采用表决权差异安排的公司中，普通股股东的话语声量日渐式微，在独立董事与会计师事务所的选任上，如果普通股股东与特别表决权股东具有平等的表决权利，则可以保障会计师事务所与独立董事的客观独立性，达到监督特别表决权股东的实际效果，以弥补普通股股东监督效果的不足。

15家采用差异化表决权安排公司的招股说明书中有14家关于特别表决权股份恢复一股一权的表决事项完全参照《科创板上市规则》的相关规定，云从科技集团股份有限公司在《科创板上市规则》第4.5.10条规定的5种情形外，还将更改公司主营业务与审议公司利润分配方案加入其中。值得注意的是，科创板中涉及遵循资本多数决的表决规则包含特别表决权股份享有的表决权数量改变的决议情形。[①]

三、采用差异化表决权安排公司防范法律风险的具体措施

特别表决权股东通过差异化表决权可以决定公司的普通决议

[①] 但在京东数字科技控股股份有限公司与九号有限公司的招股说明书中将这一比例提高到了85%。

乃至特别决议，从而对公司的重大决策施加影响力。非特别表决权股东因持有的股份所对应的表决权较少而不能对股东大会的表决结果产生实质性影响，特别表决权股东与非特别表决权股东存在利益不一致的可能性。以上可能会诱发特别表决权股东滥用超额表决权与损害非特别表决权股东利益的风险。对此，检视15家采用差异化表决权安排公司的招股说明书可以发现防范风险的措施主要包括以下五个方面：

（一）设置合适的特别表决权比例

15家采用差异化表决权安排的公司在设置特别表决权前，基本上都采取了数据量化模拟分析的方式，测试了每股特别表决权股份对应每股普通股股份表决权的情况，在2—10倍的差异幅度内，不同的表决权差异对于发行前后表决权比例的边际变动影响。在对特殊表决权比例进行设置之时，需要关注的核心问题是如何兼顾公司发展需要及中小股东利益。对于科技创新型公司而言，创始人或对公司业务增长与实际发展有着重大贡献的人是公司实现科技成果产业化和协同创新的核心，公司人合性的存在是各股东对公司投资的主要原因，特别表决权的设置可以确保公司经营管理层在公司的成长期充分把握公司的发展方向，形成公司的向心力与凝聚力，提升核心竞争力并整合各方面的资源，所以确保一定比例的控制权对于公司是必要的。即便如此，特别表决权股票对应的表决权比例在首次公开发行股票前后均不超过2/3，这样会有利于保护非特别表决权股东的利益，尤以中小股东的利益为甚。在不同表决权股份的倍数极差之中设置合适的比例，在现行规则中可以发挥保护非特别表决权股东的效果。同时，在发行限制与锁定安排的事项上对特别表决权股份进行设定尤为必要，从而确保特别表决权的合计比例不高于发行时的原有水平。

（二）限制特别表决权的权限范围与减持进路

特别表决权的适用范围越广，非特别表决权股东利益受到损害的可能性就越大，所以对特别表决权涵盖的权限范围进行必要的限制是适当的。如果随意对高表决权股份进行减持，那公司长期发展目标的专注性便会受到冲击，公司治理的不稳定性便会增强。15家采用差异化表决权安排的公司均对特别表决权的权限范围与减持进路进行了限制。有关股东基本权利的若干重大事项属于特别表决权禁止行使的权限范围。限制特别表决权权限范围主要参照《科创板上市规则》第4.5.10条以及公司章程的规定，云从科技集团股份有限公司就将更改公司主营业务与审议公司利润分配方案加入限制特别表决权的权限范围之中。限制特别表决权的减持进路主要参照《科创板上市规则》第4.5.8条与第4.5.9条的规定，① 可见对特别表决权约束性规范的设定是较为完备的。

---

① 特别表决权股东不能将所持有的特别表决权股份在二级市场转让，但在触发某些特定事件时，应当强制将特别表决权股份转换为普通股股份。一旦触发，特别表决权股份转换为普通股股份的类型，上市公司应当及时披露发生时间、详细情况、转换为普通股份的特别表决权股份数量以及剩余特别表决权股份数量等情况。

(三) 保障非特别表决权股东的自益权与共益权

保障非特别表决权股东的自益权与共益权是维护非特别表决权股东利益的重要方式。我国通常所说的"用手投票"与"用脚投票"基本对应着共益权与自益权的分类。[①] 保障非特别表决权股东的自益权与共益权的规定见于采用差异化表决权安排公司的章程之中。保障非特别表决权股东的自益权突出表现在重视股东分红权,重视股东分红在《科创板上市规则》中并未规定,以下规定都是公司章程自治的结果,故作具体呈现。有 5 家公司通过了关于公司利润分配政策,[②] 规定公司股东大会在制定利润分配政策尤其是现金分红政策时,应充分听取中小股东的意见和诉求;董事会应当就股东回报事宜进行专项研究讨论,详细说明规划安排的理由等情况,公司应当通过多种渠道(包括但不限于电话、邮箱、传真以及互动平台等形式),充分听取中小股东的意见,做好现金分红事项的信息披露;在满足现金分红条件时,要

[①] 张维迎:《理解公司:产权、激励与治理》,上海人民出版社 2014 年版,第 307 页。

[②] (1) 精进电动科技股份有限公司已于第二届董事会第四次会议及 2019 年年度股东大会审议通过《利润分配管理制度》;(2) 优刻得科技股份有限公司已于首届董事会第五次会议及 2019 年第一次临时股东大会审议通过《优刻得科技股份有限公司上市后三年股东分红回报规划》;(3) 云从科技集团股份有限公司经第一届董事会第六次会议及 2020 年第四次临时股东大会审议通过《云从科技集团股份有限公司上市后三年股东分红回报规划》;(4) 深圳市柔宇科技股份有限公司股东大会审议通过《深圳市柔宇科技股份有限公司首次公开发行人民币普通股(A 股)股票并上市后股东分红回报三年规划》;(5) 四川汇宇制药股份有限公司于 2020 年第四次临时股东大会审议通过了《关于公司上市后三年股东分红回报规划方案》。

坚持现金分红优先,对分红的比例给出了具体指标。① 以此对非特别表决权股东的分红权进行专门性保障。保障非特别表决权股东的共益权主要表现在赋予董事提名权及董事会临时会议召集权、赋予股东大会临时会议召集权和提案权两个方面。其中赋予董事提名权及董事会临时会议召集权的公司有4家,② 赋予股东

---

① (1) 精进电动科技股份有限公司在满足现金分红条件时,最近三年以现金方式累计分配的利润不少于最近三年实现的年均可分配利润的30%;(2) 优刻得科技股份有限公司在如无重大投资计划或重大现金支出发生的情形下,每年现金分红不低于当年实现的可供分配利润的10%;(3) 云从科技集团股份有限公司在具备现金分红条件时,应当采取现金分红进行利润分配,公司采取现金方式分配股利,当年以现金方式分配的利润应不少于当年实现的可供分配利润10%;(4) 深圳市柔宇科技股份有限公司股东大会对现金分红具体方案进行审议时,应充分听取中小股东的意见和诉求,坚持现金分红优先的基本原则,在满足现金分红条件下,公司每年以现金形式分配的利润不少于当年实现的可供分配利润的10%;(5) 四川汇宇制药股份有限公司股东大会对现金分红具体方案进行审议时,充分听取中小股东的意见和诉求,坚持现金分红优先的基本原则。在公司实现盈利、不存在未弥补亏损、有足够现金实施现金分红且不影响公司正常经营的情况下,公司将采用现金分红进行利润分配。公司每年以现金分红形式分配的利润不少于当年实现的可分配利润的10%,或公司最近三年以现金方式累计分配的利润不少于最近三年实现的年均可分配利润30%。

② (1) 华勤技术股份有限公司根据《公司章程》规定,董事会换届改选或者现任董事会增补董事时,现任董事会、监事会、单独或者合计持有公司3%以上股份的股东可以按照不超过拟选任的人数,据占由非职工代表担任下一届董事会的董事候选人或者增补董事的候选人。代表1/10以上表决权的股东、1/3以上董事、1/2以上独立董事、总经理或者监事会,可以提议召开董事会临时会议。董事长应当自接到提议后10日内,召集和主持董事会会议。(2) 精进电动科技股份有限公司根据《公司章程(草案)》,代表1/10以上表决权的股东、1/3以上董事或者监事会,可以提议召开董事会临时会议。董事长应当自接到提议后10日内,召集和主持董事会会议。(3) 优刻得科技股份有限公司根据《公司章程》第98条规定,董事由连续180日持有或合并持有公司表决权股份总数3%以上的股东提出候选人名单,并以提案的方式提请股东大会决议。(4) 深圳市柔宇科技股份有限公司根据《公司章程》第117条及《公司章程(草案)》第124条,代表1/10以上表决权的股东、1/3以上董事或者监事会,可以提议召开董事会临时会议。董事长应当自接到提议后10日内,召集和主持董事会会议。根据《公司章程(草案)》第98条规定,董事由单独或者合计持有公司有效表决权股份3%以上的股东提出候选人名单,并以提案的方式提请股东大会决议。根据《公司章程(草案)》第129条,代表1/10以上表决权的股东、1/3以上董事或者监事会,可以提议召开董事会临时会议。董事长应当自接到提议后10日内,召集和主持董事会会议。

大会临时会议召集权和提案权的公司有 1 家。① 从而非特别表决权股东参与公司治理与重大决策的权利得以保障。

(四) 强化信息披露效果与发挥独立董事监督职能

强化信息披露效果与发挥独立董事监督职能都是通过外部力量防范差异化表决权法律风险的重要手段。有 6 家公司②专门就强化信息披露的内容在招股说明书中进行说明。强化信息披露效果在《科创板上市规则》第 4.5.11 条中有比较粗疏的规定,③ 这 6 家公司在此之外还制定了《信息披露管理制度》,就信息披露的基本原则、权限、程序、责任、机构、保密措施与联系方式等内容进一步明确。《投资者关系管理制度》的出台对于加强非特别表决权股东与特别表决权股东的联系有着积极意义,公司每季度应向投资者公开答复和反馈信息一次。发挥独立董事监督职能在 6 家公司④的

---

① 四川汇宇制药股份有限公司的《公司章程》赋予公司中小股东参与公司治理和重大决策的权利。单独或者合计持有公司 10% 以上股份的股东有权请求召开临时股东大会。公司召开股东大会,单独或者合并持有公司 3% 以上股份的股东,有权向公司提出提案。单独或者合计持有公司 3% 以上股份的股东,可以在股东大会召开 10 日前提出临时提案并书面提交召集人。

② 华勤技术股份有限公司、思特威(上海)电子科技股份有限公司、精进电动科技股份有限公司、云从科技集团股份有限公司、四川汇宇制药股份有限公司、优刻得科技股份有限公司。

③ 《科创板上市规则》第 4.5.11 条 上市公司具有表决权差异安排的,应当在定期报告中披露该等安排在报告期内的实施和变化情况,以及该安排下保护投资者合法权益有关措施的实施情况。前款规定事项出现重大变化或者调整的,公司和相关信息披露义务人应当及时予以披露。上市公司应当在股东大会通知中列明持有特别表决权股份的股东、所持特别表决权股份数量及对应的表决权数量、股东大会议案是否涉及第 4.5.10 条规定事项等情况。

④ 华勤技术股份有限公司、思特威(上海)电子科技股份有限公司、精进电动科技股份有限公司、云从科技集团股份有限公司、四川汇宇制药股份有限公司、优刻得科技股份有限公司。

招股说明书中都有规定。以上公司均设置了3名独立董事,并制定有专门的《独立董事工作制度》,聘任与解聘独立董事属于特别表决权股份恢复一股一权的表决事项。非特别表决权股东借助独立董事的作用可以代替自己进行话语表达,同时一定程度上限制特别表决权股东的滥权行为。

(五) 规范关联交易与建立特别表决权股东承诺规则

规范关联交易与建立特别表决权股东承诺规则都是通过内部力量防范差异化表决权法律风险的重要手段。关联交易的规范性会影响到公司治理效果与非特别表决权股东的利益,有5家公司[1]通过建立规范关联交易等一系列制度,将重要事项的审批权限以及数额较大的交易安排在股东大会层面,形成总裁兼首席执行官决策、董事会审议批准以及股东大会审议批准的不同层级决策程序,以防范经营管理层出现损害公司及非特别表决权股东利益的行为。建立特别表决权股东承诺规则只见于精进电动科技股份有限公司的招股说明书中,特别表决权股东针对特别表决权事项出具了《关于行使特别表决权的承诺函》。[2] 规范关联交易与建立特别表决权股东承诺规则可以视为公司进行内部约束的重要途径。

---

[1] 优刻得科技股份有限公司、精进电动科技股份有限公司、云从科技集团股份有限公司、思特威(上海)电子科技股份有限公司、华勤技术股份有限公司。

[2] 就发行人特别表决权事项,控股股东北翔新能源出具了《关于行使特别表决权的承诺函》,承诺:"菏泽北翔新能源科技有限公司(以下简称'本企业')系精进电动科技股份有限公司(以下简称'发行人')的控股股东,根据《精进电动科技股份有限公司章程》持有发行人特别表决权。本企业承诺按照相关法律法规以及公司章程行使权利,不得滥用特别表决权,不得损害投资者的合法权益,如损害投资者合法权益,本企业将及时改正,并依法承担对投资者的损害赔偿责任。"

四、采用差异化表决权安排公司规则安排的特点表现

围绕采用差异化表决权安排公司的规则实践的具体情况出发,可以发现规则设计总体趋向保守、公权强制与章程自治协调配合、规则设计的统合性不足实为规则安排的具体特点。

(一) 规则设计总体趋向保守

在《科创板上市规则》的总体指引下,采用差异化表决权安排公司的规则设计总体趋向保守。在特别表决权股份与普通表决权股份的表决权倍数安排与特别表决权股份恢复一股一权的表决事项上表现得较为明显。一方面,依据表四的统计数据可知,特别表决权股份与普通表决权股份的表决权倍数在 6 倍以下的(包括 6 倍)比例达到约 88.6%,在 10 倍之内的表决权倍数安排下是相对较低的表现。对比在美国上市并采取差异化表决权的中概股公司(见表三)的数据,触宝与蘑菇街的表决权倍数达到了 25 倍与 30 倍之高,我国《科创板上市规则》虽然有 10 倍之内的表决权倍数安排,但 6 倍以下(包括 6 倍)的公司比例达到约 88.6%也能反映出特别表决权股东十分关注非特别表决权股东的利益。并且即使有公司的特别表决权股东拥有了 10 倍的表决权,但并不能满足资本多数决 (2/3) 的比例要求,15 家公司的特别表决权股东都未拥有对特殊决议的决定权可见一斑。值得一提的是,前文所述的盛美半导体设备(上海)股份有限公司,其母公司美国盛美半导体设备 (ACMR) 在纳斯达克市场发行的股份中存在特别表决权股份的设计,特别表决权股份与普通表决权股份

的表决权倍数是 20 倍。为什么盛美半导体设备（上海）股份有限公司在公示的招股说明书注册稿中并未进行表决权差异安排，可能的原因有两点：其一，科创板规定的表决权倍数是 10 倍以内，如果按照母公司关于表决权倍数的规定，在科创板是无法成功上市的；其二，科创板作为新兴板块，监管的力度与规则设置的要求是比较严格的，为了获得更高的上市概率，放弃进行表决权差异安排可能会减少相应的注册阻力。最终，盛美半导体设备（上海）股份有限公司在 2021 年 8 月 17 日成功注册。另一方面，在特别表决权股份恢复一股一权的表决事项上，大多数公司基本沿循了《科创板上市规则》规定的 5 种情形，仅有云从科技集团股份有限公司将更改公司主营业务与审议公司利润分配方案加入其中，可见大多数公司坚守着底线型保护的思维，并未对非特别表决权股东的利益保护范围进行扩张。总的来说，相对较低的表决权倍数设计可以反映出特别表决权股东谨慎扩张自身权利与兼顾非特别表决权股东利益的心态，对于特别表决权股份恢复一股一权的表决事项上趋近于保守，又体现出特别表决权股东对非特别表决权股东利益保护的纠结，在非特别表决权股东参与意识与参与能力薄弱的情况下规则设计总体趋向保守将不利于非特别表决权股东自身权利的维护。

（二）公权强制与章程自治协调配合

公权强制与章程自治协调配合是采用差异化表决权安排公司规则安排的另一特点。《科创板上市规则》体现了公权强制的内容，作为采用表决权差异安排公司的基本要求，易言之，凡是采用表决权差异安排的公司至少都应满足《科创板上市规则》的规定，但一些采用表决权差异安排的公司并非只固守《科创板上市规则》的规定，还通过公司章程自治的方式丰富了本公司表决权差异安排的规定，例如在保障非特别表决权股东的自益权与共益权，有公司专门制定利润分配政策尤其是现金分红政策，对股东分红权进行规定。还赋予董事提名权及董事会临时会议召集权、股东大会临时会议召集权和提案权。非特别表决权股东与特别表决权股东就表决权特殊安排达成合意，关键在于持续获取公司利益的需求，所以一些公司通过公司章程对股东分红权进行专门性规定。同时，无论是董事提名权及董事会临时会议召集权还是股东大会临时会议召集权和提案权，都是对缺少话语声量的普通股股东进行权益保障的有效方式，可以满足普通股股东参与公司治理的需求，并对特别表决权股东进行制约。此外，云从科技集团股份有限公司将更改公司主营业务与审议公司利润分配方案加入特别表决权股份恢复一股一权的表决事项以及精进电动科技股份有限公司的特别表决权股东承诺规则也是通过公司章程进行的。可见，在采用表决权差异安排的公司规则设置中，不能仅限于公权强制的内容，还要扩展章程自治的内容，实现公权强制与章程自治的协调配合。

(三) 规则设计的统合性不足

虽然采用表决权差异安排的公司在具体规则的设计上不可能完全整齐划一，但是在一些重要内容的安排上应当给予同样关注。规范关联交易、建立特别表决权股东承诺规则、强化信息披露效果、发挥独立董事监督职能、保障非特别表决权股东的自益权与共益权等内容在各公司招股说明书的发行人特别表决权股份设置情况一节规定有着较大差别。差异性主要表现在两点：其一，有部分公司缺乏保障非特别表决权股东的自益权与共益权、建立特别表决权股东承诺规则、规范关联交易等事项的内容，而非特别表决权股东的自益权与共益权、特别表决权股东承诺规则、规范关联交易等事项与限制特别表决权股东权利、保护非特别表决权股东权利密切相关，虽然在《科创板上市规则》的框架下，并无强制性要求，但是在一些公司章程中的表述能够体现这些规范的价值与功能。公司作为制度创新的来源，在公权规制层面应当予以关注。其二，强化信息披露效果、发挥独立董事监督职能等内容在《科创板上市规则》的框架下有基本规定但无详尽要求，应明确公司章程在中小股东利益的保护具体措施部分至少作出显著呈现，不需要进行完全同一化的内容规定，但应当在具体措施的列举上有所表现，或有或无的状态难以彰显强化信息披露效果、发挥独立董事监督职能在保护中小股东利益方面的地位。规则设计的统合性不足便成为采用表决权差异安排的公司在具体规则设计上的缺憾。总体来说，各公司招股说明书中关于表决权差异化安排的规则设计基本是以《科创板上市规则》中的内容为蓝本，甚至部分公司直接照搬《科创板上市规则》中的内容，没有任何调整与强化。所以对《科创板上市规则》中关于表决权差异安排的规范文本进行分析显得十分重要。

第四节　科创板差异化表决权法律规制的不足

虽然表决权差异安排的规范已经不断延伸至创业板与新三板，关于创业板与新三板也出台了专门性规范，但涉及创业板与新三板的规范基本参照的是《科创板上市规则》中的规定，加之，我国目前有关差异化表决权的实践基本在科创板这一资本市场制度创新的试验田中进行，① 故而，从规范分析的视角展开讨论是尤为必要的。目前出台的新《公司法》偏向较为宏观性的指引规定，所以，围绕我国差异化表决权法律规制的规范分析应以《科创板上市规则》中的相关规定为重点，兼顾新《公司法》中的相关规定为补充。

一、特别表决权股东信义义务规范设计的不足

依据科创板中对特别表决权股东资格的规定，兼具董事与股东的双重身份是特别表决权股东应当满足的资格性条件。该规则设置的起因在于希望借助董事身份对特别表决权股东进行锁定，以凸显对于公司及其他股东而言，特别表决权股东应当负有勤勉义务与忠实义务，从而实现间接对特别表决权股东进行行为约束

---

① 陈洁：《科创板注册制的实施机制与风险防范》，载《法学》2019 年第 1 期，第 150 页。

的目的。依据《公司法》第265条的规定①可知,控股股东可以分为产生重大影响之于股东大会决议以及持有公司资本数额达到50%以上两种情形。特别表决权股东从属于公司控股股东之列,控股股东的责任是公司治理中的重要问题。特别表决权股东在差异化表决权安排的公司中发挥的作用既可以影响董事会决议又可以影响股东大会决议。特别表决权股东基于股东与董事的双重身份对公司施加的行为将影响到公司治理的效果。进一步看,仅借助《公司法》中关于董事忠实义务与勤勉义务的规定是否可以实现对特别表决权股东行为约束的可能性呢?答案自然是否定的。股东大会决议可以被特别表决权股东施加重大影响,以此可能会形成利益输送。例如特别表决权股东可以利用享有的超额表决权通过关于董事高额薪酬的决议,此时兼具董事身份的特别表决权股东便具有了产生利益输送的可能,非特别表决权股东与公司的利益会受到损害。类似影响公司治理的负面结果均源于特别表决权股东享有超额表决权却缺少身份性义务的规范,可能会对非特别表决权股东的利益进行全面压制。《科创板上市规则》的第4.5.13条仅笼统提及了特别表决权股东应正当行使权利。② 公司法为了保证作为代理人的董事恪守被代理人股东的使命与利益设

---

① 控股股东是指其出资额占有限责任公司资本总额50%以上或者其持有的股份占股份有限公司股本总额50%以上的股东;出资额或者持有股份的比例虽然不足50%,但依其出资额或者持有的股份所享有的表决权已足以对股东会、股东大会的决议产生重大影响的股东。

② 《科创板上市规则》第4.5.13条:持有特别表决权股份的股东应当按照所适用的法律法规以及公司章程行使权利,不得滥用特别表决权,不得利用特别表决权损害投资者的合法权益。出现前款情形,损害投资者合法权益的,本所可以要求公司或者持有特别表决权股份的股东予以改正。

置了忠实义务与勤勉义务，采取列举+兜底的方式进行规定，并明确了责任。特别表决权股东与非特别表决权股东的利益冲突也应当借助信义义务的规范设计之于特别表决权股东来化解问题。在科创板的语境下，信义义务规范设计的不足之于特别表决权股东而言，可能会对特别表决权股东的权利限制与非特别表决权股东的利益保护带来隐忧。依上文所述，特别表决权股东从属于公司控股股东之列，纵览新《公司法》中控股股东的相关规定，仅有第 21 条、① 第 192 条②对控股股东的责任承担作出规定，无论是关联关系中控股股东损害公司利益的行为还是控股股东利用董事、高级管理人员损害公司或其他股东利益的行为都未直接明确控股股东信义义务的履行标准。所以，特别表决权股东信义义务规范的设计在新《公司法》中也是存有缺失的。总体而言，《科创板上市规则》与新《公司法》都未能及时有效地回应特别表决权股东信义义务规范缺失的问题，在公司法学界未来关于信义义务的研究之中应予以重视。

二、特别表决权股东人力资本价值减损风险的规范不足

特别表决权股东的人力资本价值具有高度的人身依附性，也

---

① 第 21 条　公司股东应当遵守法律、行政法规和公司章程，依法行使股东权利，不得滥用股东权利损害公司或者其他股东的利益；公司股东滥用股东权利给公司或者其他股东造成损失的，应当承担赔偿责任。公司的控股股东、实际控制人不得利用关联关系损害公司利益；公司的控股股东、实际控制人利用关联关系损害公司利益给公司造成损失的，应当承担赔偿责任。

② 第 192 条　公司的控股股东、实际控制人利用其对公司的影响，指使董事、高级管理人员从事损害公司或者股东利益的行为的，结公司或者股东造成损失的，与该董事、高级管理人员承担连带责任。

是公司进行差异化表决权安排的制度核心,因此对特别表决权股东人力资本价值减损风险的关注十分必要。在科创板中对特别表决权股东人力资本价值减损风险的规定可以整合为"当然减损"的情形之中,死亡应当属于"当然减损"人力资本价值的情形。需要说明的是离任或者丧失相应的履职能力,可能是因为不具备采用差异化表决权安排公司的董事资格,并不意味着当然永久丧失人力资本价值。"当然减损"的原因属于不可抗力,易言之,除非特别表决权股东死亡,差异化表决权安排将在公司长期存在。差异化表决权安排在公司长期存在默认了两个事实,一是特别表决权股东人力资本价值不会发生减损,二是公司的总体价值会持续性增长。其中,特别表决权股东人力资本价值不会发生减损的目的是保障公司的总体价值持续性增长。但研究表明,随着时间的推移,特别表决权股东与非特别表决权股东的利益分歧越来越大,代理成本将不断升高。[1] 曾经成功的特别表决权股东可能会在商业环境与技术发展高速进行时,失去自己的黄金嗅觉。即使在差异化表决权安排变得低效时,特别表决权股东会有更强的动机保留已经变得低效的差异化表决权安排。[2] 而在此时,特别表决权股东的表决权比例与其资本收益的差距将会越来越大,

---

[1] 卢西安·贝布丘克、科比·卡斯蒂尔:《永续双类股票的难言之隐》。Lucian A. Bebchuk & Kobi Kastiel, The Untenable Case for Perpetual Dual-Class Stock, 103 Va. L. Rev. 585, 592 (2017).

[2] 卢西安·贝布丘克、马克·罗伊,《公司所有权和治理中的路径依赖理论》。Lucian Arye Bebchuk & Mark J. Roe, A Theory of Path Dependence in Corporate Ownership and Governance, 52 Stan. L. Rev. 127, 142-49 (1999).

公司价值缩水便越严重。[1]依据《科创板上市规则》与15家公司的招股说明书，可知差异化表决权安排是长期存在的。《科创板上市规则》对特别表决权股东人力资本价值减损的风险显得规范不足。在新《公司法》第144条中对脱离一股对应一表决权的股份类型予以入法，明确了差异化表决权的合法性，但并未对规范背后可能引发的特别表决权股东人力价值减损的风险予以回应，所以，新《公司法》对特别表决权股东人力资本价值减损的风险也存有关注不足之实。总体而言，在评价差异化表决权安排时，不仅要关注特别表决权股东在结构设置时的领导能力，还要关注未来多年后，特别表决权股东可能不再具有突出领导能力而引发的代理成本升高危机。

三、双重监督模式的规范不足

独立董事与监事会的双重监督模式是科创板对采用差异化表决权安排的公司设置的内容。明确独立董事的聘请或者解聘事项纳入一股一权的表决规范之中，实为强化独立董事客观性与中立性的方式。明确监事会应当对特别表决权股东的主体资格、特别表决权倍数、特别表决权股份转换为普通股股份、特别表决权股东是否滥用权利等事项进行监督。从表面来看，独立董事与监事会形成的双重监督模式可以有效保障非特别表决权股东的利益，限制特别表决权股东不当行使权利的行为。但实际上，双重监督

---

[1] 保罗·冈珀斯、乔伊·伊什、安德鲁·梅特里克：《极端治理：美国双层公司分析》。See Paul A. Gompers et al., Extreme Governance, An Analysis of Dual-Class Firms in the United States, 23 Rev. Fin. Stud. 1051, 1084-85 (2010).

模式之下独立董事与监事会存在突出的不足。一方面，虽然在独立董事的聘请或者解聘事项上，不同表决权股东都具有平等的表决权，但聘请或者解聘的事项无论涉及哪一位独立董事，都是在特别表决权股东决定提名的独立董事人选中进行的选择，特别表决权股东可以左右独立董事的人选。易言之，对独立董事进行表决的结果，普通股股东都无法摆脱特别表决权股东提名独立董事人选的范围，普通股股东仅能决定在众多独立董事之中选聘中立性相对更强的独立董事，[1] 独立董事真正的独立性无法从根本上予以保障。另一方面，"监事会成员的选举内容在《科创板上市规则》中并未规定，即使在特别表决权股份的恢复事项中也没有将监事会成员选举的内容纳入其中，在监事的选举与解雇事项中，超额表决权的行使之于特别表决权股东而言得到了变相的承认"。[2] 如此，作为特别表决权股东监督者定位的监事会将失去独立性。《科创板上市规则》中双重监督模式的规范不足将使围绕特别表决权股东的监督框架呈现形骸化的外观。新《公司法》中并未规定关于表决权差异化安排的双重监督模式，此外，需要特别注意的是直接影响双重监督模式运行效果的并非规范本身设置的有无，而是独立董事与监事会成员提名权规则的客观性与中立性存在，所以，在《科创板上市规则》与新《公司法》未来的优化进程中，不仅要关注规则设置的本身，还应关注影响规则客观中立性的可行性制度供给。

---

[1] 汪青松、李仙梅：《差异化股权结构的控制权强化及约束机制——以科创板相关制度设计为视角》，载《南方金融》2020年第8期，第41页。

[2] 王长华、卞亚璇：《科创板差异化表决权安排制度略论》，载《金融发展研究》2020年第4期，第76页。

四、特别表决权股东责任承担的规范不足

特别表决权股东采取逆向选择①产生的道德风险可以由责任承担进行有效约束。《科创板上市规则》仅在第 4.5.13 条中提到上海证券交易所可以要求特别表决权股东，针对其利用控制权强化机制或滥用高表决权行为损害投资者合法权益的行为进行改正，特别表决权股东的责任承担规范除此之外再无涉及。特别表决权股东责任追究的启动方式与特别表决权股东责任承担两个方面是特别表决权股东责任承担规范应当包括的具体内容。实际上，启动对特别表决权股东的责任追究权利在《科创板上市规则》第 4.5.13 条中赋予上交所享有，行为改正是特别表决权股东责任承担的具体形式。这便反映了特别表决权股东责任承担规范在两点上的不足：其一，没有明确规定非特别表决权股东的权利救济途径。上海证券交易所作为监管主体对特别表决权股东进行监管是职权所在，相较之下，这种非特别表决权股东的利益与特别表决权股东的不当行为之间有着较强的关联性，进行权利救济的动机之于非特别表决权股东更为显著，所以，非特别表决权股东的权利救济途径应当予以明确，将非特别表决权股东纳入对控制性股东责任追究的启动主体之中。从而形成上海证券交易所与非特别表决权股东都有权对特别表决权股东启动责任追究的程

---

① 逆向选择是指合约的双方中一方拥有私有信息来达到自己的私利，而对合约另一方的利益带来不利影响。这种由信息不对称而引起的投机行为所产生的问题即合同前的逆向选择问题。周雪光：《组织社会学十讲》，社会科学文献出版社 2003 年版，第 49 页。

序。其二，责任承担的具体形式对于特别表决权股东而言十分单薄。由上海证券交易所责令特别表决权股东对不当行为进行改正的责任承担形式缺乏更为适当的配套性规则且不具有威慑性。具体而言，一方面，特别表决权股东如何改正滥用特别表决权的行为？损害投资者合法权益的行为如何改正？如果对公司或投资者合法权益造成实际损害的应当如何处理？包括但不限于以上问题，《科创板上市规则》都未详尽回应。导致对行为予以改正缺乏可操作性。另一方面，仅有的予以改正的责任承担形式难以满足现实中对特别表决权股东不当行为进行规范的需求，缺乏更为完整有威慑力的责任承担体系。由于特别表决权股东从属于控股股东，新《公司法》中关于控股股东责任承担的规定仅约束关联关系中控股股东损害公司利益的行为或是控股股东利用董事、高级管理人员损害公司或其他股东利益的行为，这些规定都未能将控股股东责任承担的具体形式予以明晰，更没有形成完整的责任承担体系，所以在特别表决权股东的责任承担方面仍有完善的空间。

第五章 我国差异化表决权法律规制的设计

差异化表决权的法律规制应立足于我国实践情况的具象呈现与规范文本的现行表达之上，结合域外的规范经验展开基本理念的明晰与具体规则的设计。在立法模式选择上，应当选择国家立法主导的模式。在基本理念的明晰上，应厘定章程自治与公权规制的边界、实践股东民主原则的自由意志内核、构建以控股股东为核心的公司治理模式、固守公司法利益均衡的价值理念。在具体规则的设计上，应围绕差异化表决权的准入规则、运行规则、配套规则进行体系化规范的专门性安排。以期在新一轮公司法修改进程中助推我国差异化表决权法律规制的日臻完善。

第一节 我国差异化表决权法律规制的立法模式选择

针对我国差异化表决权法律规制的设计首先应解决立法模式选择的问题。依据前文论述可知，国家主导模式、交易所主导模式、公司章程主导模式这三种类型是差异化表决权法律规制的立法模式。以下将从我国差异化表决权法律规制的立法模式现状与存在问题入手,进而对适合我国国情的差异化表决权法律规制的立法模式予以识别和选择,为基本理念的明确与具体规则的展开提供保障。

关于差异化表决权法律规制的内容主要见于一些部门规章和行业规定之中,[①]这些部门规章和行业规定是我国法律体系的重要组成部分。由于创业板与新三板精选层关于差异化表决权法律规制的内容基本参照《科创板上市规则》中的规定进行铺陈,加之证监会出台的部门规章主要是从监管维度展开,所以差异化表决权法律规制的实然呈现是以证券交易所为主导进行的。以证券交易所为主导对差异化表决权进行法律规制在现阶段是较为适当的。原因在于三个方面:首先,经济全球化引领下证券市场之间的自由竞争日益加剧,作为对新经济公司参与全球竞争的回应,我国科创板于 2019 年 6 月 13 日正式设立,推行表决权差异安排的相关规定,可以满足"轻资产、重人力资本"的新经济公司的现实发展需要。

证券交易所的上市规则具有出台周期短、调整成本低、环境适应性强等特点。例如,从宣布新设科创板的 2018 年 11 月 5 日,到《科创板上市规则》正式发布的 2019 年 3 月 1 日,相隔时间不足 5 个月。同时,《科创板上市规则》自发布之日起正式实施。此外,该规则基于进一步规范上市公司治理与完善中小投资者保

---

① 证监会《科创板上市公司持续监管办法(试行)》《上海证券交易所科创板股票上市规则》《深圳证券交易所创业板股票发行上市审核规则》《全国中小企业股份转让系统挂牌公司治理指引第 3 号——表决权差异安排》(股转系统公告〔2020〕270 号),制定的主体分别为证监会、上海证券交易所、深圳证券交易所、全国中小企业股份转让系统有限责任公司。

护的目标,于 2019 年 4 月、2020 年 12 月、2023 年 8 月进行了修订。这都能表明证券交易所主导的表决权差异安排的规则设定是符合现实经济需求的。其次,以相反的顶层法律视角观之,在科创板生成当时进行顶层立法设计存在周期较长且成本高昂的特点,同时对投资环境的反应力是不足的,规则的灵活性也有所欠缺。所以,以证券交易所为主导进行差异化表决权的法律规制是符合经济理性要求与规范有效性的。最后,针对差异化表决权的法律规制会经历一个从不完善到完善,从点到面的推进过程,《公司法》作为基础性法律,相较于交易所规则而言,公司法的稳定性决定了差异化表决权的入法是审慎与渐进的,以试点的方式对差异化表决权运行的效果予以关注,进而在经验累积的基础上对顶层法律进行设计是较为适当的进程选择。

笔者在前述中认为造成不同国家(地区)差异化表决权法律规制立法模式差异的原因主要在于文化传统、监管理念与辖区表征三个方面。我国差异化表决权法律规制的实然模式以交易所主导为呈现,但应然模式需以国家主导模式为呈现。原因在于四点:首先,我国传统集体主义文化使得资本市场的秩序主要依赖于国家的强制性规范,基础性法律的引领作用使得自上而下规范的统一性得以彰显。当下关于差异化表决权的规范性法律文件以部门规章和行业规定为主,效力层级较低,同时违反了《公司法》一股一权的强制性规定,这便引发了下位法与上位法的冲突情形,法律体系的自洽性与协调性受到影响,所以对《公司法》进行顶层设计是必要的,这一点在新《公司法》的第 144 条中已有所反映。如此可对差异化表决权的部门规章和行业规定进行合法性困境的纾解。其次，"中国公司制度是在国家权力主导下构建的结果"，[①]自上而下的制度生成在监管理念上形塑了趋严型思维的表征，管制主义的色彩较为浓厚，自律监管功效的薄弱进一步强化了管制主义的色彩。我国对资本市场的监管一直秉持着自上而下的统合监管方式，所以《公司法》应当对趋严型思维予以体现，不能仅由部门规章和行业规定从下自上予以体现。再次，我国多层次资本市场架构中的不同板块都有基本的对象设定与职能分工，并不会趋同于美国的交易所主导模式，在不同交易所之间进行激烈的"朝底竞争"，我国差异化表决权法律规制的主体应落实在市场经济的基础性法律层面，缘此而行将导向作用与引领作用的基础性法律功效予以彰显。最后，全国人大常委会在2021年度的立法工作计划中提到，要对《公司法》进行修改，学界也对新一轮《公司法》的修改进行了广泛的讨论，在2023年12月29日发布的新《公司法》中也对不同表决权类别股进行了入法明示，借此契机对差异化表决权入法予以正式回应是合理与适当的。总的来说，我国差异化表决权法律规制的实然状态是符合当前经济发展需求的，但以长远视角审视，在新一轮《公司法》修改中将差异化表决权法律规制统合其中是符合构建国家主导模式的立法体系需要的。交易所主导模式虽然不是应然模式，但其所积累的经验能够为今后的国家主导模式提供实践性经验支撑。对我国差异化表决权法律规制基本理念的明确是具体规则展开的前提。

[①] 范健:《制度竞争下的中国公司法改革》，载《法治研究》2019年第3期，第73页。

第二节　我国差异化表决权法律规制的基本理念

基本理念的明晰便于具体规则设计的指引，差异化表决权的法律规制与公司法、证券法紧密联结，关于差异化表决权法律规制的基本理念应凸显公司法、证券法的基本精神，并以新一轮公司法修改为契机进行明确与重申。

一、厘定章程自治与公权规制的边界

自我规制的特征典型地反映在差异化表决权的本质之上，私人主体是差异化表决权的制定主体，自愿制定差异化表决权的相关规则凸显了意思自由适用的效果，在公司内部自愿实施反映出契约相对性的规范属性。公司内部监督激励机制的设计、内容与方式的选择都是由公司成员所决定的，公司自治精神的重要载体便是由公司章程进行充分表达，"小宪法"堪称公司章程的完美诠释。[1] 章程自治理念对差异化表决权的调整起到基础性的功效。差异化表决权制度的公权规制目标在于克服私法自治的缺陷以弥补公司章程自治的不足。[2] 公权规制的边界便是由规则功能的设计所决定的：如果私法自治可以在相应领域正常发挥功能并有效运行，那么公权规制的范围就会受到大幅压缩直至失去适用空

---

[1] 刘俊海：《基于公司理性自治的公司法规范重塑》，载《法学评论》2021年第5期，第6页。
[2] 李安安：《股份投票权与收益权的分离及其法律规制》，载《比较法研究》2016年第4期，第30页。

间；如果公权规制不能发挥应对私法自治缺陷的作用，那么公权规制的适用空间也应当受到限制与压缩；如果公权规制不能够应对私法自治自身不足所引发的弊端，那么公权规制便无现实存在之必要性讨论。[1] 也即"限定政府、余外市场"理念的体现。[2] 虽然章程自治与公权规制的边界长期处于动态的博弈过程当中，但明确章程自治与公权规制框架性边界是确定立法思路，展开规则演进的前提。例如，在《美国标准公司法》等资本市场成文法律文件中，保持谦抑原则，确定具体成文规则界限，给予公司充分的自治空间是立法明确的价值取向，与规则内在的私法属性形成了逻辑自洽，更有利于激发商事主体活动的创造力与制度的内生性。从宏观视角审视章程自治与公权规制的边界状态便于从微观视角予以延展。

总体而言，明确章程自治的不足是公权规制展开的逻辑前提。例如，特别表决权股份的恢复事项是采用差异化表决权安排公司设计的强制性规定，该规则的实质是对特别表决权股东进行一定的限制，对非特别表决权股东权利的有效保障便是此消彼长之间得以实现。故而，明确何种事项应当纳入公权规制实为关键。公权规制应当是谦抑的，考虑到制度的设计成本与运行成本以及经济活动的与时俱进，公权规制的涉及内容一般是必要且谨慎的。参考《科创板上市规则》的设计理念，笔者认为，涉及公司的重大事项与直接影响非特别表决权股东切身利益之时应当通

---

[1] 李昌麒：《论经济法语境中的国家干预》，载《重庆大学学报（社会科学版）》2008年第4期，第91页。

[2] 陈甦：《商法机制中政府与市场的功能定位》，载《中国法学》2014年第5期，第41页。

过公权规制的方式进行调整。厘定章程自治与公权规制的边界对于限制特别表决权股东的行为与保障非特别表决权股东的权利有着至关重要的作用。《科创板上市规则》中第4.5.10条涵摄的事项可以总结为保障对特别表决权股东监督效能的事项与公司的重大事项两部分。除却公司合并、公司分立、变更公司形式、公司解散与对公司章程进行修改等事项之外,还应当将公司增资与公司减资的情形纳入其中。一来增资与减资事项与第4.5.10条规定的公司重大事项同属于资本多数决表决的范畴,可见具有同等重要性。二来增资与减资事项可能会进一步影响到表决权与收益权的分离程度,从而加剧代理成本的升高,所以应当一并涵摄。在强化对特别表决权股东监督效能方面,主要是通过赋权的方式进行,保障非特别表决权股东的自益权与共益权。自益权以分红权为载体进行明确的公权规制,共益权以董事提名权、董事会临时会议召集权、股东大会临时会议召集权和提案权为载体进行明确的公权规制。

针对差异化表决权进行初步规制是《科创板上市规则》作为行业规范的功能体现,但在法律层面几乎仍处于空白状态。我国法律制度的设计一直以来都强调基础性法律的引领作用,因此,差异化表决权的法律规制采取国家立法主导模式更为适恰。正值公司法修改之时,一方面,公权规制应以此为契机,将特别表决权股份恢复一股一权表决事项的范围扩张到涉及公司重大事项的表决事宜之中,在立法技术上应采取列举式,不能辅之兜底性条款,以免出现影响特别表决权股东专注力与公司发展稳定性的情形,进一步保证公司采用该表决权特殊安排的初衷与功能设定。

另一方面，将对于非特别表决权股东的自益权与共益权事项进行成文化有两大好处：其一，可以改变各家公司规则设计统合性不足的问题。依据前文对 15 家采用差异化表决权安排公司实践情况的考察，有 5 家公司对非特别表决权股东十分关心的分红权问题予以规定，有 5 家公司对董事会临时会议召集权与董事提名权进行了规定，有 2 家公司对股东大会临时会议召集权和提案权进行了规定。可见，不同的公司在非特别表决权股东自益权与共益权事项上的规定差异较大，所以由公司法进行统一规范可以解决各家公司自益权与共益权规定纷繁无序的状态。其二，可以将非特别表决权股东的自益权与共益权事项法定化。公司章程对非特别表决权股东的自益权与共益权事项进行规定是可取的，但缺乏相应的制度保障可能会导致关于非特别表决权股东的自益权与共益权行使运转不畅，通过公司法将非特别表决权股东的自益权与共益权事项进行法定化，可以强化对非特别表决权股东的保护力度，以公权强制的方式明确对非特别表决权股东进行权利保护的边界。明晰公权规制与章程自治的框架性边界，有利于规则的适用与有机结合。立法是制度运行的起点，在我国资本市场整体还处于蓬勃发展的阶段下，规制的重任应主要由公权力来承担。[①] 总体而言，在差异化表决权法律规制之初，应以公权规制为主，章程自治为辅。待资本市场整体秩序在公权规制的主导下，逐渐形成完善的自律监管体系，进而再缩减强制性事项的范围，扩大章程自治的适用边界。

---

① 程即正：《我国引入双层股权结构的挑战与对策研究》，载《西南金融》2020 年第 10 期，第 58 页。

二、实践股东民主原则的自由意志内核

股东民主原则体现为股东所持每一股份有一表决权,即"一股一票"。① 可以认为一股一票是股东民主原则的基石。② 但在差异化表决权的推行下,特别表决权股东拥有超额表决权,特别表决权股份的表决权可能是普通股股份表决权的几倍甚至几十倍。由此,诸多学者认为差异化表决权违背乃至破坏了股东民主原则。依据《辞海》中关于民主一词的释义以及一股一票的产生背景,认知股东民主原则应当从历史的演进脉络来把握,不应当偏狭于一股一票的视角来认知股东民主原则的内涵,故而,笔者认为差异化表决权中的一股多权并未脱离股东民主原则的要求,实质上是对股东民主原则内涵的重塑,增强了股东民主原则的丰富性与延展性。

依据《辞海》中关于民主一词的释义,考虑到与股东民主原则的关联性,对民主可有以下理解:其一,从政治语境出发,民主与专制相对,是一种掌握国家权力的形式与制度。其二,协商是民主的重要表现方式。公司治理关于组织机构的设置与权属独立的政治理念密切相关,而股东民主作为股东掌握公司权利的方式是通过股东大会实现的。纵观股东民主的历史演进脉络,民主的形式并非固守一股一票,而是依据公司发展的现实需要,以股

---

① 高菲:《双层股权结构的国际经验及其对中国的启示》,载《中州大学学报》2018 年第 3 期,第 46 页。
② 蒋小敏:《美国双层股权结构:发展与争执》,载《证券市场导报》2015 年第 9 期,第 73 页。

东合意为核心形成的共同意思表达。截取美国股东民主的历史演进过程为例,自美国建国之后在普通法与州公司法层面都未涉及一股一票的内容,早期公司遵循的是人均表决制度,以每人一票进行民主表决。后来,一人一票的规则难以为公司吸引到投资者融资,所以才逐渐形成了一股一票的规则。易言之,一股一票的规则并非股东参与公司治理的唯一表决方式,在公司治理的历史中存在一人一票的方式。股东民主原则的核心应是尊重股东之间意思合意的达成,无论是一人一票、一股一票还是一股多票,都是在尊重股东意思合意的情形下形成的。一股一票能够代替一人一票,一方面表明一股一票满足当时公司经济发展的需求,另一方面表明投资者普遍接受一股一票的表决规则,如果投资者继续坚持一人一票的规则,那一股一票就不会成为表决规则发展的主流,进而演化为公司治理规范展开的基石之一。当前,新经济公司不断兴起,随之超额表决权股份的出现,说明在每一股份有一表决权的规则之外还有其他表决权规则的存在空间。越来越多的公司开始接纳差异化表决权,投资者选择正式进入采用差异化表决权安排的公司都是基于自由意志选择的结果,换言之,投资者与特别表决权股份的发行人达成了意思合意,这是符合股东民主的核心要义的。即使不同于一股一权的表现,但遵循民主协商的精神,承认特别表决权股份的存在,以购买普通股股份甚至无表决权股份的行为印证着自由选择的价值。

此外,需要说明对特别表决权股份表决权倍数的限制也反映了股东民主的原则。由上文论述可知,股东民主原则不是一个点,并非只有在这个点之上的表决权规则才是符合股东民主原则的，尊重股东之间意思合意的达成才是股东民主原则的实质表现。可以将股东民主原则视为一个同心圆，一人一票、一股一票、一股多票可能都是股东民主原则的具体表现。但针对一股多票的差异化表决权，应当限定特别表决权股份的表决权倍数。这是因为股东民主原则是以股东之间的真实表意为基础，真实表意意味着自由无压制，围绕特别表决权股份的表决权倍数限制可以将差异化表决权缩限在股东民主原则的同心圆之内。为什么《科创板上市规则》将特别表决权股份的表决权倍数限制在10倍以内，便是防止特别表决权股份的表决权倍数偏离于股东民主原则的同心圆之外。一旦特别表决权股份的表决权倍数可以扩张至几十倍、几百倍，那么整个差异化表决权就将偏离于股东民主原则的同心圆之外，特别表决权股东对非特别表决权股东的压制便会进一步加剧，此时任何表面实践股东民主的行为都将失去自由无压制的内核。所以《科创板上市规则》将特别表决权股份的表决权倍数限制在10倍以内是股东民主原则的体现，对股东民主原则的认知应当在丰富内涵的前提下固守内核的实质性边界。基于对股东民主原则的重塑，我国《公司法》修改中也应有所体现。考虑到我国资本市场发育程度总体较低与一股一权规则在《公司法》中的长期地位，在本次《公司法》修改中仍应坚持一股一权规则的地位，并以差异化表决权规则作为补充性选择。具体而言，将一股一权规则设置为缺省性规则，① 成为股份有限公司默

---

① 缺省性规则是任意性规则的一种，也就是可由当事人排除适用的公司法规则。伍坚：《论公司法上的缺省性规则——兼评新〈公司法〉相关规定之得失》，载《法学》2007年第5期，第92页。

示股份表决权配置方式,赋予章程变更一股一权规则为差异化表决权规则的空间。采取此种修改方式的理由在于,一来,我国大多数股份有限公司对差异化表决权规则并无现实需求,仅有部分高新技术公司对差异化表决权规则表现出较强意愿;二来,一股一权规则自我国《公司法》颁行以来一直是唯一的表决权行使方式,当前并不具备全盘重构的基础与现实的必要。故而,采取一股一权规则为主,差异化表决权规则为辅的表决权行使方式是较为适当的。

三、构建以控股股东为核心的公司治理模式

董事会中心主义与股东会中心主义的模式选择一直以来都是公司治理的重要问题,长期以来也成为公司法学界重点关注的议题之一。选择何种公司治理模式关键在于厘清我国公司治理的主要矛盾,进而确定公司治理的中枢,以便围绕公司治理的中枢,配置公司权力及构建相应的责任承担机制。[1] 控股股东与中小股东之间的矛盾是我国公司治理中最主要的矛盾,以公司治理的应然状态与实然状态审视,公司治理的法定主体与公司治理实际主体发生严重错位,整个公司治理过程中忽略控股股东作为公司治理主体的存在,并放弃对控股股东进行相应的法律规制是严重制约与影响公司法的实施效果的。[2] 控股股东损害公司或中小股东

---

[1] 甘培忠、马丽艳:《董事会中心主义治理模式在我国公司法中的重塑》,载《财经法学》2021年第5期,第92页。

[2] 赵旭东:《公司治理中的控股股东及其法律规制》,载《法学研究》2020年第4期,第92页。

利益根源于其享有的优势表决权，基于此控股股东可以通过表决权延伸其对公司经营管理的事实影响力。① 控股股东作为左右公司治理的实际主体，顺应我国公司治理的现实需要，构建以控股股东为核心的公司治理模式实为必然。依据我国《公司法》对控股股东的定义可知控股股东的具体类型。② 将讨论之语境限定于采用差异化表决权安排的公司之中，围绕特别表决权股东持有的股份所包含的表决权数量，是否达到《公司法》规定的控股股东界定标准的要求呢？根据15家采用差异化表决权安排的公司在招股说明书中披露的信息可知，除思特威（上海）电子科技股份有限公司之外，其余14家公司特别表决权股东持有股份对应的表决权比例（上市后）都在50%以上。③ 这14家公司的特别表决

---

① 朱大明、行冈睦彦：《控制股东滥用影响力的法律规制——以中日公司法的比较为视角》，载《清华法学》2019年第2期，第69页。

② 控股股东可以分为对股东大会的决议产生重大影响的股东以及持有公司资本总额50%以上的股东两种情形。

③ 云从科技集团股份有限公司特别表决权股东持有股份对应的表决权比例为59.67%，精进电动科技股份有限公司特别表决权股东持有股份对应的表决权比例为59.29%，优刻得科技股份有限公司特别表决权股东持有股份对应的表决权比例为60.06%，四川汇宇制药股份有限公司特别表决权股东持有股份对应的表决权比例为53.97%，旷视科技有限公司特别表决权股东持有股份对应的表决权比例为70.82%，九号有限公司特别表决权股东持有股份对应的表决权比例为66.75%，华勤技术股份有限公司特别表决权股东持有股份对应的表决权比例为62.09%，思特威（上海）电子科技股份有限公司特别表决权股东持有股份对应的表决权比例为43.62%，奥比中光科技集团股份有限公司特别表决权股东持有股份对应的表决权比例为63.67%，北京经纬恒润科技股份有限公司特别表决权股东持有股份对应的表决权比例为54.36%，深圳市柔宇科技股份有限公司特别表决权股东持有股份对应的表决权比例为71.56%，上海禾赛科技股份有限公司特别表决权股东持有股份对应的表决权比例为71.45%，京东数字科技控股股份有限公司特别表决权股东持有股份对应的表决权比例为74.77%，依图科技有限公司特别表决权股东持有股份对应的表决权比例为69.81%，浙江太美医疗科技股份有限公司特别表决权股东持有股份对应的表决权比例为62.5%。

权股东应认定为绝对控股股东。思特威（上海）电子科技股份有限公司特别表决权股东持有的所有特别表决权股份所涵摄的表决权比例为43.62%，相对控股股东的身份应当认定无疑，同时，表决权比例达到43.62%已经可以对股东大会的决议事项产生重大影响。综合以上，可以认为特别表决权股东应当包含于控股股东之内。[1]

公司采用差异化表决权安排的治理中枢应为组织架构的核心，特别表决权股东便是整个公司权力运作的发动机。故而，围绕特别表决权股东进行法律规制具体措施的展开应为题中之义。《科创板上市规则》中关于采用差异化表决权安排公司的规则设置基本都是围绕特别表决权股东进行的具体设计。权利与义务应

---

[1] 如何判断某个股东为控股股东。一般认为，有两种标准：形式标准与实质标准。所谓形式标准，是指从持股数量上判断某个股东是否足以控制公司。比如，当某股东（直接或间接）持有公司股份数量比例超过50%时，则其显然是控股股东，而且是绝对控股股东，对公司享有绝对控制权。当公司不存在绝对控股股东时，此时，如持有股份数量20%以上的，也可视为控股股东，但此时的控股为相对控股。显然，这种形式标准不尽合理。首先，在相对控股情况下，以具体哪个数字比例为划分标准难以确定，也无法确定。其次，以持股数量为标准，实质上抹灭了其他控制公司的方式，比如通过控制协议或连锁董事的形式也一样可以实现控制公司的目的。因此，形式标准被逐渐淘汰，取而代之的是实质标准，即在判断控股股东时，不再以持股数量为单一的判断标准，而引入"事实控制"这一概念，认为股东如果能够对公司实施事实上的控制，即便持股数量很低，也可被视为控股股东。美国特拉华州判例法对此有明确阐述，在美国法学研究所起草的《公司治理原则：分析和建议》中也明确规定，对关于公司经营的具体交易行为具有事实支配力的股东，即可认定为控股股东。此外，无论是绝对意义上的控制权，还是事实上的控制权，均具有时空性。即在此时此况下具有控制权，可能在彼时彼况下，则丧失控制权。这意味着，判断某个股东是否享有控制权，应基于具体的交易行为。因为在某个议案表决时，持股数量较少，平时并不被认为是控制股东的小股东很可能具有阻碍议案通过的权利，此时，该小股东显然具有（从否定议案角度上）"控制"公司的事实能力，也可被视为控股股东。参见林少伟：《英国现代公司法》，中国法制出版社2015年版，第222页。

当具有统一性,特别表决权股东享有超额表决权之后可以进一步控制公司的经营管理事务,对股东大会的决议产生重要影响。所以对特别表决权股东的义务性规范进行设计是十分必要的。此外,特别表决权股东的身份具有双重性,一重是控股股东,另一重是董事,我国《公司法》针对董事设计了忠实义务与勤勉义务的条款,但对控股股东并未设计任何法律上的义务性规定,如此进一步凸显控股股东义务性规范的缺失。在采用差异化表决权安排的公司中,公司治理最主要的矛盾无疑是特别表决权股东与非特别表决权股东之间的矛盾,表决权与收益权高度分离下代理成本进一步升高,常表现为特别表决权股东对非特别表决权股东压制现象的进一步加剧。而在一般性的公司中,股权结构总体呈现出相对集中的态势是一般性特点,所以不同股东之间的矛盾成为公司治理集中关注的议题,通常情况下这一矛盾表现为大股东对中小股东的压制,即控制性股东对非控制性股东的欺压。[1] 以上可知,在采用差异化表决权安排的公司中,反映的主要问题与我国一般性公司中反映的主要问题具有一致性。股东之间的矛盾应当成为未来我国公司治理关注的焦点。基于特别表决权股东从属于控股股东的身份,以及公司治理矛盾的同一性,所以构建以控股股东为核心的公司治理模式涵摄实践差异化表决权安排的公司是耦合与效率的做法。新《公司法》中也在逐渐增加对控股股东的行为约束的规范内容,虽然构建以控股股东为核心的公司治理模式是一个相对缓慢的过程,但应当明确公司法制度聚焦与优化的方向。

---

[1] 赵旭东:《公司治理中的控股股东及其法律规制》,载《法学研究》2020年第4期,第94页。

四、固守公司法利益均衡的价值理念

构建以控股股东为核心的公司治理模式是符合我国《公司法》现实需要的，并能统合应对采用差异化表决权安排公司出现的问题。具体规则的展开要固守公司法利益均衡的理念，坚持利益衡量理论下差异化表决权的利益平衡配置。新的法律制度设计需要满足必要性与妥当性的要求，这是站在制度利益衡量角度的思考。[1] 差异化表决权可以保持创始人追求公司特质愿景的控制权、满足股东异质化的发展需求、增强公司管理层的决策效率、防范敌意收购行为的发生，差异化表决权在法律制度设计的必要性上毫无疑问。在法律制度设计的妥当性上，应明晰效率与公平是辩证统一的关系，差异化表决权一方面可以推动公司管理层决策效率的提高，另一方面将不可避免地引发不同表决权股份持有人之间的利益冲突与不公平现象。如若不能在规则设计上关注公平的实际法律效果，那么背离公平而得来的效率是无法长期存在的。现代公司法的主要目的是实现相关主体之间合理的利益均衡。[2] 利益均衡理念贯穿于公司资本制度、公司治理制度与公司责任制度之中，现代公司制度的立法论基础形成于利益均衡理念之上。应在利益均衡理念的指引下合理配置特别表决权股份股东与普通股份股东的权利、义务、责任规则，以实现利益均衡。[3]

---

[1] 梁上上：《利益衡量论》，北京大学出版社2021年版，第193页。
[2] 贾置勋、工勇：《现代公司制度的法理学基础》，载《兰州大学学报》1999年第1期，第158页。
[3] 梁上上：《论公司正义》，载《现代法学》2017年第1期，第58页。

具体来看,在利益均衡理念的指引下差异化表决权的法律规制措施应从以下两个方面展开:一方面,限定特别表决权的行使边界。差异化表决权实现了控制权机制的强化,升级控制权约束机制的目标可以通过完善监事会的职权、设计特别表决权股东的信义义务、强制信息披露、设置独立董事等方式来实现,限定特别表决权的行使边界可以通过增加不同表决权股份的转换事项以及增设不同表决权的恢复事项来实现。不同表决权股东之间的利益冲突按照以上思路梳理便可以实现缓和与协调的功效。另一方面,自益权对于普通股股东有着不言而喻的重要性,围绕强化权利的保障措施,普通股股东的权利保障途径得以丰富,更多的共益权事项将被赋予普通股股东之上。普通股股东在差异化表决权结构中表决权权能虽然受到压缩,但是通过强权与赋权措施,并结合权利救济途径的完善,可以为普通股股东的权利保护提供更为完备的保障,普通股股东相较于其他监督主体是最好的监督主体。总的来说,利益均衡理念的出发点在于保证法律制度运行的有序与持续,进而要求通过对不同表决权股东之间进行相异的权利义务规范设计来实现效率与公平价值的相对平衡,通过利益冲突的调和与守法激励的导向从而增加公司制度功效的发挥强度。[①] 新《公司法》中关于类别股股东双重表决机制的确立实际上便是一种固守公司法利益均衡理念的表现,通过增加涉及可能对类别股股东的权利造成损害的决议的通过程序从而达到进一步严格保护类别股股东权利的目的,尽量避免不同股东之间利益的区隔过大。

[①] 王兰:《公司软法定位及其与公司法的衔接》,载《中国法学》2021年第5期,第266页。

第三节 我国差异化表决权法律规制的具体规则

考虑到现行规定中关于差异化表决权的规范性文件效力层级过低，可能引起合法性质疑与功能预期降低等后果，所以差异化表决权法律规制的具体展开应立足于《公司法》进行顶层设计，并在具体规范设计中考虑《公司法》与《证券法》的联动效果。具体规范设计应围绕差异化表决权的准入规则、差异化表决权的运行规则、差异化表决权的配套规则展开。

一、差异化表决权准入规则的法律规制

差异化表决权设置规则主要是针对公司采用差异化表决权安排前的规范安排。差异化表决机制设置规则的法律规制主要从适用公司的类型界定、接纳的时间限定、特别表决权股东的持有人资格设计三个方面展开。

（一）采用差异化表决权安排的公司类型

我国证券市场自 1990 年 11 月 26 日上海证券交易所成立至今，已经有 30 余年的发展历史。现阶段将采用差异化表决权安排公司的范围界定为科技创新型公司有三点原因：其一，从全球整体性视野观之，我国证券市场的发展程度仍然不够成熟、证券监管的效果欠缺威慑性、自律监管的功能十分薄弱、关联性制度的实践经验较为匮乏，如果针对所有的股份公司类型直接推行差异化表决权安排，很有可能冲击到证券市场的现有秩序，进而造

成严重的动荡后果，故而应缩限差异化表决权适用的公司范围。其二，差异化表决权在我国的生成与扩展应以循序渐进、由点及面的思路进行，虽然在美国采用差异化表决权安排的公司并无具体行业的限制，但是作为新兴资本市场的新加坡证券交易所与香港证券交易所都将采用差异化表决权安排的公司类型限定为创新型公司，超越此范围限定的公司类型无效。其三，进入21世纪以来中美之间的经济竞争主要集中在新经济领域，科技创新型公司作为证券市场角力的对象，作为具有轻资产、重人力资本价值的公司类型，对差异化表决权具有强烈的需求性。综合以上，结合我国现阶段证券市场发展的实际情况，将采用差异化表决权安排公司的边界确定为科技创新型公司是较为适恰的，如此不仅可以满足科技创新型公司融资发展与管理层控制权保有的需要，还能有效消减证券监管部门的压力，为局部经验积累之下的进一步拓展夯实基础。值得一提的是，新《公司法》中明确公开发行股份的公司不得发行不同表决权型类别股，事实上将发行不同表决权型类别股的公司限定在有限责任公司以及以发起方式设立的股份有限公司。从外观而言，《科创板上市规则》与新《公司法》关于采用差异化表决权安排的公司类型的规定是存在一定冲突的，但依第4.1.3条的论述，新《公司法》与《科创板上市规则》在适用对象上的规定体现了一般法与特殊法的关系，两者之间并不冲突，《科创板上市规则》与新《公司法》在适用对象上的规定都具有自身规则角度出发的合理性。

此处特别需要对国有公司采用差异化表决权安排的问题进行说明，学界已有研究对于国有公司采用差异化表决权安排基本持有肯定的态度，认为差异化表决权结构的功效与国有公司的治理需求耦合，可以满足国有资本对国有公司的控制力需求。依据国有公司的类型划分与国有公司控制权取得方式的实然考察，可知采用差异化表决权安排的国有公司类型应限定在国有相对控股公司。解决国有公司采用差异化表决权安排需回应四个问题：首先，为什么要对国有公司采用同股不同表决权设计的内容予以充分性说明；其次，国有公司的类型应当如何进行划分；再次，不同的国有公司类型是否都有必要适用差异化表决权安排；最后，差异化表决权安排与国有公司实践中的控制权强化方式能否进行包容性处理。

本书限定的语境主要是上市公司，故而，此处对国有公司的探讨即为国有上市公司的场景之中。对国有公司采用差异化表决权安排的问题进行特别说明的原因在于两点：其一，国有公司在上市公司的市值所占比重较高。在沪深两市市值排名前10位的20家上市公司中，国有公司占10家。[1] 可见，国有公司对国民经济的发展起到至关重要的作用。其二，国有公司的治理最具中国特色。国有企业是中国特色社会主义的重要物质基础和政治基

---

[1] 截至2021年6月9日，我国共有上市公司4349家，其中沪市有1908家，深市有2441家。国有公司数为1194家（以第一大股东为国有股东作为依据），占据上市公司的27.46%。尽管总体占比并不显著，但国有公司中许多是上市公司中的大型或特大型公司，例如沪市市值第一的贵州茅台（2.49万亿元）、深市市值第一的五粮液（1.07万亿元），在两市市值排名前10位的20家上市公司中，国有公司占10家（分别是贵州茅台、工商银行、农业银行、中国石油、中国人寿、中国银行、五粮液、海康威视、平安银行、泸州老窖）。可见，国有公司在国有经济中发挥着很大的影响力。相较而言，西方国有企业在整个国民经济中不居于主体地位，一般仅占经济总量的5%—15%，也不起主导作用，仅作为一种国家干预经济的手段发挥着调控与补充的作用。参见周友苏、周春光：《国有公司规范的体例调适与制度安排——以〈公司法〉新一轮修改为契机》，载顾功耘主编：《公司法律评论（第21卷）》，上海人民出版社2021年版，第30页。

础，加之政府"出资人"和"监管者"身份的双重性使得国有公司的治理较为特殊。[①] 党组织在公司治理中起到政治核心和领导核心的作用是国有公司特殊性的具体体现。公司治理与差异化表决权安排密切相关，所以对国有公司采用差异化表决权安排的问题进行特别说明是有必要的。国有公司的类型可以划分为国有独资公司、国有全资公司、国有控股公司。其中国有控股公司最为特殊，包括绝对控股的国有公司和相对控股的国有公司。从内涵上看，《公司法》实质上采取了"二分法"划分国有公司，一种是当然归属于国有公司的情形，国有资本占公司资本总额50%以上，即可满足当然归属的条件，国有绝对控股公司、国有全资公司以及国有独资公司三种类型均在此列，这三种当然归属的情形是比较容易识别与判断的；另一种是国有资本虽然占公司资本总额的比例不足50%，但依据国有资本对应的表决权已经能够对股东大会的决议产生重大影响的国有相对控股公司。故而，对国有相对控股公司控制权强化方式的分析将会有意义。相关研究表明，以《表决权委托协议》与《一致行动人协议》为代表的约定型差异化表决权在国有相对控股公司中占据主导，约占国有相对控股公司控制权强化方式的60%。[②] 从实然角度审视，约定型差异化表决权作为国有相对控股公司控制权取得的主要方式，在股权分散化的趋势下将发挥更为重要的作用。国有公司治理面临的

[①] 顾功耘、胡改蓉：《国企改革的政府定位及制度重构》，载《现代法学》2014年第3期，第81页。

[②] 周友苏、周春光：《国有公司规范的体例调适与制度安排——以〈公司法〉新一轮修改为契机》，载顾功耘主编：《公司法律评论》（2021年卷），上海人民出版社2021年版，第37页。

最主要的问题是代理链条过长①从而引发的代理成本升高，国有公司引入差异化表决权安排将进一步加剧代理成本的升高。基于现实的考虑，约定型差异化表决权可以代替法定型差异化表决权的控制权强化功能，所以对于国有公司采用法定型差异化表决权安排应当持有谨慎与保守的态度。本部分内容将在第六章进行详述。

（二）采用差异化表决权安排的时间要求

从本质上讲，股份表决权与收益权的配置方式属于公司意思自治的内容，公司章程可以对差异化表决权的安排进行规定。对于封闭性公司②而言，应当允许其公司治理的规范保持相当的自由度。③ 封闭性公司采用差异化表决权的安排与上市事宜无任何关联，不会涉及公众投资者的利益，也不会影响到证券市场的有序发展。所以对于封闭性公司首次采用差异化表决权安排的时间并不需要进行强制性规定，只需满足符合采用差异化表决权安排决议的表决权数量即可设置。在封闭性公司的章程中，依据差异化表决权安排的决议属于一般决议或特殊决议来设置通过的表决

---

① 代理链条过长主要源自于国有资产的授权委托机制。国有资产至少需要几次授权委托才能达到企业管理者的层次。由于国有公司中国有资产主体的特殊性，国家、国有资产管理部门、国有公司管理者之间存在的层层委托代理关系加剧了代理问题的复杂性。

② 封闭性公司是指有限责任公司以及非公开发行股份的股份有限公司。参见郑银：《公司清算义务人主体范围再界定》，载《西南政法大学学报》2017年第6期，第117页。

③ 朱慈蕴、林凯：《公司制度趋同理论检视下的中国公司治理评析》，载《法学研究》2013年第5期，第27页。

权比例要求。在公司采用差异化表决权安排之后,如果需要对原先的差异化表决权架构予以重新调整,在差异化表决权结构的调整事项上,应当以一股一权的方式要求所有股东进行表决。决议通过的表决权数量应当满足公司章程的规定,但应与采用差异化表决权安排的公司股东大会的决议类型相一致。

如果公司采用差异化表决权安排的时间是上市前选择的结果再所不问,如果是公司上市之后选择采用这一特殊表决权架构是绝对不被允许的。通常来说,如果在公司上市前,公司治理结构中运行同股不同表决权架构的时间越长,公司治理与同股不同表决权架构之间的适恰性程度会越高。申请在科创板上市的15家公司中采用差异化表决权安排的时间普遍较短,大多是在申报稿提交上海证券交易所之前一年内设置的。以优刻得公司为例,其在申报稿的《招股说明书》(2019.4.1)中明确提到,2019年3月17日是发行人采用同股不同表决权设计的时间,由此可见,采用同股不同表决权架构的时间较为短暂是优刻得公司的主要特点之一。总的来说,《科创板上市规则》将公司采用差异化表决权安排的时间限定为首次公开发行前是较为适当的。原因有两点:其一,如果公司采用差异化表决权安排的时间是在科创板首次公开发行之前,那么投资者购买差异化表决权安排的公司股票之时是具有知情权与自主选择权的,可以通过"用脚投票"的方式来表明自身的投资态度与倾向。一旦公司采用差异化表决权安排的时间是在上市之后,那么控股股东有足够的动机与能力通过股东大会决议、进行资本重置、修改公司章程等方式实现设置差异化表决权结构的目的,相当于变相剥夺了公司上市后至公司设置差异化表决权结构前购买公司股票的投资者的自主选择权。① 其二，我国在证券投资者的保护基础和证券监管能力方面与已经成熟运行差异化表决权安排的国家（地区）之间存在一定的差距，这便要求我国证券市场的监管力度应当维持在高位运行水平，投资者没有话语能力与公司进行博弈时，证券监管机关需发挥应有之功能，所以采取较为严苛的态度对差异化表决权安排的时间进行限定是可取的。

此外，需要讨论的是，有学者近期对公司采用差异化表决权安排的时间限定领域有着更为深入的认识："公司在首次公开发行前采用差异化表决权安排是较为合适的，为了防止特别表决权股东利用集体行动困境②或特别表决权股东对非特别表决权股东的压制，上市后差异化表决权安排的存续期间不应当以稀释或剥夺现有股东表决权为目的，包括进行差异化表决权结构的资本重置交易，但是保有'一股一权'结构的公司在上市后如果增发低表决权股或无表决权股应当予以同意，此外，如果采用差异化表决权安排的公司在章程中事先赋予特别表决权股东可以在运行中发行无表决权股份的权利，证券监管机关与司法机关应当尊重公司的意思自治。"③ 笔者基本赞同此观点，原因有三个方面：其一，现阶段针对采用差异化表决权安排的时间进行"一刀切"的

---

① 王长华、宁亚骁：《科创板差异化表决权安排制度略论》，载《金融发展研究》2020年第4期，第74页。

② 又称"搭便车"现象，系指"除非一个集团中人数很少，或者除非存在强制或其他某些特殊手段以使个人按照他们的共同利益行事，有理性的、寻求自我利益的个人不会采取行动以实现他们共同的或集团的利益"。参见［美］曼瑟·奥尔森：《集体行动的逻辑——公共物品与集团理论》，陈郁、郭宇峰、李崇新译，格致出版社2018年版，第3页。

③ 刘胜军：《论双层股权结构资本重置的利益冲突与治理》，载《河北法学》2021年第9期，第108页。

规定,无疑在引入差异化表决权安排之初是审慎且适恰的,但公司治理的过程是动态调整的,差异化表决权安排是公司治理的一部分,会随着公司外部环境或生命周期等因素的变化而调整,最优的表决权结构应以提升公司整体性效益为主要考虑。其二,尊重公司的意思自由是公司治理展开的逻辑起点,只要在保证股东的知情权与自主选择权的前提下进行的表决权结构动态调整都应当是被允许的。无论是将公司的单层股权结构转换为双层股权结构,甚至于三层股权结构,还是将公司的双层股权结构在上市后转换为三层股权结构都应是在遵循股东意思合意的情形下实施的。其三,对于差异化表决权结构进行资本重置,基于域外国家(地区)的立法经验与上市规则来看是通行的,所以应以发展的视角对此问题进行理解与释明。

(三) 特别表决权股东的持有人资格规定

采用差异化表决权安排的初衷在于强化实际控制人对公司的控制权,以实现其对公司特质愿景的追求。独特的人力资本价值对于同股不同表决权的功效发挥有着积极影响,故而,人身依附性的客观现实满足是特别表决权存在的基础。在强化控制权的功能引导下,非特别表决权股东利益的损害风险会在特别表决权股东滥用支配地位的行为之中逐渐升高,故而,可以从持股比例与股东身份维度对股份持有人的特殊主体资格进行限制。一方面,从股东身份维度出发,特别表决权股东应当具备公司创始人的身份,基于信息不对称的自始存在,公司设计理念、发展战略的明确与创始人所具有的独特信息优势密切相关,持续担任公司董事可以深入了解公司的经营管理情况，从而持续性地影响公司日常的经营决策，将人力资本的价值转化为生产力。如果特别表决权股东不具有董事的身份或不是创始人，那么投资者在进入采用同股不同表决权架构的公司之后，无法对不具有董事身份且非创始人的其他人产生任何人合性与依赖性关联。

另一方面，就持股比例而言，为防控表决权与收益权过分分离的状态出现，可从两个角度进行设计，其一，包含表决权的股份之于特别表决权股东所持有的，应当不低于公司全部已发行包含表决权股份的10%这一比例，该比例可以认为是高表决权股份持有人最低的持股比例要求，这是因为特别表决权股东的控制权在差异化表决权安排之下是基于人合性产生的，脱离资本而形成的控制权强化结果应当反映表决权与收益权的分离程度；其二，不应当超过公司已发行股份2/3的表决权是特别表决权股东合计持有表决权比例的上限，这是由于，特别表决权股东如果享有2/3以上的表决权，便可以操控公司的所有决议类型，非特别表决权股东即使在联合的情况下也难有否决权存在之可能，依据15家采用差异化表决权安排公司的《招股说明书》中披露的信息，特别表决权股东合计持有的表决权比例超过总表决权比例2/3的公司有6家。[①] 可见，对合计持有的表决权比例进行限制对于特别表决权股东来说是十分必要的。可以考虑将启动不同表决权股份的转换条款的情形纳入特别表决权股东持有表决权比例的发生

[①] 这6家公司分别是旷视科技公司（70.82%）、九号公司（66.75%）、柔宇科技公司（71.56%）、禾赛科技公司（71.45%）、京东数字科技公司（74.77%）、依图科技公司（69.81%）。

规定之中。对于特别表决权股东而言，合计持有的表决权比例如果超过总表决比例的 2/3，或者在特别表决权股东持有的公司股份比例，没有达到公司全部发行的包含表决权股份的 10% 以上，应当进行不同表决权股份向一股一权的同质化转换。

此外，需要说明的是，有学者认为对特别表决权股东持有的公司股份比例作出最低限制可能是比较严苛的，会影响到公司采用差异化表决权安排的功能体现。[1] 笔者认为，考虑到我国证券市场的监管环境与投资者的基础现状，该规定在现阶段是较为合理的。差异化表决权的有序推行作为基本理念的固守表现，进而将差异化表决权的适用边界逐渐扩大是较为可取的，利益保护机制之于非特别表决权股东更为完善之时，差异化表决权的适用边界将会更为宽广。

二、差异化表决权运行规则的法律规制

差异化表决权运行规则主要是针对公司采用差异化表决权安排后的规范安排。差异化表决权设置规则的法律规制主要从构建类别表决机制、特别表决权的权能限制、特别表决权存续规范的明确三个方面展开。

（一）类别表决机制的构建

类别表决机制构建的原因在于同类别的每一股份应当具有同等权利，即使是发行不同表决权的类别股，附着在每一股份之上

---

[1] 汪青松、李仙梅：《差异化表决权的控制权强化及约束机制——以科创板相关制度设计为视角》，载《南方金融》2020 年第 8 期，第 43 页。

的表决权也应具有相同的权利义务内涵,不同表决权类型的股份之间虽然内外有别,但是同种表决权类型的股份之间应彼此平等、一视同仁。公司在适用差异化表决权的过程中实质上产生控制权强化的法律效果,所以要注重控制权约束机制的构建,控制权约束机制中的重要一环即为类别表决机制,通过保障表决机制的周严性与公正性从而增强非特别表决权股东参与公司的强度与深度。类别表决机制①的设立不以不同表决权股东的意志为转移,但对于附着在类别股之上不同表决权的行使,所有类型的股东均可以主动适用。类别表决权是类别表决机制的具体体现,类别股东大会是类别表决权实现的主要方式。所以类别股东大会的规则设计是构建类别表决机制的核心。类别表决机制形成于股东平等原则的基础之上,相同情形下的平等对待与不同情形下的区别对待构成股东平等原则的内涵。② 当公司进行的决议涉及类别表决权股东利益时,应当单独召开类别股东大会进行表决。类别股东分类表决是以满足不同类型股东需求与利益偏好为考量,有利于类别表决权股东在公司治理过程中形成独立的意思表示。

  类别表决机制的基本功能是为类别股东提供事前的救济手

---

① 类别表决机制,也称为分类表决机制,是指侵害某一类别股东权益的公司议案,非经该类别股东在普通股东会之外召开的类别股东会上表决通过,不能发生效力。类别表决机制和类别表决权行使的关系,是制度和权利具体行使的关系。类别表决机制是面对所有类别股东的,类别表决权是针对类别股股东个体的。类别表决机制建立后,股东只能被动接受,但是类别表决权如何行使,类别股股东则享有主动权。刘胜军:《类别表决权:类别股股东保护与公司行为自由的衡平——兼评〈优先股试点管理办法〉第 10 条》,载《法学评论》2015 年第 1 期,第 99 页。

② 朱慈蕴、[日]神作裕之、谢段磊:《差异化表决制度的引入与控制权约束机制的创新——以中日差异化表决权实践为视角》,载《清华法学》2019 年第 2 期,第25 页。

段。关于类别表决机制的规定,在我国《公司法》上实为空白,仅有国务院与证监会出台相关的规范性文件。[①] 类别股东大会的规则设计作为类别表决机制的核心内容,可从启动条件、效力设定、表决事宜、召集程序、表决机制五个方面展开。类别股东大会的启动应以类别股东认为自身权利受到公司决议不利影响为条件。约定类别表决事项与法定类别表决事项可以作为类型化结果,成为类别股东大会的表决事宜。法定类别表决事项由《公司法》进行规制,采取列举加兜底的方式,公司章程必须接受法定类别表决事项。对于法定类别表决事项的适用在《公司法》中应如何安排呢?笔者认为,应将股份的合并与拆分、股份类别的增加与内容的变更事项作为法定类别表决事项进行列举,原因在于涉及股份类别、内容以及形式的调整与类别股份的权能关系最为密切。此处会产生一个疑问,对于资本多数决关联的事项是否应列为法定类别表决事项,笔者的观点是否定的,原因在于资本多数决关联的事项应当列入特别表决权股份恢复为普通股股份的表决事宜。更为关键的是兜底性条款的设置,如果对非特别表决权股东的利益可能造成损害,那么所有采用差异化表决权安排公司的决议事项都应列为法定类别表决事项,此处可与配套规则中的诉讼救济方式进行衔接。纳入约定类别表决的事项,由公司章程进行规定的前提是尊重股东意思自由,约定类别表决事项类型进入公司章程后如果未经类别股东大会的法定程序不得进行变更或消灭。召集程序应由持有各类别表决权股份数 10% 以上的股东提起,法定类别表决事

[①] 《国务院关于开展优先股试点的指导意见》第一(五)部分;证监会《优先股试点管理办法》第 10 条。

项因为直接关系到类别股东的利益，应当将决议通过的表决权比例规定为 2/3 以上，所有的类别股东大会均满足此比例的情况下该决议才生效。约定类别表决事项生效的表决权比例规定由公司章程进行自主安排。值得一提的是，虽然新《公司法》中并没有对类别表决机制的构建进行针对性设计，但是关于类别股股东双重表决机制的规定也蕴含着类别表决机制的设计机理，对类别股股东的表决权予以重视与关注应当成为类别表决机制设计的应有之义。

（二）特别表决权权能的限制

不同表决权股东进行利益博弈会产生同股不同表决权的现实需求。基于应对不同表决权股东之间利益冲突的激化，应在一定边界之内限定特别表决权股份的权能范围。可从特别表决权的议事范围、附着在每份特别表决权股份上的表决权数量以及特别表决权股份的流通性三个维度展开。

第一，针对特别表决权的议事范围进行合理限制。公司在治理规则安排中对待特别表决权行使范围的态度应当是审慎的，并不会让特别表决权的行使范围涵摄所有公司涉及的事项。在《公司法》中每一股份拥有一表决权的事项应占据主体性地位，与之相反，在采用差异化表决权安排的公司之中，可对每一股份拥有一表决权的事项进行强制性列举，其余的特别表决权事项予以概括性规定，具体的事项适用情形可在公司章程中进行规定。对于《公司法》强制一股一权的表决事项而言，可在已经规范化的特别表决权股份恢复事项的基础上，进一步增加四种情形：第一，已发行特别表决权股份权能的事项，例如，调整或变更特别表决权适用条件、变更及消灭事由以及改变表决权差异倍数等内容；第二，公司的财产性事项，例如，公司的剩余利润分配与财产分配；第三，资本多数决涉及的事项；第四，与公司监督机制相关的事项，例如，独立董事的选举与监事的选举等内容。此外，需关注一股一权表决事项与类别表决机制的衔接与配合。

第二，规定每份特别表决权股份表决倍数的上限。表决权差异化安排造成的股东间表决权比例差异应在《公司法》修订时予以重点关注。① 高表决权股份附着的表决权数量越多，控制权强化机制的功效越显著，特别表决权股东滥用控制权谋取私人利益的可能性就越大，非特别表决权股东的话语声量就越小；高表决权股份附着的表决权数量越少，控制权强化机制的功效越微小，高表决权股份便会失去存在的应有功效价值，特别表决权股东便较难通过差异化表决权实现对公司的控制。基于我国证券监管能力与投资者保护基础的特点，对附着在每份特别表决权股份上的表决权数量有必要进行合理的上限划定，以寻求不同表决权股东之间的利益平衡。② 参考域内外对于附着在每份特别表决权股份上的表决权数量规定，10 倍的上限安排可能是较为适宜我国《公司法》的安排，一方面，该规定不会冲击到我国现行的规则安排，可以保证规范思路与体系的延续性与连贯性，同时与新近接纳差异化

---

① 汪青松、张凯：《论控制权强化机制的公司法调整》，载《南通大学学报（社会科学版）》2021 年第 5 期，第 103 页。

② 依据表三整理的数据可知，在美国上市的采用差异化表决权安排的中概股公司中，有 35 家（约占 55.6%）情形则表决权股份的表决权倍数设定为 10 倍，最近接纳差异化表决权的新加坡证券交易所与香港证券交易所将 10 倍设为特别表决权股份的倍数上限，科创板与新三板也将 10 倍的表决权倍数差异作为上限。

表决权的证券市场彼此协同；另一方面，考虑到我国目前处于制度的初试阶段，相对稳健的规范设置不仅考虑到我国证券市场的稳定性，同时可以兼顾公司通过章程进行具体表决权附着的自由安排。

第三，应进行一定的限制之于特别表决权股份的流通性而言。基于极强的人身专属性之于高表决权股份，故而，该类股份不能被特别表决权股东进行随意的兜售。一旦该类表决权股份被特别表决权股东进行肆意转让，非特别表决权股东的利益与公司的长期特质愿景便会受到严重影响，故而对高表决权股份的流通性进行必要的限制是较为适当的。

(三) 特别表决权存续规范的明确

特别表决权存续规范的明确突出表现在日落条款的适用上。日落条款在我国的规范存在于《科创板上市规则》之中，以事件型日落条款为典型代表。包括失格型（丧失能力和死亡）日落条款与移转型日落条款两种类型。下文以日落条款规范的模式选择、时间型日落条款与其余事件型日落条款的适用为讨论视角展开。

其一，日落条款规范的模式选择。关于日落条款的规定目前只见于少数国家与地区的证券交易所上市规则之中。对于差异化表决权采用时间最早、适用范围最广的美国而言，日落条款并未出现在纽交所与纳斯达克的上市规则之中，这是因为日落条款的适用与否以及具体适用哪一种日落条款的权利都归属于公司自身所有。被强制性要求在公司章程中规定日落条款，对于采用差异化表决权安排的公司而言，是近年来才出现的新情况。主要出现在近年来接纳差异化表决权的新加坡交易所与香港证券交易所的明文规定之中。日落条款规范的模式选择对于我国而言是十分重要的，无论是选择哪种模式都应当依据我国具体实践的展开情况来决定。[①] 在美国模式中，公司具有选择日落条款的决定权，当公司章程中规定有日落条款时，公众投资者可以考虑自行承担风险以接受公司章程的规定，进而选择采用日落条款的公司作为投资对象，或者放弃这个投资机会。如此来看，无论怎样公众投资者都处于被动的地位之中。《科创板上市规则》中强制规定了移转型日落条款与失格型日落条款的类型，一方面体现了对非特别表决权股东利益保护的倾向，另一方面也以法律规范的方式限制了日落条款的具体类型，与新加坡、中国香港地区等新近接纳差异化表决权的市场规范相近，这对于才适用差异化表决权不久的我国来说是较为谨慎与稳妥的选择。

其二，是否加入时间型日落条款。最为严苛的日落条款当属时间型日落条款，该类日落条款意指公司采用同股不同表决权安排之时，一定的时间期限需要预先设定，高表决权股份在期限届满之时自动转换为低表决权股份的规则设计。虽然它存在单向阻断特别表决权股东绝对话语权的效果，可能会导致公司管理出现一定风险，但任何规则都带有利益价值的倾向性，日落条款的适用上经过严格程序即可保证一定程度的公正性。有研究表明，以采用差异化表决权安排的公司的首次公开发行为起点，以发行开始后两年为终点进行对比，时间型日落条款的内容如果在公司章程中进行了明确设置，那么在公司估值的具体比较上，采用永久

---

① 汪青松、李仙梅：《差异化表决权的控制权强化及约束机制——以科创板相关制度设计为视角》，载《南方金融》2020年第8期，第46页。

型差异化表决权安排的公司与采用日落条款安排的公司会存在一定差异,后者的价值会超过前者的价值。① 越来越多的公司在章程中加入了日落条款。自 2008 年金融危机之后,以此表明日落条款之于采用差异化表决权安排的公司有更为现实的需求。② 作为一种足以应对各类未知情形的日落条款——时间型日落条款,相较于事件型日落条款而言具有独特的价值与优势。具有一定或然性是事件型日落条款的重要特征,可以通过一定方式在某种程度上进行避免,与之相反,不能避免性则是时间型日落条款的重要特征。时间型日落条款可以对特别表决权股东造成一定的危机感,要求在特定的期限内展现其人力资本带来的经营成果以便非特别表决权股东进行充分审视。从目标压力的角度,要求强制适用时间型日落条款用以保护非特别表决权股东利益是必要的。但需要注意的是,不能贸然将特别表决权股份在时间型日落条款规定的期限届满后自动转换为普通股股份,这是因为在时间型日落条款适用的期限内,非特别表决权股东对特别表决权股东的人力资本价值进行衡量评价是最为中肯的与有意义的,所以非特别表

---

① 罗伯特·杰克逊:《永久双重类别股票:公司特许权使用费案》。Robert J. Jackson, Jr., Comm'r, U. S. Sec. & Exch. Comm'n, Address at Univ. Cal. Berkeley Sch. of Law, Perpetual Dual-Class Stock: The Case Against Corporate Royalty (Feb. 15, 2018), https://www.sec.gov/news/speech/perpetual-dual-class-stock-case-against-corporate-royalty.

② 安德鲁·威廉·温登教授通过对 139 家采用差异化表决权结构的公司章程条款进行整理,得出了以下结论:在 139 家公司中有 62 家(46%)的章程中没有有效的日落条款,然而随着时间的推移,尤其是在 2008 年金融危机之后更多的公司在章程中加入了日落条款,以此证实采用差异化表决权结构的公司对日落条款有更现实的需求。安德鲁·威廉·温登:《日出,日落:双类股票结构的经验与理论评估》。Andrew William Winden, Sunrise, Sunset: An Empirical and Theoretical Assessment of Dual-Class Stock Structures, 2018 Colum. Bus. L. Rev. 852, 870 (2018).

决权股东应当享有时间型日落条款到期后的选择续用的权利。如果该类股东满意在时间型日落条款规定期限内特别表决权股东的独立经营成果，继续采用差异化表决权安排的选项便可以呈现。如果特别表决权股东在时间型日落条款规定期限内的经营成果并未获得非特别表决权股东的认可，不继续采用差异化表决权安排的选项便可以呈现。故而，附条件的时间型日落条款具有高度的灵活性，可以在实现特别表决权股东有效激励的情况下，避免对非特别表决权股东利益的损害，同时还可以防止对采用差异化表决权安排公司稳定价值创造能力的中断。

其三，其余事件型日落条款的适用。除却失格型日落条款与移转型日落条款之外，还存在一些触发不同表决权转换的情形。绩效型、撤资型、稀释型日落条款都属于事件型日落条款的范畴。稀释型日落条款与撤资型日落条款都与特别表决权股东的持股比例变化有关。稀释型日落条款与撤资型日落条款的共同点都是特别表决权股东持股比例达到一个固定的数值后，特别表决权股份会强制性转换为普通股股份。所有包含表决权的股份数量之和作为稀释型日落条款的基数设定，所有特别表决权股份之和作为撤资型日落条款的基数设定，与普通股的数量变化并无关联。稀释型日落条款的发生情形强调所有权激励的弱化与客观条件的关联程度，撤资型日落条款的发生情形强调所有权激励的弱化与特别表决权股东主观条件的关联程度。所以撤资型日落条款可以被纳入特别表决权股份的转换事项之中，以此进一步约束特别表决权股东加剧收益权与表决权分离的意图。撤资型日落条款与绩效型日落条款以特别表决权股东持股比例的相对变化与公司绩效为衡量依据,在应对差异化表决权结构的激励效果失灵上更具准确性。但不同公司的实际情况具有一定差异性,强制性普世化的标准制定具有技术性障碍,所以撤资型日落条款与绩效型日落条款更适宜以任意性规范进行表达,作为一种指引性规范设定,进而由公司在章程制定时自主选择。如此不仅可以保证公司的自主选择权,还可以作为公众投资者选定投资对象时的依据之一。因为公众投资者会将公司章程中是否规定有撤资型日落条款与绩效型日落条款作为度量公司可投资度与实际控制人可信度的因素之一,进而使得公司将进一步关注撤资型日落条款与绩效型日落条款进入公司章程的事宜,由此达到对特别表决权约束的实际效果。[①]

三、差异化表决权配套规则的法律规制

配套规则并不直接决定差异化表决权在准入规则与运行规则上的具体安排与规范表达,但是会深刻影响到差异化表决控制权约束机制的效果实现,也会直接关系到非特别表决权股东权利保障强度的增加。具体而言,差异化表决权配套规则的法律规制可从特别表决权股东义务性规范的设定、信息披露规则的完善、双重监督机制的强化、多元化救济路径的健全四个方面展开。

(一)特别表决权股东义务性规范的设定

对特别表决权股东进行信义义务规范的设计可以直接消减特别表决权股东滥用控制权谋取私人利益的风险,也契合我国《公

[①] 汪青松、李仙梅:《差异化表决权的控制权强化及约束机制——以科创板相关制度设计为视角》,载《南方金融》2020年第8期,第46—47页。

司法》今后以控股股东为核心的公司治理模式的设定。在控制权强化的语境之下,作为控股股东的信义义务以及作为公司董事的信义义务统合于同一股东的身份之上,两者既存在联系又有一定区别。当作为董事时,公司授权是信义义务的来源方式,控制权之于特别表决权股东是否享有并不与信义义务有所关联,此时,信义义务的产生依据是董事身份;当作为控股股东时,掌握公司控制权是信义义务的来源方式。一般来说,忠实义务与勤勉义务是特别表决权股东信义义务的基本构成,保证特别表决权股东控制权的正当行使是信义义务规范设计之目的所在。对品格方面的要求之于特别表决权股东而言是忠实义务的偏重之处,消极义务的底色较为浓郁。消极义务的定位意味着:绝对禁止高表决权主体借助任何自身优势地位实施谋取私人利益的行为。而谋取私利之行为通常与义务人的角色、职位相关联。忠实义务要求将非特别表决权股东的利益与公司的利益放置独立于特别表决权股东的空间,以此避免不同利益之间的冲突发生。不得谋取私利与禁止利益冲突成为特别表决权股东忠实义务的核心内容。勤勉义务要求特别表决权股东在行使控制权时要像处理自身事务一样谨慎,属于一种积极义务,[①] 防止其因消极怠工、偷懒、注意不足而导致公司利益的损失。《公司法》对勤勉义务没有明确的内涵界定,与忠实义务形成鲜明反差。"这是因为任何一名董事在对公司履行义务时品德上都应当保证是无瑕疵的,而对能力上每个人基于自己的学识、经历等方面都会有所差异,所以与能力相对应的勤勉义务的内涵就相对模

[①] 张赫曦:《特别表决权股东信义义务构建》,载《中国政法大学学报》2021年第3期,第162页。

糊，审查标准就会较忠实义务更为宽松，在对义务人的制度约束上，两者的出发点并无明显差异，都是为了维护公司与非特别表决权股东的利益。"① 特别表决权股东信义义务设定的关键一环在于特别表决权股东对违反信义义务的责任承担。责任承担作为事后规制的重要内容，应赋予非特别表决权股东以诉权，具体依赖于司法裁判中法官的自由裁量，以此满足司法裁判标准的统一化需求。

（二）信息披露规则的完善

差异化表决权存在与发展的原因之一在于公众投资者与创始人之间存在严重的信息不对称，差异化表决权作为控制权强化机制的重要表现，由此，信息不对称性引致于控制权强化机制之上。此外，信息的不对称性也是控制权约束机制得以构建与形成的条件。控制权约束机制的功效表达与公众投资者利益保护的目标之间紧密相关。这一关系的外观呈现就决定了差异化表决权的法理基础是自由主义导引下的信息披露哲学，在差异化表决权的规则体系中就要求配套完备的信息披露规则以便对公众投资者的利益进行保护。重塑信息披露规范应以信息披露规范本身为起点，以追究未能依法披露信息的法律责任为落脚。② 强制信息披露是确保采用差异化表决权安排的公司在现行法律框架内进行合法规范运行的重要途径，即要求公司定期披露其实践差异化表决

---

① 周春光：《董事勤勉义务的司法审查标准探究——以实证与比较分析为视角》，载《光华法学》第11辑，法律出版社2019年版，第169—170页。
② 周春光：《我国〈商业银行法（修改建议稿）〉的检视与完善——基于河南村镇银行"取款难"事件的审思》，载《合肥工业大学学报（社会科学版）》2023年第3期，第134页。

权的客观效果与具体进展，以便公司内部股东与外部投资者对内部运行活动的监督，进而消减信息不对称引发的风险。公司信息披露规则的优化可以降低公司内部股东与外部投资者收集信息所需要耗损的时间成本与经济成本，并且可以避免控制性股东利用优势的表决权进行不适当行为的情形出现。信息披露规则的完善应聚焦于信息披露的进程性规则之上。信息披露的进程性规则应当包含差异化表决权运行前、运行中以及关联交易的特殊披露三个方面的内容。发行人应当在上市前对采用差异化表决权安排的公司涉及的商业经营模式、行业特征、创始人对公司贡献的作用等内容进行必要性披露。该类公司应在所有公开披露的信息文件的首页之中，以十分显著的方式标识"采用差异化表决权安排"的字样，[1] 日常信息披露规则作为公司运行中需要重点设置的内容，应当符合发行审核机关披露信息的重大性特征。同时，采用差异化表决权安排的公司除却应当依据《科创板上市规则》《证券法》的要求公布年度公司运行信息与财务报告之外，还应每半年进行投资者保护报告的定期编制，并全面充分地披露投资者保护的具体状况与改进方向。投资者保护报告应当包括控制权约束机制的规则设计、特别表决权股东的权利行使情况以及非特别表决权股东的权利保护状况。除此之外，有两类控制权约束机制的类型也应当在整体框架安排之下对外公开：其一，不同表决权股份之间进行转换的情形；其二，涉及特别表决权股东削减持有股份数量的任何行为，以便市场中的投资者可以依据公司发展的走

---

[1] 例如，在科创板申请上市的公司的《招股说明书》中都在重大风险提示部分对采用差异化表决权安排进行了披露。

向与动态作出相应的判断或者及时采取行动。在采用差异化表决权安排的公司中,关联交易的事项应当成为信息披露的核心内容,无论关联交易涉及的利益函数如何,利益主体的多寡如何都应当进行详尽且真实的披露,关联交易中股东表决权排除的情形也应当进行公告。[①] 同时,应当明确特别表决权股东也是信息披露的主体义务人之一,由于不同表决权股东之间难以存在一致与对等的信息资源地位,将特别表决权股东作为信息披露的主体义务人之一可以优化现实规则的可操作性与适应性。故而,应对信息披露的主体义务人设置激励性规则,鼓励特别表决权股东对虚假陈述、股价操纵、内幕交易等证券违法违规的行为进行举报,以实现信息披露规则实施效果的软着陆。

(三) 双重监督机制的强化

特别表决权股东具有的人身依附性决定了公司需要更为周严与妥当的监督机制设定。[②] 依据人身依附性给予的赋权性安排也应进行必要的监督机制适恰。强化监督机制应当着眼于对特别表决权股东产生正向的制度激励与后果威慑的效果,主要借助于监事会与独立董事的规则的优化来实现强化监督机制的目的。双重监督机制最为关键的在于独立性之保证,以监事会与独立董事为双重架构安排的监督机制是主体规范适当履职的基本前提。申言之,一方面,增强独立性之于监事会层面而言是尤为必要的。鉴

[①] 宾晋城:《股东表决权排除的类推适用——兼评宋某祥诉万禹公司除名决议效力案》,载《法学杂志》2021年第7期,第147页。

[②] 王利军、赵佩健:《差异化股权结构时间性风险与科创板治理》,载《社会科学家》2021年第12期,第118页。

于监事会专项监管的模式在现行的规则之中已经明确设立,故而,应当深入明确专项监管公正的实质性取决要素,这其中最为关键的是保证监事会成员的选任权与提名权的公平性。笔者认为,表决权行使上的公平性是保证监事会成员的选任权与提名权公正的重要方式,可将涉及监事会成员的选任权与提名权事项列为特别表决权股份恢复为一股一权的事项范畴,在决定提名哪些人员成为监事会的组成以及进行提名人员的具体表决时,所有股东在每一份的表决权之上都具有数量均等的表决权机会,并不会因为身份的区隔而存有差异。在此规则安排之下,监事会组成后的实际运行过程中,除却对《科创板上市规则》第 4.5.12 条规定的事项出具专项意见外,同时还可以将监事会的具体审核意见作为是否允许公司增设撤资型日落条款、绩效型日落条款与时间型日落条款的必要程序,以此丰富监事会监督权的内涵。总体而言,无论是发生利益受损的情形之于非特别表决权股东抑或是滥用控制权的情形之于特别表决权股东,都应当在监事会年度报告的专项意见之中予以呈现。另一方面,在独立董事的独立性增强维度上,各国(地区)主要有双重表决式、赋权式、否决权制度与提名委员会制度作为增强董事独立性的具体方式。[1] 无论何种

---

[1] 增强董事独立性的方式有四种:第一,赋权式,即公司采用提名制度选举董事,符合最低持股标准的股东享有董事提名权,上市公司必须向公众投资者提供至少选举一名董事会成员的权利;第二,双重表决式,即独立董事的初次选举和再次选举必须同时获得上市公司控股股东以及上市公司非控股股东的同意;第三,否决权制度,即虽然普通股东不享有董事的选举权,但是普通股东对董事选举享有否决权;第四,提名委员会制度,即设立专门的董事提名委员会,辅助推举提名董事候选人,再由股东以一股一表决权的方式进行表决。参见汪青松、李仙梅:《差异化表决权的控制权强化及约束机制——以科创板相关制度设计为视角》,载《南方金融》2020 年第 8 期,第 48 页。

独立董事独立性的增强方式都应当立足于我国法律规范的现状之下，实现对特别表决权股东行为的约束效果可以通过对高表决权股份的转换事项进行设定，鉴于独立董事的聘请与解聘已经纳入《科创板上市规则》的事项之中，确保独立董事提名权的客观中立性与公正性便显得十分关键。有观点认为可以借鉴中国香港地区的立法经验，对董事的任职资格进行审查，审查的主体以董事提名委员会为代表，以此实现排除特别表决权股东对董事候选人控制的目的。[1] 笔者认为，我国上市公司的各专门委员会行为的独立性与运行的有效性在控股股东主导下的公司治理模式中是较难实现的，如果将董事任职资格的审查与提名等事宜交与董事提名委员会决定的话，又应当对董事提名委员会的独立性进行审视，避免可能会出现俄罗斯套娃式的困境。所以将董事的提名权设置为特别表决权股份恢复为普通股股份表决的事项是较为经济与合理的，有利于监督效果的稳定，双重监督机制可以作为差异化表决权配套规则的重要组成部分。

(四) 多元化救济路径的健全

无论差异化表决权法律规制的具体规则设计得如何完善与周严都无法避免非特别表决权股东利益受损的情况发生，任何一种规则的设置都消减利益不平衡的情形出现的概率，并不够保障所有的主体利益都得以受到积极有效的维护但最低限度的利益保护应当是法律所需要实现的社会功能。诉讼应当作为非特别表决权

---

[1] 江青松、李仙梅：《差异化表决权的控制权强化及约束机制——以科创板相关制度设计为视角》，载《南方金融》2020年第8期，第49页。

股东进行合法利益保障的底线型手段存在，单一的诉讼方式自然不能够充分体现固守利益均衡的理念，多元化的救济路径健全实为不同表决权股东之间利益均衡的重要抓手。申言之，股东进行代表诉讼、证券监督机构实施仲裁行为与法院颁行禁止令可以构成多元化救济路径的不同外观。首先，作为所有救济方式的兜底性路径，司法救济的功效设定与宗旨表达可以有效化解不同表决权股东之间利益纠葛的戈尔迪乌姆之结，扞格不入的争论与意见分歧都可以借助司法救济的进路塑造实现规则基础夯实的妥善表达。易言之，无论非特别表决权股东采取何种方式进行自身权利的救济，诉讼权利的享有应当是制度性规则设计的起点与底线，股东代表诉讼作为多元化救济路径的初始表达应为题中之义。选择进入的方式是我国股东代表诉讼运行模式的主要呈现，如此会造成集体行动的困境引致于非特别表决权股东的权利救济之上。由于司法实务活动中诉讼成本高昂、诉讼程序冗长、举证过程复杂等现实因素的制约，一般情况下，利益受损害的非表决权股东会放弃以诉讼方式为媒介的权利救济动机，如此使得特别表决权股东滥用控制权的倾向与意图表现得更为显著，事实上并不利于诉讼规则设置目标的实现。

在差异化表决权安排的语境之下，股东代表诉讼规则的完善可以借鉴证券集团诉讼发展进程中的有益经验，在进入方式、资格标准、举证责任、诉讼费用的承担四个方面进行优化。首先，在进入方式上。对于非特别表决权股东参与诉讼的方式由选择进入变更为自愿退出，将自由意思表示在准入层面的设定转换为在退出层面的设定，这与新《证券法》中"默示加入"与"明示退出"的主旨内容表达一致,如此一方面可以实质性提升股东进行自身权利保障的主动性与积极性,另一方面可以实现公司法与证券法规则的统合与联动。股东采取诉讼行为从公司层面属于法律责任维度的释义,从上市公司层面属于证券市场运行维度的释义,具有公司法与证券法的功能耦合,所以在进入方式上的调整可以妥善处理好集体行动的困境。其次,在资格标准上。应当在采用差异化表决权安排的公司中明确,股东享有诉讼的主体资格依据在于持有股份的有无,而不在于具体占有表决权份额的多寡,换言之,股权权能的自身瑕疵与内容结构的不完整并不能影响非特别表决权股东提起诉讼资格的取得,以此来厘定适格原告主体的资格标准,在此基础上,进行诉讼权利的逐一登记与诉讼代表人的程序性推选。再次,在举证责任上。基于信息不对称性的现实制约,不同表决权股东在获取公司经营管理信息与日常运行数据的能力是存在全方位差别的,应当对非特别表决权股东的举证责任要求进行降低化设定,只需证明其合法权利受到损害即可满足举证责任履行的标准。对于特别表决权股东在现实中是否存在违法与违规的行为,则不属于非特别表决权股东承担的举证责任中应当具备的内容。最后,在诉讼费用的承担上。按照《最高人民法院关于适用〈中华人民共和国公司法〉若干问题的规定(四)》中的规范表达,股东胜诉时的诉讼费用应由公司进行承担,但对于股东败诉时的诉讼费用承担并未进行任何规定,笔者认为,可以通过在公司利润中预留部分"共同基金"的方式为相关诉讼活动有序进行提供物质性保障,以便股东在展开诉讼活动时可以真实地表达自身诉求。

在多元化的救济路径中除却股东代表诉讼的存在之外，还可以将证券监督机构实施仲裁行为与法院颁行禁止令作为有益的补充。从赋予证券监督机构提供仲裁的权力维度出发，中国证监会在具备客观性与中立性的前提之下，具备更为专业的业务能力与审慎的业务判断，能够针对证券市场中出现的违法违规行为作出更为有效化与及时性的处置，所以在上市公司中出现不同表决权股东利益纠葛之中，赋予中国证监会进行仲裁的职权是较为适当的，由此便于以较低成本化解证券市场中的不安定因素，稳定投资者的投资信心。最后，法院进行禁止令的颁行实为健全多元化救济路径的重要方式，法院可以针对实施违法与违规行为的特别表决权股东设置禁止其进入证券市场的规定，以强化对实施违法与违规行为主体的惩罚力度，引发法院进行禁止令颁行的方式可分为主动型与被动型两种，法院既可以依据证券市场的运行情况主动地进行禁止令的颁行，也可以以权益受侵害的股东的申请为依据进行禁止令的颁行，需要说明的是法院主动进行禁止令的颁行应当以行政机关所做出的违法违规的事实认定为前提，在此条件下才可以主动适用禁止令的措施。以此进一步维护证券市场的有序与稳定运行。

第六章　国有公司适用差异化表决权的实践考察与制度安排

国有公司治理效能的提升是新一轮《公司法》修订重点关注的内容。差异化表决权形塑股东获取公司控制权的特殊联结，法定与约定的类型分野构成国有公司适用差异化表决权的基本路径。公司治理模式是在股权结构浸润之下形成的，追溯法定型差异化表决权的制度语境可知根植资本市场的差异会引发规则运行的张力，脱离国有公司控制权取得方式的实践考察将使法定型差异化表决权的引入更易发生隐退与断裂的现象。新一轮《公司法》修订应明确约定型差异化表决权在国有公司适用的合法地位，将设计自主权交由公司章程享有，对法定型差异化表决权的适用范围限定国有相对控股公司之内，并以董事会决议提出为前提条件，将法定型差异化表决权的设置纳入"三重一大"事项之中，厘定国有公司党组织审查与国资委核准的双重程序，实现不同国有公司类型与不同差异化表决权类型的适配。

第一节 问题的提出

国有公司参与全球经济竞争的成效不仅与国有公司实体相关，也与国有公司法律制度密不可分。如何在深化国有公司改革背景下保持国有股东对公司话语权的既有控制力是提升国有公司竞争力的基本要求。无论约定型差异化表决权①抑或是法定型差异化表决权②的设计都能满足股东以不增加持股份额的方式保有公司控制权的目的，两者都属于强化控制权的具体方式。

对此，学界围绕国有公司适用差异化表决权进行研究，常见以双层股权为典型探讨，研究内容主要集中在两方面：其一在于明晰双层股权结构的功效与国有公司治理需求的耦合。有学者认为，"双层股权结构下的特别表决权设置对于实现持股较少的国有资本对国有企业落实公共政策，让利社会公众的经营目标意义重大"。③ 有学者进一步指出，"在当下的中国，由于工业化与信息化的交错并行以及持续深化的经济体制改革，民营企业以及混合所有制改革中的国有企业都是双层股权结构以及类似制度的需求者"。④ 概言之，学者们基本支持国有公司对以双层股权为代表

---

① 约定型差异化表决权是在《民法典·合同编》框架下通过个别当事人意思自治实现的表决权重新配置，约定型差异化表决权常借助表决权信托、表决权征集、一致行动人协议等方式形成。
② 法定型差异化表决权是以法定化路径形成的同股不同表决权的股权类型，我国学界探讨较多的法定型差异化表决权实为双级表决权股份，即为通常的双层股权。
③ 冯果、诸培宁：《差异化表决权的公司法回应：制度检讨与规范设计》，载《江汉论坛》2020年第3期，第110页。
④ 徐晓松：《双层股权结构在中国：市场需求与立法认可》，载《天津师范大学学报（社会科学版）》2018年第1期，第64页。

的法定型差异化表决权的适用。其二在于厘清国有公司适用双层股权结构的进路。有学者认为，从理念上可坚守分权治理与内部均衡、保护非国有股股东利益、遵循比例原则，同时严格适用对象、限定适用范围与超级表决权幅度。[1] 另有学者主张，"国家股权控制方式应当坚持与其所承载的处于变动中的具体公共利益目标相匹配的思路，通过国家特别股制度的设计，形成多层次的国家股权控制体系"。[2] 易言之，从宏观与微观的维度对国有公司适用双层股权结构进行制度设计是学者讨论的常见范式。

故而，现有研究多关注以双层股权为代表的差异化表决权如何适用于国有公司后端制度设计的问题，前端理论阐释中缺乏对差异化表决权的生成语境探讨，同时，后端制度安排中既未结合国有公司的具体类型进行分析，也未呈现国有公司适用差异化表决权的实践情形。由此，引发笔者对国有公司适用差异化表决权的四点疑问：第一，以双层股权为代表的差异化表决权作为舶来品，其适用于国有公司是否满足根植语境的同质性要求？第二，国有公司的客观形态是否都存有差异化表决权的适用空间？第三，《公司法》修订背景下国有公司所面临的最主要问题是什么？以双层股权为代表的差异化表决权的适用是否有助于消解该问题？第四，国有公司控制权的实然取得外观如何？采取何种路径可以最低成本将法定型差异化表决权与约定型差异化表决权统合于国有公司控制权的取得方式之中？

---

[1] 冯果、杨梦：《国企二次改革与双层股权结构的运用》，载《法律科学（西北政法大学学报）》2014年第6期，第154页。

[2] 徐晓松：《挑战与变革：国企混改与多层次国家股权控制体系》，载《中州学刊》2019年第10期，第53页。

第二节　差异化表决权的语境根植与假设厘定

差异化表决权的语境根植与假设厘定的展开以双层股权为代表的法定型差异化表决权为基点，法定型差异化表决权"允许—禁止—复兴"的演进历程深刻反映出差异化表决权整体进展的波动性，由此可知差异化表决权与公司法制度之间的张力存在。明晰差异化表决权的语境根植与假设厘定将有助于观测其本土化进程中南橘北枳的现象成因。

一、分散化股权结构的语境根植

代理成本是《公司法》关注的核心问题，代理成本是基于所有权与控制权高度分离的二元结构衍生。监督成本与约束成本构成公司的代理成本，具体有三种形态：一是股东与董事之间的利益冲突；二是控股股东与小股东之间的冲突；三是公司或公司股东与公司债权人或其他人（如雇工、消费者等）的冲突。以上三种代理成本形态在各国（地区）表现不一。在股权结构集中的公司，代理成本更为显著地表现为大股东与小股东之间的利益冲突。股权结构集中意味着大多数股份掌握于少数人手中，因此个别大股东较易控制公司，对小股东的压制与排挤也进而引发。在股权结构分散的公司，代理成本更为典型地表现为股东与董事之间的利益冲突。因公司股权结构的分散化，出现绝对控制公司股东的概率大幅降低，故而，代理成本的形态一般表现为股东与董事之间的利益脱钩。① 英美资本市场的股权分散特征使公司创始股东在面临持续融资压力的影响下更易失去对公司的控制权。以双层股权结构为代表的法定型差异化表决权形态最早产生于美国,而后渐次在欧洲多国获得立法认可。这种表决权差异化设置的核心目标在于缓解公司持续融资需求与维持创始股东控制权之间的矛盾,因此采用差异化表决权的公司通常需满足两个特点:一是具有持续性、大规模的融资需求;二是创始股东对公司的掌控于公司的长远利益有益。在初创公司之时创始股东重视控制权是由于拥有控制权可以保护其免受不同偏好投资者对公司愿景或决策的怀疑与干扰,福特的示例便可充分印证。

差异化表决权正是在英美资本市场股权分散的客观状态下催生而成的。双层股权结构作为法定型差异化表决权的具体形态成为以股权分散为特征的英美国家公司治理的专利,英美公众公司作为所有权与控制权分离的典型,② 便成为最早适用差异化表决权并形成相对成熟体系的国家,也正是在股权分散化的资本市场语境下,差异化表决权的具体形态得到长足发展。以双层股权为代表的差异化表决权作为平衡上市融资和控制权、分散投资和抵制恶意收购的有效工具受到很多公司的青睐,其中不乏纽约时报、华尔街时报、谷歌等著名公司。③

---

① 参见林少伟:《英国现代公司法》,中国法制出版社2015年版,第220—223页。
② 朱慈蕴、计凯:《公司制序趋同理论检视下的中国公司治理评析》,载《法学研究》2013年第5期,第25页。
③ 金晓文:《论双层股权结构的可行性和法律边界》,载《法律适用》2015年第7期,第54页。

二、股东"异质化"的理论假定

传统公司法理论对股份公司"资合性"特质的强调实际上体现出对股东的"同质化"假定,即忽视股东之间的实际差异,而仅将他们视为无差异资本的载体。[①] 单一的普通股制度以及在此基础上形成的"一股一票"原则便是典型。在"同质化"的假定下,股东被认为是具有相同的目标和能力的人,其投资公司的目的都是通过公司分红实现投资利益最大化。因此,股东的收益权是以持有的股份数量作为计量单位,股权关系仅被视为一种以抽象化出资为标准的比例关系。[②] 公司在进行决策时是依据股东所持有的股份数量,并依据"一比一"的比例转化为表决权比重进行计算的。这一原则的正当性在于:"股份有限公司系资合公司,其系以区分为均等单位之股份所构成之资本结合体,不但股东系以其出资比例而享受利益,甚至股东对公司支配力大小亦系以所拥有的股份比例决定,故表决权原则即系以股份制数额为基础而计算之。"[③]

股东"同质化"的假定将抽象层面的股份平等等同于股东平等,却忽视了股东作为个体本身所具有的投资偏好差异。在追求投资利益最大化的过程中,作为个体的股东有着不同的偏好,其目标是多元的,并存在"异质化"倾向。易言之,在公司股东"异质化"的现实下,统一按照建立在"一股一票"基础上的

---

① 汪青松:《股份公司股东权利配置的多元模式研究》,中国政法大学出版社2015年版,第104页。
② 汪青松、赵万一:《股份公司内部权力配置的结构性变革——以股东"同质化"假定到"异质化"现实的演进为视角》,载《现代法学》2011年第3期,第35页。
③ 王文宇:《公司法论》,中国政法大学出版社2004年版,第262页。

"资本多数决"原则进行公司决策,既不能满足"异质化"股东的多元需求,也无法实现个体利益最大化的目标。表决权差异化安排满足"异质化"股东的多样性偏好。公众投资者和机构投资者作为公司的投资性和投机性股东,其偏好在于获得现金收益,实现投资增值的目标,因此,收益权对其而言更为重要。而创始股东作为公司的经营性股东,更关注公司的控制权,而非现金分红的权利。差异化表决权安排可以实现股东收益权与表决权的分离,使经营性股东通过拥有较多的表决权锁定公司的控制权,从而避免受到短期投资者的压力,实现公司的长远利益。投资性股东和投机性股东的收益权不仅没有受到影响,最终也会因为公司长远利益的实现而获得更多的现金回报。故而,股东"异质化"便成为差异化表决权的理论假定。

第三节 国有公司的类型明晰与控制方式呈现

对国有公司适用差异化表决的实践进行考察应先厘清国有公司的基本类型,国有独资公司、国有全资公司、国有控股公司是现行《公司法》框架下国有公司的外延组成。对实现国有公司控制的实然方式审视,可见国有相对控股公司实为国有公司的主体类型,资本多数决异化凸显出约定型差异化表决已然成为取得国有公司控制权的主导方式。

一、国有公司内涵层面界定的模糊

笔者在中国知网以"国有公司"与"定义"或"概念"为

主题词进行单句检索，逐一进行梳理后发现至今鲜有文献对国有公司的概念进行明确界定，总体上对国有公司定义的把握是从内涵与外延两方面展开。2003 年国家统计局《关于对国有公司企业认定意见的函》关于国有企业的广义定义为具有国家资本金的企业，可分为三个层次：一是纯国有企业[①]，二是国有控股企业[②]，三是国有参股企业[③]。该文件从内涵与外延两方面对国有公司制企业的概念予以表达，也是学界较常的讨论范式。具体到内涵维度审视，有观点认为国有公司是其财产完全属于或者相当部分属于国家所有并且国家对全部财产具有控制支配力的公司。[④] 另有观点主张将实际控制人为政府机构或其他国有企业的公司定义为国有公司。[⑤] 延伸至外延角度分析，有观点认为股份制改造后的国有企业则呈现出三种形态：一种是数量占比较低的国有独资企业，主要分布在公益领域及部分基础产业，而大部分国有企业为国有控股公司或国有参股公司，属于典型的混合所有制企业。[⑥]

[①] 纯国有企业包括国有独资企业、国有独资公司和国有联营企业三种形式，企业的资本金全部为国家所有。

[②] 国有控股企业根据国家统计局《关于统计上国有经济控股情况的分类办法》的规定，国有控股包括国有绝对控股和国有相对控股两种形式。国有绝对控股企业是指在企业的全部资本中，国家资本（股本）所占比例大于 50% 的企业。国有相对控股企业（含协议控制）是指在企业的全部资本中，国家资本（股本）所占的比例虽未大于 50%，但相对大于企业中的其他经济成分所占比例的企业（相对控股）；或者虽不大于其他经济成分，但根据协议规定，由国家拥有实际控制权的企业（协议控制）。

[③] 国有参股企业是指具有部分国家资本金，但国家不控股的企业。

[④] 贾宇、舒洪水：《论刑法中"国有公司"及"受委派从事公务的人员"之认定》，载《法学评论》2002 年第 3 期，第 134 页。

[⑤] 王克敏、廉鹏、向阳：《上市公司"出身"与盈余质量研究》，载《中国会计评论》2009 年第 1 期，第 7 页。

[⑥] 杨瑞龙：《探索国有制与市场经济相兼容的中国特色改革道路》，载《中国人民大学学报》2021 年第 3 期，第 11 页。

而有观点以国有产权比例为标准,将国有企业分为国有独资公司、国有控股公司和国有参股公司等。① 更有学者认为现存的国有企业至少有 5 种:全民所有制企业、国有独资公司、国有全资公司、国有控股公司、国有参股公司等。② 由上可知,从内涵上对于国有公司的概念界定显得较为模糊。

二、《公司法》框架下国有公司的外延现状

虽然直接从内涵上对国有公司的概念进行界定比较困难,但从外延进行归总不失为一种可行方式。现有涉及国有资本的公司类型有四类:一是国有独资公司,国有独资公司是指国家单独出资、由国务院或者地方人民政府授权本级人民政府国有资产监督管理机构履行出资人职责的有限责任公司,即由政府国资委履行出资人职责的公司。二是国有全资公司,国有全资公司是指两个以上的国有企业或者两个以上的其他国有投资主体投资设立的有限责任公司,即由两个以上国有企业或者两个以上的其他国有投资主体投资设立。三是国有控股公司,具体分为绝对控股的国有公司和相对控股的国有公司。绝对控股指持股"占公司资本总额 50% 以上",相对控股指"持股比例虽然不足 50%,但享有的表决权已足以对股东会决议产生重大影响"。四是国有参股公司,依据 2003 年国家统计局《关于对国有公司企业认定意见的函》的说明,国

---

① 廖红伟、杨良平:《以管资本为主新型监管体制下的国有企业深化改革研究》,载《学习与探索》2018 年第 12 期,第 128 页。
② 李建伟:《国有企业特殊法制在现代公司法制中的生成与安放》,载《中南大学学报(社会科学版)》2017 年第 3 期,第 43 页。

有参股企业是指具有部分国家资本金,但国家不控股的企业。

通过梳理涉及国有资本的公司类型可知:虽然国有独资公司、国有全资公司、国有控股公司、国有参股公司都有国有资本的注入,但依《公司法》的立法本意,不应将国有参股公司纳入国有公司体系审视,可将其纳入普通公司予以审视。具体原因有二:一方面,《公司法》中并未有任何条款涵摄国有参股公司,这说明国有参股公司对于普通公司而言并不具有特殊性。另一方面,《公司法》对国有控股公司的规定彰显了实际掌握公司控制权的重要性,例如国有相对控股公司中虽然国有资本的占比不足50%,但享有的表决权已足以对股东会决议产生重大影响。易言之,国有资本所涵摄的表决权可以决定公司经营计划与投资方案等日常决策行为,纳入国有公司的标准可以归为执行公司法和中共中央、国务院文件,按照国有公司治理原则来进行管理的公司,国有参股公司不实行国有公司治理。所以,国有参股公司不宜纳入国有公司的范围,完全可以视为一般公司。

综上所述,从外延上看,国有公司包括国有独资公司、国有全资公司、国有控股公司三大类;从内涵上看,《公司法》实质上采取了"二分法"划分国有公司,一种是国有资本"占公司资本总额50%以上"当然归属于国有公司,包括国有独资公司、国有全资公司、国有绝对控股公司;另一种是国有资本"占公司资本总额不足50%,但享有的表决权已足以对股东会决议产生重大影响"的国有相对控股公司。概言之,无论国家在公司中的持股比例多寡,概以执行公司法和中共中央、国务院文件,按照国有公司治理原则来进行管理的公司即为国有公司。综上所述,从外延上看，国有公司包括国有独资公司、国有全资公司、国有控股公司三大类（见图二）；从内涵上看，《公司法》实质上采取了"二分法"划分国有公司，一种是国有资本"占公司资本总额50%以上"当然归属于国有公司，包括国有独资公司、国有全资公司、国有绝对控股公司，这种情况比较容易辨识；另一种是国有资本"占公司资本总额不足50%，但享有的表决权已足以对股东会决议产生重大影响"的国有相对控股公司。[①] 此外，在全国人大常委会2023年12月29日修订公布的新《公司法》中对国有公司作出重大调整，单列"国家出资公司组织机构的特别规定"一章，明确国有资本控股公司的地位，故而，对国有相对控股公司控制权取得方式的分析有着现实意义。

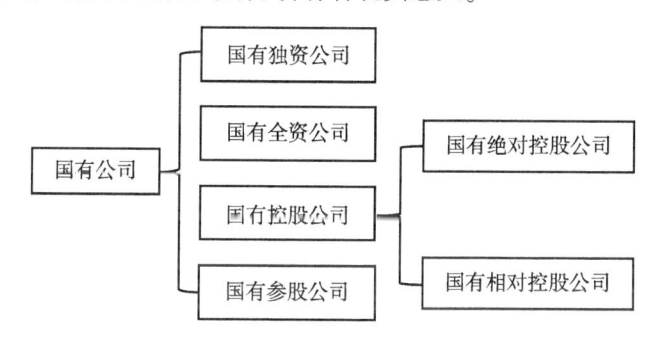

图二 《公司法》规范下国有公司的类型划分

三、国有相对控股公司的地位与控制方式

国有独资公司、国有全资公司、国有绝对控股公司都可依据持有的股权对公司进行控制。基于国有相对控股公司的重要性，

---

① 参见周友苏：《中国公司法论》，法律出版社2024年版，第448—449页。

可明确探究国有相对控股公司控制方式的现实意义。通过对国有上市公司中国有股东作为第一大股东的持股比例分布呈现凸显国有相对控股公司的重要地位（见表五）。

表五　国有股东作为第一大股东的持股比例分布[①]

第一大股东持股比例	国有上市公司数量（合计1194家）	所占比例
50%以上（包含50%）	392家	32.8%
30%—50%（包含30%）	356家	29.8%
20%—30%以上（包含20%）	303家	25.4%
20%以下（不包含20%）	143家	12%

由表五可知：首先，第一大股东持股比例高于50%的国有上市公司有392家，占比不足1/3，一定程度上国有公司的股权结构有逐渐分散的趋向；其次，国有上市公司中第一大股东持股比例低于50%以下的占比67.2%（大于2/3），可见在数量上，国有上市公司中国有相对控股公司占据主导地位，国有相对控股公司是国有公司的主体类型存在；最后，在国有相对控股公司中，30%—50%、20%—30%、20%以下的降次区间中，公司数量呈现出不断减少的趋势，第一大股东的持股比例越低，股权所对应的表决权数量越少，股东通过表决权足以对股东会决议产生重大影响的难度就越大。由此便产生了实践中如何掌握国有相对控股公司话语权的疑问。

国有股东作为第一大股东的持股比例在20%以内的国有公司数量达到143家，占比12%。这表明国有相对控股公司可能存在

---

① 中国经济金融研究数据库，https://data.csmar.com/。

资本多数决异化的现象。随着国有上市公司的股权渐次分散，国有相对控股公司第一大股东的控股比例就越低。基于国有相对控股公司中持股比例与实际控制的特点，笔者随机选取了实际控制人是国有股东，且第一大股东持股比例在20%以内的20家国有公司，进行持股比例与实际控制情况的分析（见表六）。选取第一大股东持股比例在20%以下的国有公司的原因在于：第一大股东持股比例较低，其通过所持有的股份所对应的表决权直接控制公司的可能性就越小，资本多数决异化的程度与可能性就越大。

表六　第一大股东持股比例在20%以下的国有相对控股公司持股比例与实际控制情况

代码及简称	主要持股比例情况	股东性质	实际控制人	控制方式说明
600638.SH 新黄浦	①上海新华闻投资有限公司17.92% ②上海盛誉莲花股权投资基金合伙企业（有限合伙）17.1% ③上海市黄浦区国有资产监督管理委员会12.6%	①国有法人 ②境内非国有法人 ③国家	北京国际信托有限公司	北京国际信托有限公司作为信托计划的受托人，按照受益人的一致意见处理信托计划的相关事务
300281.SZ 金明精机	①马镇鑫16.85% ②广州万宝长睿投资有限公司13.77% ③广州万宝集团有限公司13.57%	①境内自然人 ②国有法人 ③国有法人	广州市人民政府	广州万宝长睿投资有限公司与广州万宝集团有限公司受广州市人民政府全资设立的广州工业投资控股集团有限公司控制

续表

代码及简称	主要持股比例情况	股东性质	实际控制人	控制方式说明
002386.SZ 天原股份	①宜宾市国有资产经营有限公司 16.88% ②浙江荣盛控股集团有限公司 8.58% ③中国东方资产管理股份有限公司 5.93%	①国有法人 ②境内非国有法人 ③国有法人	宜宾市政府国有资产监督管理委员会	宜宾市政府国有资产监督管理委员会出资90%设立宜宾发展控股集团有限公司间接控制
300088.SZ 长信科技	①芜湖铁元投资有限公司 11.06% ②新疆润丰股权投资企业（有限合伙）8.4% ③香港中央结算有限公司 1.56%	①国有法人 ②境内非国有法人 ③境外法人	安徽省投资集团控股有限公司	通过签署《股份转让协议》及《表决权委托协议》。新疆润丰股权投资企业（有限合伙）将其持有的股份所涉及的表决权、提案权等相应股东权利委托给芜湖铁元投资有限公司行使
300185.SZ 通裕重工	①司兴奎 7.74% ②珠海港控股集团有限公司 5% ③朱金枝 4.16%	①境内自然人 ②国有法人 ③境内自然人	珠海市人民政府国有资产监督管理委员会	通过签署了《表决权委托协议》，司兴奎将其持有的股份所涉及的全部表决权、召集权、提名和提案权、参会权、监督建议权以及除收益权和股份转让权等财产性权利之外的其他权利无条件、不可撤销地委托给珠海港集团

续表

代码及简称	主要持股比例情况	股东性质	实际控制人	控制方式说明
603637.SH 镇海股份	①宁波舜通集团有限公司 11.49% ②上海万琰辰投资管理中心（有限合伙）-万乘私募基金 6.04% ③宁波舜建集团有限公司 4.25%	①国有法人 ②境内非国有法人 ③国有法人	余姚市国有资产管理办公室	舜通集团、舜建集团、范其海、翁巍、赵立渭、范晓梅签署了《一致行动协议》。赵立渭、范其海、范晓梅、翁巍等97名股东与舜通集团签署《股份转让协议》，相关股东拟将其合法持有 11.48% 的股份通过协议转让的方式转让给舜通集团
600653.SH 申华控股	①辽宁华晟汽车零部件有限公司 11.68% ②辽宁正国投资发展有限公司 10.14% ③沈阳华益新汽车销售有限公司 4.07% ④华晨汽车集团控股有限公司 1.11%	①国有法人 ②国有法人 ③其他 ④国有法人	辽宁省人民政府国有资产监督管理委员会	公司原控股股东华晨集团将其持有的 11.68% 公司股份无偿划转给华晨集团全资子公司辽宁华晟。华晨集团为公司控股股东的一致行动人，持有公司 1.11% 股份，公司的实际控制人仍为辽宁省人民政府国有资产监督管理委员会

续表

代码及简称	主要持股比例情况	股东性质	实际控制人	控制方式说明
300142.SZ 沃森生物	①云南省工业投资控股集团有限责任公司 4.96% ②刘俊辉 4.88% ③香港中央结算有限公司 3.29%	①国有法人 ②境内自然人 ③境外法人	无；最终控制层面股东姓名为刘俊辉、黄静	公司股权较为分散，无股东可通过直接或间接持有公司股份或通过投资关系对公司形成实际控制；任何股东也不能控制董事会半数以上成员的选任或董事会对相关事项的决议，因此公司不存在实际控制人
600103.SH 青山纸业	①福建省能源集团有限责任公司 9.56% ②福建省轻纺（控股）有限责任公司 8.4% ③福建省盐业集团有限责任公司 6.74%	①国有法人 ②国有法人 ③国有法人	福建省人民政府国有资产监督管理委员会	福建省盐业集团有限责任公司为福建省轻纺（控股）有限责任公司全资子公司，另第一大股东福建省能源集团有限责任公司与第二大股东福建省轻纺（控股）有限责任公司签署了《一致行动协议》

续表

代码及简称	主要持股比例情况	股东性质	实际控制人	控制方式说明
002321.SZ 华英农业	①河南省潢川华英禽业总公司 11.11% ②河南农投金控股份有限公司 5.54% ③深圳盛合汇富二期股权投资合伙企业（有限合伙）	①国有法人 ②国有法人 ③其他	潢川县财政局	潢川县财政局全资设立了河南省潢川华英禽业总公司进行的间接控制
000725.SZ 京东方A	①北京国有资本经营管理中心 11.68% ②香港中央结算有限公司 5.88% ③北京京东方投资发展有限公司 2.36%	①国有法人 ②境外法人 ③国有法人	北京电子控股有限责任公司	2014年非公开发行完成后，北京国有资本经营管理中心通过《股份管理协议》将其70%的股份交由北京电子控股有限责任公司管理，并将剩余30%股份的表决权通过《表决权行使协议》与北京电子控股有限责任公司保持一致
600116.SH 三峡水利	①中国长江电力股份有限公司 11.79% ②重庆新禹投资（集团）有限公司 9.82% ③重庆涪陵能源实业集团有限公司 8.04%	①国有法人 ②国有法人 ③国有法人	国务院国有资产监督管理委员会	长江电力与三峡资本分别持有三峡电能70%和30%的股权，长江电力和三峡资本同受三峡集团控制

续表

代码及简称	主要持股比例情况	股东性质	实际控制人	控制方式说明
600601.SH 方正科技	①北大方正信息产业集团有限公司12.59% ②曾远彬3.58% ③杨创和2.01%	①国有法人 ②境内自然人 ③境内自然人	中华人民共和国教育部	北京大学全资设立北大资产经营有限公司，北大资产经营有限公司出资70%设立北大方正集团有限公司，北大方正集团有限公司全资设立北大方正信息产业集团有限公司单独控制
300091.SZ 金灵通	①南通产业控股集团有限公司12.7% ②季伟8.59% ③季维东8.55%	①国有法人 ②境内自然人 ③境内自然人	南通市人民政府国有资产监督管理委员会	公司股东季伟、季维东将持有公司17.14%的股份对应的表决权委托给南通产业控股集团有限公司，委托期限自2019年6月20日起至2024年3月1日
002449.SZ 国星光电	①佛山市西格玛创业投资有限公司12.9% ②广东省广晟控股集团有限公司7.48% ③香港中央结算有限公司1.41%	①国有法人 ②国有法人 ③境外法人	广东省广晟控股集团有限公司	广东省广晟控股集团有限公司之全资子公司广东省电子信息产业集团有限公司持有佛山市西格玛创业投资有限公司100%股权；广东省广晟金融控股有限公司为广东省广晟控股集团有限公司全资子公司

续表

代码及简称	主要持股比例情况	股东性质	实际控制人	控制方式说明
300422.SZ 博世科	①王双飞 18.66% ②广州环保投资集团有限公司 3.14% ③许开绍 3.05%	①境内自然人 ②境内法人 ③境内自然人	广州市人民政府国有资产监督管理委员会	通过签署《表决权委托协议》，王双飞将其持有的 11.09% 公司股份对应的表决权不可撤销地委托给广州环投集团行使
002783.SZ 凯龙股份	①中荆投资控股集团有限公司 14.78% ②邵兴祥 14.13% ③陈家兴 3.82%	①国有法人 ②境内自然人 ③境内自然人	荆门市人民政府国有资产监督管理委员会	邵兴祥与中荆集团签订了《一致行动协议》，该协议约定邵兴祥及其继承人在协议约定的期限内，行使对公司的股东权利（包括但不限于重大事项的提案权、表决权）时，均将作为中荆集团的一致行动人，与中荆集团协商一致意见，如与中荆集团意见不一致时，均按照中荆集团的意见行使其权利

续表

代码及简称	主要持股比例情况	股东性质	实际控制人	控制方式说明
002564.SZ 天沃科技	①上海电气集团股份有限公司15.24% ②陈玉忠15.1% ③北信瑞丰基金-招商银行-北信瑞丰基金绿色能源1号资产管理计划1.54%	①国有法人 ②境内自然人 ③其他	上海市人民政府国有资产监督管理委员会	陈玉忠将其持有的15.1%公司股份对应的表决权通过《表决权委托协议》委托给上海电气行使
000827.SZ 秦机	①陕西法士特汽车传动集团有限责任公司15.94% ②陕西省产业投资有限公司14.6% ③中国华融资产管理股份有限公司3.04%	①国有法人 ②国有法人 ③国有法人	陕西省人民政府国有资产监督管理委员会	陕西产投与法士特集团签署了《表决权委托协议》，陕西产投将其持有秦川机床13.24%的股份对应的表决权委托给法士特集团
000420.SZ 吉林化纤	①上海方大投资管理有限责任公司16.25% ②吉林化纤集团有限责任公司16.14% ③吉林市国有资本发展控股集团有限公司8.72% ④吉林化纤福润德纺织有限公司3.23%	①境内非国有法人 ②国有法人 ③国有法人 ④国有法人	吉林市国有资产监督管理委员会	国有股东——吉林市国有资本发展控股集团有限公司、吉林化纤集团有限责任公司与吉林化纤福润德纺织有限公司是母子公司，吉林化纤集团有限责任公司与吉林九富资产经营管理有限公司为一致行动人

（数据来源：以上数据均来自上述公司2021年年度报告）

由表六可知，第一大股东持股比例在 20% 以内的国有相对控股公司实际控制情况有四个特点：首先，在 20 家国有相对控股公司中，有 4 家①国有相对控股公司的第一大股东是境内自然人或境内非国有法人，但最终都是由地方政府或国资委实际控制。地方政府或国资委所在这 4 家公司中虽然不是第一大股东，但通过《表决权委托协议》或《一致行动人协议》实际取得公司的控制权。其次，在取得公司实际控制权的过程中，有 7 家②公司是通过《表决权委托协议》取得公司的实际控制权，有 5 家③公司是通过《一致行动人协议》取得公司的实际控制权，占总数的 60%，可见，意思一致的约定路径成为国有相对控股公司取得控制权的主要方式，《表决权委托协议》与《一致行动人协议》都是在《民法典·合同编》框架下由个别当事人通过协商自治实现，属于差异化表决的具体表现。④ 有 1 家⑤公司通过信托方式取得公司的实际控制权，有 1 家⑥公司的第一大股东与第二大股东均由同一国有公司控制，有 1 家⑦公司的第二大股东与第三大股东均由同一国有公司控制，进而由该国有公司取得实际控制权，

---

① 300281.SZ 金明精机，300185.SZ 通裕重工，300422.SZ 博世科，000420.SZ 吉林化纤。

② 300088.SZ 长信科技，300185.SZ 通裕重工，000725.SZ 京东方 A，300091.SZ 金灵通，300422.SZ 博世科，002564.SZ 天沃科技，000827.SZ 秦机。

③ 603637.SH 镇海股份，600653.SH 申华控股，600103.SH 青山纸业，002783.SZ 凯龙股份，000420.SZ 吉林化纤。

④ 参见朱慈蕴、[日] 神作裕之、谢段磊：《差异化表决制度的引入与控制权约束机制的创新——以中日差异化表决权实践为视角》，载《清华法学》2019 年第 2 期，第 7 页。

⑤ 600638.SH 新黄浦。

⑥ 002449.SZ 国星光电。

⑦ 300281.SZ 金明精机。

有4家①公司是由政府部门或国资委间接设立公司进行控制。再次，沃森生物无实际控制人，第一大股东云南省工业投资控股集团有限公司的持股比例仅有4.97%，是国有相对控股公司中第一大股东持股比例最低的公司。最后，在《表决权委托协议》中，有第一大股东将表决权委托于第二大股东的，②也有第二大股东与第三大股东将表决权委托于第一大股东的。③需要特别说明的是《表决权委托协议》中的自然人一方无一例外将表决权委托于具有国有资本背景的股东一方。

概言之，以《表决权委托协议》与《一致行动人协议》为代表的约定型差异化表决权成为取得国有相对控股公司控制权的主导方式，随着国有公司股权结构的日趋分散化，国有相对控股公司的数量也会不断增加，约定型差异化表决权的适用将更多存在于国有公司之中。

第四节 国有公司适用差异化表决权的制度空间

国有公司股权结构呈现出相对集中的态势，这与差异化表决权根植的股权分散语境形成鲜明反差。国有公司现存最主要的问题在于层层授权后的代理链条过长，套娃式的结构导致代理成本显著升高。国有公司适用差异化表决权可以分为法定型与约定型

---

① 002321.SZ 华英农业，002386.SZ 天原股份，600116.SH 三峡水利，600001.SH 宁波利塔。
② 300185.SZ 通裕重工。
③ 300091.SZ 金灵通。

两条适用路径,以双层股权为代表的法定型差异化表决权引入国有公司会加剧代理成本升高的严峻形势,缺乏同质的资本市场环境与约定型差异化表决权的实然主导将限制法定型差异化表决权的设计功效并压缩其在国有公司的适用空间。

一、国有公司相对集中的股权结构外观

虽然我国国有企业已全面完成公司制改制,但"中国社会和文化的连续性并没有被中断,而只是在制度的层面上隐退了,它以一种潜在的方式继续存在,并在实际上决定着制度层面上那些看得见的东西"。[①] 由表一可知,以第一大股东持股比例在50%及其以上为衡量,国有上市公司占比32.8%,而同期上市公司总体占比13.77%,国有公司的股权虽然也呈现出分散的态势,但是相较于上市公司的整体维度而言股权结构相对集中度仍然较高。股权结构的相对集中是国有公司政治性属性的延续。我国资本市场的形成呈现出自上而下的演进,股权结构的集中化外观并不是资本市场自发的结果。例如,我国多层次资本市场体系的形塑大体是行政权力自上而下推行的产物,英美资本市场产生于重商主义时期,至今已经形成一套包括原理到方法的系统性评估体系,在充分竞争与公开透明的资本市场规则下,以双层股权为代表的表决权差异化安排趋向逐渐显现。虽然股权结构集中有减少代理成本、增加公司绩效的优势,但对公司治理效率也存在负面影响。[②]

[①] 黄秋娜:《国有公司内部治理问题:文化与制度的差异性》,载《河南社会科学》2016年第9期,第66页。

[②] 王荣:《国有股权行使模式研究》,吉林大学2014年博士学位论文,第3页。

二、国有公司适用法定型差异化表决权后代理成本的升高

依据《企业国有资产法》的规定，我国国有资产是由全体公民共同享有，但全体公民无法亲自行使所有者的权利，在这种所有者股东缺位的情况下，层层授权的委托代理模式成为国有公司经营者的选任机制。比如，国务院会授权给国务院国资委，国务院国资委会交给它的某部门，某部门又会交给具体的工作人员，由工作人员去代表履行职责。这种国有资产管理部门自上而下式的人才选拔机制难以保障选任经营者的治理能力，也无法将经营者与国有公司的利益进行有效统合。在这一过程就会存在若干次授权，代理链条不断增长，代理成本也就会逐渐升高。① 由于国有公司产权主体的特殊性，国家、国有资产管理部门、国有公司董事会以及管理层之间存在的层层委托代理关系加剧代理问题的复杂性。② 在公司法委托代理理论的分析框架下，要求经济利益和投票权利成比例匹配，偏离此规则的安排被认为会增加代理成本，诱发道德风险。③ 代理成本的增加常表现为管理性代理成本与控制性代理成本两方面。管理性代理成本产生根源于管理不

---

① 周友苏、周春光：《国有公司规范的体例调适与制度安排——以〈公司法〉新一轮修改为契机》，载顾功耘主编：《公司法律评论（第21卷）》，上海人民出版社2021年版，第27页。
② 林琳、潘琰：《经营环境不确定性、内部控制质量与国有上市公司的价值创造效果》，载《湖南社会科学》2019年第2期，第97页。
③ 孙翔：《上市公司非对称投票权结构研究》，华东政法大学2015年硕士学位论文，第4页。

善，包括减少承诺、逃避责任以及单纯追求扩大规模或为实现经营多样化而不创造具体价值的活动等情形。管理性代理成本是违反勤勉义务而产生的成本，勤勉义务倾向于对义务人能力方面的要求，防止因其消极怠工、偷懒、注意不足而造成股东利益的损失。[1] 相较于管理性代理成本增加主要针对于股东利益而言，控制性代理成本的增加会更凸显对公司利益的损害。控制性代理成本因管理人的自利性行为而引发，以攫取经济利益为目标，通过管理人过高的薪酬、关联方交易以及其他将公司价值转移给特别表决权股东的方式，达到将公司经济利益直接转移给私人的结果。故而，在国有公司适用以双层股权为代表的法定型差异化表决权后，公司实际控制人的行为更难受到约束与规制，代理成本升高的风险与日俱增，使本就深陷代理成本问题的国有公司将面临越发严峻的局面。

国有公司同样存在代理问题，但不是股权集中式家族公司容易产生的控股股东或实际控制人损害中小股东利益问题，而恰恰是资本多数决异化下股权分散公司的"内部人控制"问题，即作为国有股东代理人的董事长、总经理等管理层人员控制公司的问题。一方面，国有公司的控股股东是国家，国有公司的控股股东或实际控制人不具有为谋求自身利益最大化而损害公司其他股东利益的动因。另一方面，国有公司的内部人控制问题使国有控股

---

[1] 佐哈尔·戈申、阿萨夫·哈姆达尼：《公司控制与独特愿景》。Zohar Goshen & Assaf Hamdani, Corporate Control and Idiosyncratic Vision, 125 YALE L. J. 560, 581 (2016).

股东对高管行为的影响较为薄弱。① 实践中，国有公司经营者作为代理人的机会主义行为，比如过分地在职消费、短期行为、工资奖金福利等收入增长过快、转移侵吞国有资产等更为突出，由于委托人监督的不足，国有公司内部人控制问题严重。② 国有公司中为了个人的利益，不惜损害包括代理人在内的全体股东的利益是现实存在的。具体表现为不尽职尽责（偷懒怠惰）与以权谋私两种方式，以权谋私动机的贪污贿赂行为频发，而不是通过关联交易掏空公司。例如在赖小民案中，赖小民作为中国华融资产管理股份有限公司党委书记兼董事长，利用职权之便收受贿赂共计折合人民币 17.88 亿余元，其中利用职务便利，伙同他人非法占有公共资金共计人民币 2513 万余元。③ 中国华融资产管理股份有限公司作为财政部控股 98.06% 的公司是典型的国有公司④，赖小民为了个人利益损害公司及股东利益可见内部人控制的危害程度之甚。王观超案⑤、王廷伟案⑥等案件不一而足。

形式上的完备与治理效果的完美并不能相提并论。虽然国有

---

① 杨华军、胡奕明：《制度环境与自由现金流的过度投资》，载《管理世界》2007 年第 9 期，第 108 页。
② 宁杰：《我国非上市国有公司信息披露制度构建探讨》，载《郑州大学学报（哲学社会科学版）》2017 年第 3 期，第 49 页。
③ 《权威解读｜赖小民案涉案财物近 17 亿元已追缴》，载人民网，http://hb.people.com.cn/n2/2020/0814/c194063-34226908.html，2020 年 8 月 14 日。
④ 《财政部控股中国华融资产管理股份有限公司成立》，载中国政府网，https://www.gov.cn/gzdt/2012-09/26/content_2233310.htm，2012 年 9 月 26 日。
⑤ 《媒体盘点 2011 年十大国企及民企企业家犯罪案件》，载央视网，https://news.cntv.cn/law/20120116/106698.shtml，2012 年 1 月 16 日，最后访问日期，2021 年 9 月 28 日。
⑥ 《国企原高管涉案 1.3 亿获无期》，载新京报，https://www.bjnews.com.cn/detail/155144783814997.html，2012 年 4 月 29 日，最后访问日期，2021 年 9 月 30 日。

公司组织机构的形式较为完整，但是结构功能效果的展现却差强人意，尤以监督机制的薄弱为甚。国有企业公司制改革的基本目标是形成公司制度及现代公司治理结构，新三会对老三会虽然有形式上的取代，但是并没有为国有公司真正带来现代企业的治理理念与效率。[1] 投资者多元往往只是徒有其表，经济民主理念难以真正贯彻于公司运行的实践[2]，国有股权经过层层授权，代理链条过长，在末端就缺乏控制，种种监督机制在公司控制人的操控下明显失灵，国有公司的问题集中于代理人层面。国有资产的所有权由全体公民享有，高度分散性自然成了全民股东的特征。故而，对国有公司管理层的监督事实上只能由政府履职，同时国有公司管理层的任职大多与政府行政行为有着千丝万缕的联系，这就使得国有公司任职的管理层薪资收入受企业经营效益的影响较小，所以经营管理者有效的利润激励缺少内生性制度的根植，外部监督层面私人股东也如空中楼阁鞭长莫及。此外，由于信息不对称现象的固有存在，监督信息的匮乏也将进一步弱化本身就抵牾不断的政府监督效能，使得内部人实质掌控了对公司的控制权，监事会如何落实监督的权力显得苍白无力。故而，必要的权力制衡机制的缺乏自然导致相关主管部门以及国有公司领导人权力滥用风险的增加，从而不利于国有公司的持续稳定发展。

---

[1] 黄秋娜：《国有公司内部治理问题：文化与制度的差异性》，载《河南社会科学》2016年第9期，第67页。

[2] 赵万一、华德波：《公司治理问题的法学思考——对中国公司治理法律问题研究的回顾与展望》，载《河北法学》2010年第9期，第5页。

三、国有公司适用约定型差异化表决权主导状态的成因分析

从实践维度观之,国有股东采用约定型差异化表决权的方式取得国有公司控制权成主导之势,这与我国立法现状与文化传统有着密切关联,申言之有四点原因:首先,国有资本的治理能力具有优势。由表五可知,境内自然人与非国有法人等股权主体选择国有法人进行公司的实际控制与管理,可见其对国有资本背后所彰显的公信力形塑的有效公司治理给予充分的信任与期待。国有公司的控股股东是国家,国有资本有国家信用的背书,国有公司的控股股东或实际控制人不具有为谋求自身利益最大化而损害公司其他股东利益的动因。国有资本代表的力量在进行公司治理过程中不会仅以营利为目的,更会关注国家利益与社会公共利益的保护。故而,国有资本以约定型差异化表决权的方式取得国有公司控制权具有正当性。

其次,由表五可知,约定型差异化表决权通常是在《表决权委托协议》与《一致行动人协议》中形成,这种采取意思合意约定控制权的方式,具有便捷、高效、节约制度成本的优势,充足的自由度与灵活性扩张约定型差异化表决权的适用空间。非国有股东并未表现出较为强烈的管理意愿,约定型差异化表决权的适用既可满足国有股东取得控制权的需要,也可迎合非国有股东偏重财产性利益的现实诉求。国有资本以约定型差异化表决的方式取得控制权具有合理性。

再次,旧《公司法》对以双层股权为代表的法定型差异化表

决权尚未规定，虽然新《公司法》在第 144 条确立不同表决权类别股的合法地位，但基于前文论述可知，国有公司适用不同表决权的法定化类别股将诱致代理成本的进一步升高。通过《表决权委托协议》《一致行动人协议》形塑的约定型差异化表决权因带有当事人意思自治的特征，故而遵循法不禁止即自由的原则，如无违反《民法典·合同编》应属合法有效。无论是旧《公司法》中法定型差异化表决权的立法空白抑或是新《公司法》中法定型差异化表决权的立法初现，都不会缩限约定型差异化表决权存在的制度空间。

最后，约定型差异化表决权带有传统文化的固有底色。当制度体现为规则时，它必然反映一定的文化价值观、理念；而当文化体现为规则时，它必然采取法律等正式制度或风俗习惯等非正式制度。[1]《公司法》演进中的集体主义倾向、人情关系等观念长期存在并发挥着不可替代的作用。约定型差异化表决权的生成语境下股东之间除有正常事务往来外也会存在人情关联，自古集体主义文化影响下个人利益都会让步于集体利益，个人价值也要牺牲于集体价值。通过采用约定型差异化表决权的方式，境内自然人与非国有法人等股权主体不仅与国有股东代理人积累了情面，还以实际行动反映出服从集体、服务大局的优良大局意识，这也是《表决权委托协议》《一致行动人协议》大量存在的原因之一。由此可见，国有公司适用法定型差异化表决权的制度空间将受到严格的缩限。

---

[1] 黄秋娜：《国有公司内部治理问题：文化与制度的差异性》，载《河南社会科学》2016 年第 9 期，第 66 页。

第五节　国有公司适用差异化表决权的制度安排

国有公司适用法定型差异化表决权需回应两个问题：一是约定型差异化表决权是否仅依据《民法典·合同编》予以调整；二是如何处理以双层股权为代表的法定型差异化表决权与约定型差异化表决权的关系。对此，未来的《公司法》一方面应将约定型差异化表决权纳入规制范畴，采取宜粗不宜细的原则将自主权交由公司章程享有；另一方面应严格限定以双层股权为代表的法定型差异化表决权的适用程序与适用范围，并由国资委进行统一核准。

一、国有公司适用约定型差异化表决权的规则设计

国有公司中约定型差异化表决权依据《民法典·合同编》由个别当事人之间协商自治予以实现，表现为通过合同实现的一致行动人协议、征集委托表决权、表决权信托等类型。[1] 这是否意味着不需要《公司法》予以调整呢？答案当然是否定的，这是《公司法》的组织法本质所决定的。《表决权委托协议》或《一致行动人协议》等形塑约定型差异化表决权的途径虽是由股东之间通过意思合意形成的，但是意思自治的法律效果并不局限于当事人承受，公司、公司债权人以及公司以外第三人的利益仍会受

---

[1] 汪青松、赵万一：《股份公司内部权力配置的结构性变革——以股东"同质化"假定到"异质化"现实的演进为视角》，载《现代法学》2011年第3期，第32—42页。

到影响。例如，在表二中双方或多方股东之间达成《表决权委托协议》，将表决权委托于国有股东行使，国有股东在取得公司控制权的前提下，可能会出现基于个人利益，不惜损害包括代理人在内的全体股东的利益。可能表现为内部控制人不尽职尽责（偷懒怠惰）与以权谋私两种类型，内部控制人并非通过关联交易掏空公司，而多进行以权谋私的贪污贿赂行为，对公司利益的损害可见一斑，这属于典型的组织法调整范畴。《公司法》本质上是组织法和管理法，公司内部的决策机制、权力配置和制衡机制是其关注的核心内容。[①] 约定型差异化表决权作为国有公司权力配置的重要方式，体现了公司组织性与社团性的本质。因公司内蕴的团体性特征，公司法中的契约多为"组织性契约"。该种"组织性契约"属"私法中的公共契约"或"私法中的团体性契约"，正是因为公司契约之团体性，其意思自由及自己决定受到更多拘束——"合同不自由"成为公司契约之主要品性。[②] 进而以《表决权委托协议》或《一致行动人协议》等途径形塑的约定型差异化表决权，因涉及公司债权人与第三人的利益，故主要应由《公司法》予以特别法优先调整，《民法典·合同编》作为一般法予以兜底性规制。

二、国有公司适用法定型差异化表决权的规则设计

明晰约定型差异化表决权的法律规制思路后，法定型差异

[①] 李玲玲：《论决议瑕疵影响下公司担保合同的效力——基于司法审判的实证分析》，载《哈尔滨商业大学学报（社会科学版）》2020年第6期，第121页。

[②] 蒋大兴：《公司法中的合同空间——从契约法到组织法的逻辑》，载《法学》2017年第4期，第145页。

表决权的地位厘定与规则安放才可适恰。从实然角度审视，股东主要采用约定型差异化表决权的方式取得国有相对控股公司的控制权，在股权分散化的趋势下约定型差异化表决权将发挥更为重要的作用。约定型差异化表决权存在于国有公司有着诸多原因，而以双层股权为代表的法定型差异化表决权产生条件的分散化股权语境与股东"异质化"假定在国有公司中是不存在的。国有公司股权结构总体呈现相对集中的形态，同时国有公司的控股股东是国家，追求投资利益最大化并不是国有公司的唯一目标，国有公司是作为实现市场目标与社会目标兼容的载体存在。此外，国有公司治理面临的最主要问题是代理链条过长引发的代理成本升高的局面，国有公司适用以双层股权为代表的法定型差异化表决权将进一步加剧代理成本的升高。简言之，法定型差异化表决权的功效与国有公司治理需求虽然发生耦合，但在国有公司中，法定型差异化表决权的定位必然是辅助性的，约定型差异化表决权的适用条件与适用范围是宽松与自由的，以双层股权为代表的法定型差异化表决权的适用必然会受到层层限制。

科创板、新三板精选层与创业板先后在内部治理环节对表决权差异化安排作出明确规定，将不同表决权的法定化类别股安排予以适用。遵循法不禁止即自由的私法理念，约定型差异化表决权可在《公司法》中明确为国有公司控制权的取得方式，通过列举加兜底的方式予以规范。具体哪些路径可以形塑约定型差异化表决权可成为国有公司股东意思自治的内容，由各国有公司董事会在章程中进行规定，国有公司股东可在章程的保障下进行表决权的合意移转。此外，鉴于约定型差异化表决权实为国有公司控制权取得的主要方式，国有公司对于法定型差异化表决权的选择应具有劣后性。例如，国有公司在选择适用法定型差异化表决权之前必须考虑约定型差异化表决权有无采用之可能，在确无达成意思自治可能性的前提下才可选择适用法定型差异化表决权。国有公司董事会提出董事会决议，依据"三重一大"的规定由国有公司党组织主导作出适用法定型差异化表决权的审查决定，如果作出适用法定型差异化表决权的审查决定则应报国务院国资委核准。由前文可知，因对适用法定型差异化表决权的运行功效存有一定质疑，所以国资委的核准应属实质审核。实然约定型差异化表决权比重突出，法定型差异化表决权的适用概率也会更低，所以由国资委核准既可以体现出审慎的态度，又可避免"一刀切"的绝对禁止思路。在《公司法》中授权国务院国资委严格限制法定型差异化表决权的适用程序，具体涉及法定型差异化表决权的规则可参照《科创板上市规则》。此外，以双层股权为代表的法定型差异化表决权的适用对象应仅限于国有相对控股公司，国有独资公司、国有全资公司、国有绝对控股公司均不在此列，避免法定型差异化表决权在国有公司中的滥用。

总的来说，国有公司不是普通公司，其担负的不仅是普通的商事营业任务，还有国家责任。以双层股权为代表的法定型差异化表决权作为舶来品，在实现创始人对公司控制权掌控的同时满足股东多样性的偏好，但其根植于分散化股权语境和股东"异质化"理论假定，与国有公司的形成原因和股东特点并不具有同质性。反而国有公司对法定型差异化表决权的适用将进一步加剧代理成本的升高。故而，法定型差异化表决权的功效虽与国有公司的治理需求存有一定耦合,但总体上应持谨慎保守的态度,可在国有公司适用法定型差异化表决权之时严格缩限其适用范围,精细其适用程序,明确约定型差异化表决权的主导定位,将法定型差异化表决权作为有益补充。

结　语

　　股份表决权是不同股东之间争夺公司控制权的媒介，差异化表决权通过重新配置表决权的方式满足特别表决权股东追求公司特质愿景的需求。公司管理层决策效率的提升与防范敌意收购成本的降低进一步凸显差异化表决权的功效，由此，特别表决权股东的控制权强化机制得以稳固。但差异化表决权的适用存在动摇股东民主原则、背离股份平等原则、加剧公司所有权与控制权的二元结构分离以及冲击"分权—制约"治理架构的质疑，进而可能会引发公司管理性代理成本与控制性代理成本的增加、内外部监督机制功能的泛空洞化、特别表决权股东固化控制权的动机增强以及对非特别表决权股东压制加剧等现象的产生，最终导致公司采用差异化表决权结构的过程中出现一定障碍。

　　鉴于特别表决权股东身份的双重性，差异化表决权引发的公司治理失衡主要表现在特别表决权股东与非特别表决权股东之间以及管理层人员与非管理层人员之间，又因为差异化表决权是对股东之间表决权的重新配置，所以特别表决权股东与非特别表决权股东之间的矛盾尤为突出，也是本节关注的重点。差异化表决权作为一项舶来品，根植于股权结构高度分散化的语境之中。通过对差异化表决权在域外发展历程的梳理和经验总结可知，自由竞争理念一直是西方推进差异化表决权演进的内部原因，新经济公司引领下的全球经济浪潮中，世界多地的证券市场竞争日益加剧，进一步催生了差异化表决权在域外证券市场的落地，管制主义一直作为平衡特别表决权股东与非特别表决权股东利益的抓手，更为审慎地应对着差异化表决权在全球的演进。渐进式发展的总体趋势一方面迎合经济全球化背景下新经济公司的发展动向，另一方面也给予后发国家（地区）采用差异化表决权安排适当的本土化空间。无论域外差异化表决权法律规制的模式有何种差异，都有赖于文化传统、监管理念与辖区表征的影响。考虑到我国证券市场与域外成熟证券市场在证券监管能力、投资者保护基础、控制性股东义务规范、诉讼程序保障等方面的差异，对于差异化表决权法律规制的借鉴应采用循序渐进、由点及面的思路，以严格约束特别表决权股东的行为与强化非特别表决权股东的利益保护为规范展开的基本理念。

我国立法对待差异化表决权的态度经历了从相对模糊到逐渐认可的过程，科创板接纳差异化表决权离不开证券市场竞争的加剧。将差异化表决权正式引入我国可以实现差异化表决权规则的体系化推进与证券市场和公司竞争力的提升。本书总结的申请在科创板上市的715家公司中，有15家公司的《招股说明书》中披露采用差异化表决权安排，通过对采用差异化表决权安排的公司进行规则的梳理，可以发现采用差异化表决权安排公司的规则设置特点，进而围绕关于差异化表决权法律规制的规范文本予以问题透视，为我国差异化表决权法律规制的制度安排提供着眼点。差异化表决权法律规制的设计是以立法模式选择、基本理念明晰与具体规则展开为宏观、中观、微观的三种视角。在立法模式选择上，基于文化传统、监管理念与辖区表征的因素影响选择国家立法主导的模式较为适恰。在基本理念的明晰上可从厘定章程自治与公权规制的边界、实践股东民主原则的自由意志内核、构建以控股股东为核心的公司治理模式以及固守公司利益均衡的理念入手。在差异化表决权法律规制的规则展开上以准入规则、运行规则、配套规则为立足点进行具体规则设计。

本书在对差异化表决权进行理论阐释的基础上提出适用质疑与问题解构，围绕采用差异化表决权安排公司出现的普遍性治理问题予以探讨，进而结合我国立法与实践中存在的现象进行特殊性思考，聚焦我国本土化进程中引发的问题，在新一轮公司修改的契机下提出相应的对策建议。

由于笔者学识浅薄，所以对差异化表决权的理论分析与实践考察方面探讨得较为肤浅，尤其是对问题的提炼精度与思考深度上尚存一定不足。例如，对差异化表决权域外法律规制的模式成因与特点明晰上，"辖区表征"一词便不能够直接清晰地表明内容，较为模糊的背后是对问题提炼精度的不足。此外，采用差异化表决权会引发代理成本升高，但会降低委托成本，是否选择差异化表决权应当进行更为深入的损益比分析。"理论是灰色的，而实践之树常青"是差异化表决权的真实写照。故而，除却以上不足外，对差异化表决权规律性的认知也应是今后研究持续关注的问题。借用王建文教授的一句话："保持研究兴趣、深耕研究领域，持之以恒，不要轻易追踪热点问题，而是将热点问题融入到自己的系统研究中来"，将成为笔者未来完善差异化表决权研究秉持的基本态度。

参考文献

中文著作与译作：

［1］周友苏：《中国公司法论》，法律出版社，2024年版。

［2］高菲：《新经济公司双层股权结构法律制度研究》，法律出版社，2019年版。

［3］［美］玛丽·奥沙利文：《公司治理百年——美国和德国公司治理演变》，黄一义、谭晓青、冀书鹏译，人民邮电出版社，2007年版。

［4］周友苏：《新公司法论》，法律出版社，2006年版。

［5］［意］F. 卡尔卡诺：《商法史》，贾婉婷译，商务印书馆，2017年版。

［6］邓峰：《普通公司法》，中国人民大学出版社，2009年版。

［7］［美］奥利弗·E. 威廉姆森、西德尼·G. 温特：《企业的性质》，姚海鑫、邢源源译，商务印书馆，2020年版。

［8］何勤华：《法律移植论》，北京大学出版社，2008年版。

［9］张巍：《资本的规则》，中国法制出版社，2017年版。

［10］［美］劳伦斯·M. 弗里德曼：《美国法律史》，苏彦新

等译，法律出版社，2007年版。

［11］梁上上：《利益衡量论》，北京大学出版社，2021年版。

［12］梁上上：《论股东表决权——以公司控制权争夺为中心展开》，法律出版社，2005年版。

［13］汪青松：《股份公司股东权利配置的多元模式研究》，中国政法大学出版社，2015年版。

［14］郭富青：《公司权利与权力二元配置论》，法律出版社，2010年版。

［15］王东光：《类别股份制度研究》，法律出版社，2015年版。

［16］［美］莱纳·克拉克曼、亨利·汉斯曼：《公司法剖析：比较与功能的视角》，罗培新译，北京大学出版社，2012年版。

［17］［美］弗兰克·伊斯特布鲁克、丹尼尔·费希尔：《公司法的经济结构》，罗培新、张建伟译，北京大学出版社，2014年版。

［18］罗培新：《公司法的法律经济学研究》，北京大学出版社，2008年版。

［19］林少伟：《英国现代公司法》，中国法制出版社，2015年版。

［20］王文宇：《公司法论》，中国政法大学出版社，2004年版。

［21］范健、王建文：《商法学》，法律出版社，2015年版。

［22］［德］乌尔里希·贝克：《风险社会——新的现代性之

路》，张文杰、何博闻译，译林出版社，2018年版。

[23] 张舫：《公司法的制度解析》，重庆大学出版社，2012年版。

[24] [美] 布赖恩·Z. 塔玛纳哈：《法律工具主义对法治的危害》，陈虎、杨洁译，北京大学出版社，2016年版。

[25] 徐向东：《后果主义与义务论》，浙江大学出版社，2011年版。

[26] 施天涛：《商法学》，法律出版社，2010年版。

[27] 施天涛：《公司法论》，法律出版社，2018年版。

[28] 周友苏：《证券法新论》，法律出版社，2020年版。

[29] 中国证券监督管理委员会：《中国上市公司并购重组发展报告》，中国经济出版社，2009年版。

[30] [德] 拉德布鲁赫：《法哲学》，王朴译，法律出版社，2005年版。

[31] [美] 马克·罗伊：《公司治理的政治维度》，陈宇峰、张蕾、陈果营、陈业玮译，中国人民大学出版社，2008年版。

[32] 周小明：《信托制度：法理与实务》，中国法制出版社，2012年版。

[33] 伏军：《公司投票代理权法律制度研究》，北京大学出版社，2005年版。

[34] [美] 艾尔·巴比：《社会研究方法》，邱泽奇译，华夏出版社，2003年版。

[35] 埃德加·博登海默：《法理学——法律哲学与法律方法》，中国政法大学出版社，1999年版。

［36］［日］前田庸：《公司法入门（第 12 版）》，王作全译，北京大学出版社，2012 年版。

［37］［韩］郑燦亨：《韩国公司法》，崔文玉译，上海大学出版社，2011 年版。

［38］李东方：《证券监管法论》，北京大学出版社，2019 年版。

［39］朱慈蕴：《公司法原论》，清华大学出版社，2011 年版。

［40］沈四宝：《最新美国标准公司法》，法律出版社，2006 年版。

［41］尹伊君：《社会变迁的法律解释》，商务印书馆，2012 年版。

［42］王斌：《股权结构论》，中国财政经济出版社，2001 年版。

［43］刘俊海：《股份有限公司股东权保护》，法律出版社，2004 年版。

中文论文：

［1］高菲：《双层股权结构的国际经验及其对中国的启示》，《中州大学学报》2018 年第 3 期。

［2］高菲：《争议中的双层股权结构：国际经验及对中国启示》，《理论月刊》2018 年第 8 期。

［3］王怀勇、邓若翰：《算法趋同风险：理论证成与治理逻辑——基于金融市场的分析》，《现代经济探讨》2021 年第 1 期。

［4］张雪慧：《国际组织中的加权表决制浅论》，《中外法学》1997年第1期。

［5］梁上上：《论公司正义》，《现代法学》2017年第1期。

［6］汪青松、赵万一：《股份公司内部权力配置的结构性变革——以股东"同质化"假定到"异质化"现实的演进为视角》，《现代法学》2011年第3期。

［7］汪青松、李仙梅：《差异化表决权的控制权强化及约束机制——以科创板相关制度设计为视角》，《南方金融》2020年第8期。

［8］汪青松：《公司控制权强化机制下的外部投资者利益保护——以美国制度环境与中概股样本为例》，《环球法律评论》2019年第5期。

［9］汪青松：《股东关系维度代理问题及其治理机制研究》，《政法论丛》2012年第4期。

［10］任尔昕：《关于我国设置公司种类股的思考》，《中国法学》2010年第6期。

［11］沈朝晖：《公司类别股的立法规制及修法建议——以类别股股东权的法律保护机制为中心》，《证券法苑》2011年第5卷。

［12］朱慈蕴、沈朝晖：《类别股与中国公司法的演进》，《中国社会科学》2013年第9期。

［13］沈朝晖：《双层股权结构的"日落条款"》，《环球法律评论》2020年第3期。

［14］关璐：《我国公司优先股的规则构建与修法建议》，

《甘肃社会科学》2014年第4期。

［15］李燕、郭青青：《我国类别股立法的路径选择》，《现代法学》2016年第2期。

［16］傅穹、肖华杰：《我国股份有限公司类别股制度构建的立法路径》，《西南民族大学学报（人文社科版）》2019年第8期。

［17］傅穹、卫恒志：《表决权差异安排与科创板治理》，《现代法学》2019年第6期。

［18］傅穹：《敌意收购的法律立场》，《中国法学》2017年第3期。

［19］朱慈蕴、［日］神作裕之、谢段磊：《差异化表决制度的引入与控制权约束机制的创新——以中日差异化表决权实践为视角》，《清华法学》2019年第2期。

［20］朱慈蕴、林凯：《公司制度趋同理论检视下的中国公司治理评析》，《法学研究》2013年第5期。

［21］朱慈蕴：《中国公司资本制度体系化再造之思考》，《法律科学（西北政法大学学报）》2021年第3期。

［22］刘胜军：《美国不同表决权股份演变史——兼论对我国的启示》，《商事法论集》2015年第1期。

［23］刘胜军：《类别股法律制度研究——以类别股利益冲突治理为核心》，清华大学2015年博士学位论文。

［24］刘胜军：《新经济下的双层股权结构：理论证成、实践经验与中国有效治理路径》，《法学杂志》2020年第1期。

［25］刘胜军：《类别表决权：类别股股东保护与公司行为自

由的衡平——兼评〈优先股试点管理办法〉第 10 条》,《法学评论》2015 年第 1 期。

[26] 王灝文:《美国类别股法律制度探源:背景、进程及内在逻辑》,《证券法苑》2018 年第 25 卷。

[27] 蒋小敏:《美国双层股权结构:发展与争论》,《证券市场导报》2015 年第 9 期。

[28] 郭富青:《股份公司设置特别股的法律透视》,《河北法学》2002 年第 5 期。

[29] 葛伟军:《论类别股和类别权》,《商事法论集》2015 年第 1 期。

[30] 葛伟军:《论类别股和类别权:基于平衡股东利益的角度》,《证券法苑》2010 年第 2 期。

[31] 于莹、梁德东:《我国双层股权结构的制度构造》,《吉林大学社会科学学报》2021 年第 2 期。

[32] 罗培新、王倩:《差异化表决权风险面面观》,《董事会》2020 年第 5 期。

[33] 张赫曦:《机构投资者与我国差异化股权制度的协调发展》,《华东政法大学学报》2021 年第 2 期。

[34] 王保树:《公司法律形态结构改革的走向》,《中国法学》2012 年第 1 期。

[35] 钱玉林:《公司法总则的再生》,《环球法律评论》2019 年第 4 期。

[36] 刘斌:《公众公司的公司法地位再审视》,《法学杂志》2021 年第 7 期。

［37］［美］佐哈·戈申、阿瑟夫·哈姆达尼、林少伟、许瀛彪：《公司控制权与特质愿景》，《证券法苑》2017年第3期。

［38］汪戎、王玲玲：《中国公司治理的文化成因与对策》，《思想战线》2013年第6期。

［39］金晓文：《论双层股权结构的可行性和法律边界》，《法律适用》2015年第7期。

［40］冯果、诸培宁：《差异化表决权的公司法回应：制度检讨与规范设计》，《江汉论坛》2020年第5期。

［41］冯果、段丙华：《公司法中的契约自由——以股权处分抑制条款为视角》，《中国社会科学》2017年第3期。

［42］冯果：《股东异质化视角下的双层股权结构》，《政法论坛》2016年第4期。

［43］冯果、李安安：《金融创新视域下公司治理理论的法律重释》，《法制与社会发展》2013年第6期。

［44］赵旭东：《公司治理中的控股股东及其法律规制》，《法学研究》2020年第4期。

［45］袁仕福：《新经济时代需要新企业激励理论——国外研究最新进展》，《中南财经政法大学学报》2012年第5期。

［46］金帆、张雪：《从财务资本导向到智力资本导向：公司治理范式的演进研究》，《中国工业经济》2018年第1期。

［47］侯东德：《论股东权的本质与股东导向公司治理模式——以公司契约理论为视角》，《管理世界》2008年第9期。

［48］黄辉：《对公司法合同进路的反思》，《法学》2017年第4期。

[49] 李诗鸿：《公司契约理论新发展及其缺陷的反思》，《华东政法大学学报》2014 年第 5 期。

[50] 聂辉华：《契约理论的起源、发展和分歧》，《经济社会体制比较》2017 年第 1 期。

[51] 王静元：《双层股权结构：合理性与制度构建》，《甘肃金融》2018 年第 7 期。

[52] 马一：《股权稀释过程中公司控制权保持：法律途径与边界——以双层股权结构和马云"中国合伙人制"为研究对象》，《中外法学》2014 年第 3 期。

[53] 范健：《公司法改革中的泛民法化风险——兼谈〈民法总则〉颁布后的〈公司法〉修订》，《环球法律评论》2019 年第 4 期。

[54] 张舫：《美国"一股一权"制度的兴衰及其启示》，《现代法学》2012 年第 2 期。

[55] 王会敏：《优先股股东权利保护法律制度研究》，山东大学 2017 年博士学位论文。

[56] 卢遥、汲铮、华生：《双层股权结构的制度变迁与启示——基于文献的历史演进梳理及分析》，《经济体制改革》2020 年第 5 期。

[57] 刘志永：《企业家及企业家理论的历史演变》，《商业经济研究》2016 年第 9 期。

[58] 江春、李安安：《法治、金融发展与企业家精神》，《武汉大学学报（哲学社会科学版）》2016 年第 2 期。

[59] 张子学：《公司收购防御法律规制研究》，中国政法大

学 2008 年博士学位论文。

[60] 胡鸿高、赵丽梅：《论目标公司反收购行为的决定权及其规制》，《中国法学》2001 年第 2 期。

[61] 蒋大兴、谢飘：《公司法规则的回应力——一个政策性的边缘理解》，《法制与社会发展》2012 年第 3 期。

[62] 谈萧：《规范法学的方法构成及适用范围》，《法律科学（西北政法大学学报）》2012 年第 4 期。

[63] 谢晖：《论规范分析方法》，《中国法学》2009 年第 2 期。

[64] 李行健、李广子：《中概股退市的动机及其溢价来源研究》，《经济科学》2017 年第 4 期。

[65] 薛晗：《中国存托凭证制度的规制逻辑与完善路径》，《中国政法大学学报》2019 年第 2 期。

[66] 朱翔宇、柴瑞娟：《双层股权结构时间型"日落条款"研究——以证券交易所竞争为视角》，《上海金融》2021 年第 7 期。

[67] 《法治是最好的营商环境》，载中国政府网，http://www.gov.cn/xinwen/2019-05/05/content_ 5388646.htm。

[68] 何帆：《新时代中国特色社会主义司法制度优势转化为治理效能的实践路径》，《中国应用法学》2020 年第 5 期。

[69] 高榴：《论科创板注册制试点制度革新：现实意义、经验借鉴与实践思考》，《西南金融》2019 年第 10 期。

[70] 林海、常铮：《境外资本市场差异化表决权监管路径探究及启示》，《证券法苑》2018 年第 24 卷。

[71] 张占锋：《我国移植双层股权结构制度法律问题研究》，对外经济贸易大学 2018 年博士学位论文。

[72] 周春光：《扶贫股实践的现实困境与制度回应》，《江西财经大学学报》2021 年第 3 期。

[73] 韩秀华：《论优先股股东类别表决权之表决事项确定》，《法律科学（西北政法大学学报）》2020 年第 4 期。

[74] 许中缘：《论〈公司法〉第 42 条但书条款的规范解释》，《现代法学》2021 年第 2 期。

[75] 王轶：《民法价值判断问题的实体性论证规则——以中国民法学的学术实践为背景》，《中国社会科学》2004 年第 6 期。

[76] 郭雳、彭雨晨：《双层股权结构国际监管经验的反思与借鉴》，《北京大学学报（哲学社会科学版）》2019 年第 2 期。

[77] 黄臻：《双层股权结构有效运作的条件——基于美国与中国香港地区的实证研究》，《上海金融》2015 年第 6 期。

[78] 黄臻：《双层股权结构实施法律环境的比较分析——以阿里巴巴上市为例》，《宁夏社会科学》2015 年第 6 期。

[79] 彭倩、李建勇、宋明莎：《金融教育、金融素养与投资组合的分散化行为——基于一项投资者金融教育调查的实证分析》，《财经科学》2019 年第 6 期。

[80] 石晓波：《国外证券集团诉讼制度比较研究及启示》，《国外社会科学》2012 年第 6 期。

[81] 邱永红：《中国企业赴美国上市的法律风险和对策》，《法学论坛》2012 年第 2 期。

[82] 王一：《我国证券法律责任实现机制研究》，《中国证

券期货》2019年第4期。

[83] 易继明：《民法之学：关于权利的学问》，《法学》2004年第4期。

[84] 黄江东、施蕾：《中国版证券集团诉讼制度研究——以新〈证券法〉第95条第3款为分析对象》，《财经法学》2020年第3期。

[85] 何荣功：《经济自由与刑法理性：经济刑法的范围界定》，《法律科学（西北政法大学学报）》2014年第3期。

[86] 李东方：《论股市危机后中国股票发行注册制改革的对策》，《中国政法大学学报》2017年第5期。

[87] 李安安：《股份投票权与收益权的分离及其法律规制》，《比较法研究》2016年第4期。

[88] 李安安：《股债融合论：公司法贯通式改革的一个解释框架》，《环球法律评论》2019年第4期。

[89] 熊俊、龙超：《表决权信托运用于我国的对策研究》，《经济问题探索》2007年第10期。

[90] 蒋学跃：《证券市场一致行动协议问题探讨》，《证券市场导报》2019年第9期。

[91] 赵万一：《关于修改我国公司法的几个基本问题》，《中南财经政法大学学报》2003年第6期。

[92] 张志坡：《优先股之无表决权质疑》，《法学杂志》2012年第12期。

[93] 张志坡：《论优先股的发行》，《法律科学（西北政法大学学报）》2015年第2期。

[94] 樊健、朱锐：《科创板上市公司双层股权结构中的日落条款》，《财经法学》2021年第3期。

[95] 李非、邹婷婷：《传承吸纳、兼收并蓄与企业文化创新——略论近代东亚公司对儒家与基督教精神的融摄》，《中国社会经济史研究》2020年第2期。

[96] 吴术豪：《双层股权结构：风险与法律监管》，《东南大学学报（哲学社会科学版）》2020年第2期。

[97] 吴尚轩：《论中国双层股权上市的规制》，《法学论坛》2020年第6期。

[98] 冯果、李安安：《投资者革命、股东积极主义与公司法的结构性变革》，《法律科学（西北政法大学学报）》2012年第2期。

[99] 宋智慧：《股东平等原则与资本多数决的矫治》，《河北法学》2011年第6期。

[100] 施天涛：《公司法的自由主义及其法律政策——兼论我国〈公司法〉的修改》，《环球法律评论》2005年第1期。

[101] 赵万一、赵吟：《中国自治型公司法的理论证成及制度实现》，《中国社会科学》2015年第12期。

[102] 黄海燕：《特别表决权机制的推进及规范路径》，《西南金融》2020年第3期。

[103] 李燕、李理：《公司治理之下的双层股权结构：正当性基础与本土化实施路径》，《河北法学》2021年第4期。

[104] 樊纪伟：《日本复数表决权股份制度及发行公司上市规制——兼谈对我国种类股制度的启示》，《证券市场导报》2017

年第 4 期。

[105] 李艳欣：《我国股份公司差异化表决权法律制度研究》，上海师范大学 2021 年硕士学位论文。

[106] 汪青松、肖宇：《差异化股权制度东渐背景下的中小股东保护》，《投资者》2018 年第 3 期。

[107] 王荣：《国有股权行使模式研究》，吉林大学 2014 年博士学位论文。

[108] 刘安：《公司治理的政治经济学维度——基于中国公司法的分析》，《证券法苑》2014 年第 4 期。

[109] 林琳、潘琰：《经营环境不确定性、内部控制质量与国有上市公司的价值创造效果》，《湖南社会科学》2019 年第 2 期。

[110] 孙翔：《上市公司非对称投票权结构研究》，华东政法大学 2015 年硕士学位论文。

[111] 杨志壮：《公司股东权利保护的衡平方法》，《齐鲁学刊》2016 年第 1 期。

[112] 李洪健：《同股同权规则的再释义与我国公司股权结构改革》，《西南政法大学学报》2018 年第 5 期。

[113] 李安安：《股债融合视域下的公司治理：现实检讨与法制回应》，《西南民族大学学报（社会科学版）》2019 年第 4 期。

[114] 孔伟艳：《制度、体制、机制的区别》，《中国社会科学院研究生院学报》2010 年第 2 期。

[115] 罗培新：《论股东平等及少数股股东之保护》，《宁夏大学学报（人义社会科学版）》2000 年第 1 期。

[116] 汪青松：《论股份公司股东权利的分离——以"一股一票"原则的历史兴衰为背景》，《清华法学》2014年第2期。

[117] 梁小惠：《论公司类型与公司治理模式的选择——以中国民营企业发展为视角》，《河北学刊》2013年第6期。

[118] 卢遥：《双层股权结构制度研究》，武汉大学2021年博士学位论文。

外文论文、新闻：

[1] 弗兰克·伊斯特布鲁克、丹尼尔·费希尔：《公司法的经济结构》。Frank H. Easterbrook & Daniel R. Fischel, The Economic Structure of Corporate Law 5 (1991).

[2] 乔治·登特：《双重类资本化：对塞利格曼教授的答复》。George Dent, Jr., Dual Class Capitalization: A Reply to Professor Seligman, 54 GEO. WASH. L. REV. 725, 748 (1986).

[3] 罗纳德·吉尔森：《评估双重普通股：替代品的相关性》。Ronald J. Gilson, Evaluating Dual Class Common Stock: The Relevance of Substitutes, 73 Va. L. Rev. 807, 832–33 (1987).

[4] 佐哈尔·戈申、阿萨夫·哈姆达尼：《公司控制与独特愿景》。Zohar Goshen & Assaf Hamdani, Corporate Control and Idiosyncratic Vision, 125 YALE L. J. 560, 590 (2016).

[5] 劳伦·科恩：《创新的错误评估》。Lauren Cohen et al., Misvaluing Innovation, 26 REV. FIN STUDIES 635, 647 (2013).

[6] 基肖尔·伊查巴迪：《双类别表决结构、相关机构问题和前进之路》。Kishore Eechambadi, The Dual Class Voting Struc-

ture, Associated Agency Issues, and A Path Forward, 13 N. Y. U. J. L. & Bus. 503, 516 (2017).

[7] 阿迪·格里纳佩尔:《双层股票结构与企业创新》。Adi Grinapell, Dual-Class Stock Structure and Firm Innovation, 25 Stan. J. L. Bus. & Fin. 40, 45 (2020).

[8] 多夫·所罗门娜、里莫纳·帕拉萨、阿莫斯·巴拉内斯:《双层公司提供的信息质量》。Dov Solomon et. al., The Quality of Information Provided by Dual-Class Firms, 57 Am. Bus. L. J. 443, 483 (2020).

[9] 托德·亨德森:《道奇诉福特汽车公司案:旧貌换新颜》。M. Todd Henderson, The Story of Dodge v. Ford Motor Company: Everything Old Is New Again, in Corporate Law Stories 37, 40 (J. Mark Ramseyer ed., 2009).

[10] 塞缪尔·威利斯顿:《1800 年前商业公司法的历史》。Samuel Williston, History of the Law of Business Corporations Before 1800, 2 Harv. L. Rev. 149 (1888).

[11] 西米恩·鲍德温:《投票-信托》。Simeon E. Baldwin, LL. D., Voting-Trusts, 1 Yale L. J. 1 (1891).

[12] 乔尔·塞利格曼:《股东投票权的平等保护:一股一票的争议》。Joel Seligman, Equal Protection in Shareholder Voting Rights: The One Common Share, One Vote Controversy, 54 Geo. Wash. L. Rev. 688 (1986).

[13] 丹尼尔·费希尔:《有组织的交易所和双重普通股的监管》。Daniel R. Fischel, Organized Exchanges and the Regulation of

Dual Class Common Stock, 54 U. Chi. L. Rev. 119, 123 (1987).

［14］卢西安·贝布丘克、科比·卡斯蒂尔：《永续双类股票的难言之隐》。Lucian A. Bebchuk & Kobi Kastiel, The Untenable Case for Perpetual Dual-Class Stock, 103 Va. L. Rev. 585, 590 (2017).

［15］桑福德·格罗斯曼、奥利弗·哈特：《一股一票与公司控制权市场》。Sanford J. Grossman & Oliver D. Hart, One share-one vote and the market for corporate control, 20 JOURNAL OF FINANCIAL ECONOMICS 175, 176 (1988).

［16］迈克尔·简森、威廉·梅克林：《企业理论：管理行为、代理成本与所有权结构》。Michael C. Jensen & William H. Meckling, Theory of the Firm: Managerial Behavior, Agency Costs and Ownership Structure, 3 JOURNAL OF FINANCIAL ECONOMICS 305, 313 (1976).

［17］罗伯塔·卡梅尔：《合格证券的定性标准：证券法对表决权的规定》。Roberta S. Karmel, Qualitative Standards for Qualified Securities: Sec Regulation of Voting Rights, 36 Cath. U. L. Rev. 809, (1987).

［18］杰弗里·戈登：《纽带：双类普通股与股东选择问题》。Jeffrey N. Gordon, Ties That Bond: Dual Class Common Stock and the Problem of Shareholder Choice, 76 Cal. L. Rev. 1 (1988).

［19］路易斯·洛文斯丹：《股东投票权：对〈证券法〉第19c-4条和吉松教授的回应》。Louis Lowenstein, Shareholder Voting Rights: A Response to Sec Rule 19c-4 and to Professor Gilson, 89

Colum. L. Rev. 979, 982 (1989).

［20］伯纳德·沙夫曼：《为公司在首次公开募股中使用双类股份结构的权利进行私人订购辩护》。Bernard S. Sharfman, A Private Ordering Defense of a Company's Right to Use Dual Class Share Structures in IPOs, 63 VILL. L. REV. 1 (2018).

［21］多罗西·隆德：《反对被动股东投票的理由》。Dorothy S. Lund, The Case Against Passive Shareholder Voting, 43 J. CORP. L. 493, 495 (2018).

［22］威廉·布拉顿、迈克尔·瓦赫特：《优先股理论》。William W. Bratton & Michael L. Wachter, A Theory of Preferred Stock, 161 U. Pa. L. Rev. 1815, 1821 (2013).

［23］曼宁·吉尔伯特·沃伦三世：《一股一票：对合法性的认识》。Manning Gilbert Warren III, One Share, One Vote: A Perception of Legitimacy, 14 J. Corp. L. (1988).

［24］唐纳德·施瓦茨：《联邦制与公司治理》。Donald E. Schwartz, Federalism and Corporate Governance, 45 Ohio St. L. J. 545, 586 (1984).

［25］卡梅罗·因特里萨诺：《意大利公司的控制强化机制》。Carmelo Intrisano, Control-Enhancing Mechanisms in Italian Companies, 11 China-USA Business Review, 328-358 (2014).

［26］史蒂文斯：《股东投票权和投票控制权的集中化》。Stevens, Stockholders' Voting Rights and the Centralization of Voting Control, 40 Q. J. ECON. 353, 355 (1926).

［27］伯尔勒：《无表决权股票和"银行控制权"》。A. A.

Berle, Jr., Non-Voting Stock and "Bankers' Control", 39 Harv. L. Rev. 673 (1926).

[28] 约翰·咖啡：《分散所有权的兴起：法律和国家在所有权与控制权分离中的作用》。John C. Coffee, Jr., The Rise of Dispersed Ownership: The Roles of Law and the State in the Separation of Ownership and Control, 111 Yale L. J. 1, 82 (2001).

[29] 詹姆斯·邦布莱特、米尔顿·伯格曼：《公司重组中担保持有人优先权的两种对立理论》。James C. Bonbright & Milton M. Bergerman, Two Rival Theories of Priority Rights of Security Holders in a Corporate Reorganization, 28 Colum. L. Rev. 127 (1928).

[30] 《商业公司示范法》§ 6.02. 由董事会决定类别或系列的权益。Model Business Corporation Act § 6.02. Tenns of Class or Series Determined by Board of Directors.

[31] 吉尔·费希、史蒂文·戴维多夫·所罗门：《日落条款问题》。Jill Fisch & Steven Davidoff Solomon, The Problem of Sunsets, 99 B. U. L. Rev. 1057, 1078 (2019).

[32] 多罗西·隆德：《无投票权股份和高效的公司治理》。Dorothy S. Lund, Nonvoting Shares and Efficient Corporate Governance, 71 Stan. L. Rev. 687, 697 (2019).

[33] MM公司诉液体音频公司案、斯特劳德诉格雷斯案。MM Cos. v. Liquid Audio, Inc., 813 A.2d 1118, 1129-32 (Del. 2003); Stroud v. Grace, 606 A.2d 75, 79, 91 (Del. 1992).

[34] 艾米丽·斯蒂尔，苏姆·雷德斯通将于二月离开维亚康姆董事会，《纽约时报》。Emily Steel, Sumner Redstone to Leave

Viacom Board in February, N. Y. TIMES（Dec. 16, 2016）, https：//www. nytimes. com/2016/12/16/business/media/sumner-redstone-viacom-board. html.

［35］安德鲁·罗斯·索金，巩固高层控制的谷歌股票分拆《纽约时报》。Andrew Ross Sorkin, Stock Split for Google that Cements Control at the Top, N. Y. TIMES（Apr. 16, 2012, 9：14 PM）, http：//dealbook. nytimes. com//2012/04/16/stock-split-for-google-that-cements-control-at-the-top/.

［36］本杰明·莫里、阿内特-帕吉德：《控制权的私人利益与双类股份统一》。See also Benjamin Maury & Anete Pajuste, Private Benefits of Control and Dual-Class Share Unifications, 32 Managerial & Decision Econ. 355, 365（2011）.

［37］安德鲁·威廉·温登：《日出，日落：双类股票结构的经验与理论评估》。Andrew William Winden, Sunrise, Sunset：An Empirical and Theoretical Assessment of Dual-Class Stock Structures, 2018 Colum. Bus. L. Rev. 852, 932（2018）.

［38］保罗·李：《保护公众股东：谷歌资本重组案例》。Paul Lee, Note, Protecting the Public Shareholders：The Case of Google's Recapitalization, 5 Harv. Bus. L. Rev. 281, 292-93（2015）.

［39］佐伊·康顿：《21 世纪双类股份结构掠影：兼顾股东保护与创始人自治的解决方案》。Zoe Condon, A Snapshot of Dual-Class Share Structures in the Twenty-First Century：A Solution to Reconcile Shareholder Protections with Founder Autonomy, 68 Emory L. J. 335, 362（2018）.

[40] 斯蒂芬·班布里奇:《美国证券交易委员会第 19c-4 条规则的短暂生命与复活》。Stephen M. Bainbridge, The Short Life and Resurrection of SEC Rule 19c-4, 69 Wash. U. L. Q. 570, 589 (1991).

[41] 蒂莫西·奥尼尔:《评论规则 19c-4: 美国证券交易委员会在采用一股一票规则方面走得太远》。Timothy K. O'Neil, Comment Rule 19c-4: The SEC Goes Too Far in Adopting a One Share, One Vote Rule, 83 Nw. U. L. Rev. 1057, 1062 - 63 (1989).

[42] 亨利·巴特勒、拉里·里布斯坦:《公司与宪法》。Henry N. Butler & Larry E. Ribstein, The Corporation and The Constitution 21 (1994).

[43] 道格拉斯·阿什顿:《重新审视双类股票》。Douglas C. Ashton, Revisiting Dual-Class Stock, 68 St. John's L. Rev. 863, 892 (1994).

[44] 卢西安·贝布丘克、马克·罗伊:《公司所有权和治理中的路径依赖理论》。Lucian Arye Bebchuk & Mark J. Roe, A Theory of Path Dependence in Corporate Ownership and Governance, 52 Stan. L. Rev. 127, 142-49 (1999).

[45] 保罗·冈珀斯、乔伊·伊什、安德鲁·梅特里克:《极端治理: 美国双层公司分析》。See Paul A. Gompers et al., Extreme Governance: An Analysis of Dual-Class Firms in the United States, 23 Rev. Fin. Stud. 1051, 1084-85 (2010).

图书在版编目（CIP）数据

差异化表决权法律规制研究 / 周春光著. -- 北京：中国法治出版社，2025.1. -- ISBN 978-7-5216-4710-5

Ⅰ.D922.291.914

中国国家版本馆 CIP 数据核字第 2024UM6688 号

责任编辑：刘晓霞　　　　　　　　　　　　　封面设计：赵　博

差异化表决权法律规制研究
CHAYIHUA BIAOJUEQUAN FALÜ GUIZHI YANJIU

著者/周春光
经销/新华书店
印刷/北京虎彩文化传播有限公司
开本/880毫米×1230毫米　32开　　　　印张/10.25　字数/218千
版次/2025年1月第1版　　　　　　　　　2025年1月第1次印刷

中国法治出版社出版
书号 ISBN 978-7-5216-4710-5　　　　　　　定价：46.00元

北京市西城区西便门西里甲16号西便门办公区
邮政编码：100053　　　　　　　　　　　　传真：010-63141600
网址：http://www.zgfzs.com　　　　　　编辑部电话：010-63141664
市场营销部电话：010-63141612　　　　　　印务部电话：010-63141606

(如有印装质量问题，请与本社印务部联系。)